W0229694

Imre Kertész

DER BETRACHTER

Aufzeichnungen 1991–2001

Aus dem Ungarischen von
Heike Flemming und Lacy Kornitzer

Rowohlt

Lacy Kornitzer übersetzte Jahrgang 1991–1994
und Heike Flemming Jahrgang 1995–2000.
Die vom Autor für diese Ausgabe aus dem Frühjahr 2001
ausgewählten Passagen sind bereits in dem 2013 erschienenen Band
Letzte Einkehr. Tagebücher 2001–2009 enthalten
und wurden von Kristin Schwamm übersetzt.

Die Übersetzung von Heike Flemming wurde durch ein Stipendium des
Deutschen Übersetzerfonds gefördert.

Lektorat Ingrid Krüger

1. Auflage September 2016

Die Originalausgabe ist 2016 unter dem Titel
A néző: Feljegyzések 1991–2001
bei Magvető, Budapest, erschienen.

Satz Janson PostScript, InDesign,
bei Dörlemann Satz, Lemförde
Druck und Bindung CPI books GmbH,
Leck, Germany
ISBN 978 3 498 03561 7

DER BETRACHTER

2. Oktober 1991 Chronik als Selbstprüfung. Alles niederschreiben, so wie es kommt. *Galeerentagebuch* beendet und abgegeben. Dreißig Jahre meines Lebens, eingewickelt in Wachspapier. Das Berühmtwerden. Lächerlich. Vorgestern im Fernsehen. Gestern gegen Abend Rundfunkaufnahme. Überall, bei jeder Gelegenheit und zu jedem sage ich das gleiche.

Die unglaubliche Konzentration, die für manche Passagen von Beethovens Sonaten charakteristisch ist – mein einstiges Gedächtnis, das Gedächtnis als Moral; die vielen Kontakte ramponieren meine Moral. Zerstreut, wie ich bin, vergesse ich Namen, vernachlässige Menschen (gebe ihnen nichts von mir selbst, kein Leben ab). Ich werde zum Betrieb.

Brittens *Tod in Venedig* im deutschen Fernsehen. Der Tenor in der Hauptrolle – perfekt, romantisch, todeserfüllt, schmerzvoll einsam, modern. Am Abend in die Novelle hineingelesen. Unerhört spannend. Lektüre der *Betrachtungen eines Unpolitischen* – neue Thomas-Mann-Inspirationen? Die Vorrede ein Nietzsche-Plagiat, nach dem Muster der großen 1986er Vorreden … fast schon komisch. Mein Vortrag über die Kultur des Massenmords ist fertig – eine unter größtem Zeitdruck durchgezogene Fron, im nachhinein entdecke ich jedoch Spuren sensationeller Elemente darin.

Im Gespräch erwähnte ich A. gegenüber, daß X. manischdepressiv sei. Sie sagte, das sei sie auch gewesen, jahrzehntelang. «Ich habe es überwunden», sagte sie, «weil ich mich mit meinem Schicksal abgefunden habe.» Dieses Schicksal bin ich, dachte ich. Habe ich mich je getraut, mir ihr Leben vorzustellen? Dazu bin ich zu feige. In gewissem Sinn ginge es über meine Kräfte: Ich bräche entweder zusammen, oder ich müßte zum Zyniker werden. Ich bin von meiner Schuld nicht zu erlösen. Wenn wir lange genug leben, werden wir irgendwann ungeeignet für die Erlösung; wenn wir auch über dieses Alter hinaus sind, finden wir sie plötzlich doch – oder sie findet uns. Ich sehne mich schmerzhaft nach einem narrativen Abenteuer; ich bin voller Schmerz – voller Leben.

Die Unterschiedlichkeit der Dimensionen. Wenn eine Frau, mit der du ein leichtes – leichtfertiges – Verhältnis hast, zum Beispiel leichthin – und leichtfertig – sagt, du solltest ein bißchen eifersüchtig ihretwegen sein: wie erklärst du ihr, daß du es ein Leben lang darauf angelegt hast, bestimmte Begriffe für dich zu klären, auf eine bestimmte Weise zu leben und dich von bestimmten Gefühlen völlig frei zu machen – vor allem zum Beispiel der Eifersucht ...

Der unablässige, gewissensbißartige Drang zur Evidenzhaltung – ohne zu wissen, was ich in Evidenz halten müßte. Zuallererst: mich selbst als Dokumentationsmaterial, als Objekt. – Eine sogenannte «Konferenz»: «Jüdisch-ungarisches Zusammenleben». Ein bedrückender Vormittag, an dem ich meine für diesen Anlaß verfaßte siebenseitige Abhandlung vortragen mußte. Die These, daß Auschwitz nur mittels der ästhetischen Vorstellungskraft zu fassen sei, löste beim Publikum keinerlei Unruhe oder Verwunderung aus. Dazu, daß Auschwitz für den europäischen Geist *comme il faut* ein Trauma sei und daß durch den Antisemitismus der Mythos Europa in Frage gestellt werde, gab es den schnellen Kommentar, das sei optimistisch von mir, denn es gebe in Europa ja auch den Antisemitismus. Um die Dimensionen noch weiter zu veranschaulichen: Bezogen auf meinen Satz, nach Auschwitz könne man nur noch Gedichte über Auschwitz schreiben (Adorno-Paraphrase), bemerkte M. K. (eine Dame), ich würde es wohl doch noch gestatten, auch über die Liebe Gedichte schreiben zu können; ferner, daß sie am Morgen, bevor sie zu dieser Konferenz aufgebrochen sei, zu Hause Mozart gehört habe. So. Die Allerweltsdummheit, die mich wie ein erstickendes Federbett umgibt, wie so ein großes, blaukariertes Federbett, mit dem sich in meiner Kindheit die Dienstmädchen auf ihren Eisenbetten in der Küche zudeckten, umgibt sie mich, drückt mir aufs Gesicht, auf die Augen, den Mund, erstickt mich. Der Gedanke an kreative Tätigkeit ist wie Luft schnappen; schreiben, als schwimme man nach dem Schiffbruch der Küste zu. (Wahrscheinlich erreicht man sie nicht, aber man schwimmt.)

Gestern mit K.; seine Freundlichkeit, Verletzlichkeit, das Jungenhafte an ihm; wir aßen zusammen zu Mittag, es war wie ein ganz alter, auf den sedimentären Grund der Erinnerungen gesunkener Nachmittag aus der Jugendzeit. Spaziergang am kalten Donaukai, die nahende Dämmerung übergoß die protzigen Paläste auf der Pester Seite mit der herben Farbe unreifer Äpfel. Seine Vision von mir, daß ich berühmt werden, in eine «andere soziographische Sphäre» hinübertreten und «fünfmal soviel wie heute verdienen» werde … usw. Ihm sind die Äußerlichkeiten, die mit dem Schriftstellerbetrieb, «der erfolgreichen Schriftstellerei» verbunden sind, sehr wichtig (was mich in keiner Weise berührt). Für ihn stellt sich das als Problem dar, mit mir als Vorwand sinniert er über seine eigenen Möglichkeiten. K. ist eigentlich, und das verliere ich keinen Augenblick aus dem Blick, ein Geschenk. Diese Freundschaft, deren attraktivste Aspekte sind: zwanzig Jahre Altersunterschied, die Präsenz von Talent, die sentimentale Sphäre der ständigen Erinnerung an mich selbst; eine Art von Boheme, wie ich sie immer gemocht habe, aber ohne die störenden Schatten, ohne die Schwere der Existenz, der Probleme, sozusagen ein Kostehappen von einem virtuellen Künstlerleben. – Unbezweifelbar aber ist, daß Veränderungen in mir vor sich gehen; diese Veränderungen zulassen und ihre Erscheinungsformen zutage fördern, selbst wenn man daraus auf das bevorstehende Alter und die damit einhergehende Geschwätzigkeit schließen muß.

Ich habe schon immer dazu geneigt, und tue es auch heute noch, in mir selbst einen Jedermann* zu sehen, der hinsichtlich bestimmter Dinge keine Anstrengung scheut, vor allem hinsichtlich der Wahrheit: Nicht mehr als soviel bin ich geneigt von mir zu glauben, und das nicht nur, um meine Bescheidenheit nicht zu verlieren. Mein beruflicher Hochmut ist eine ganz andere Sache – doch das dominierende Gefühl ist Überraschung, wenn ich als der gesehen werde, der ich – wahrscheinlich – bin; wenn auch nicht in meinen eigenen Augen. – Als Lebensabenteuer aber ist das mehr als genug, ich habe mich nie, auch nicht eine einzige Sekunde gelangweilt; und solange mein Verstand intakt bleibt, wird es weiter so sein.

Das geistige Gewand, in das ich mich vermummt habe, ist nur das Produkt meiner beispiellosen Fähigkeit (und Fertigkeit) zur Nachahmung. Das ist wahr. Hinzuzufügen ist erstens: daß anderen noch nicht einmal dieses Nachah-

* im Original deutsch

mungstalent gegeben ist und vor allem nicht die Sicherheit der Wahl, wen und was man nachahmen sollte, und zweitens: daß es aber auch primäre Originalität gibt, allerdings nicht für mich, für mich besteht die *wahre* Originalität nicht in der Formschöpfung – höchstens in der Originalität des Tons, des Lachens.

Mit der *Englischen Flagge* habe ich die Leute zutiefst gekränkt: eben wegen ihrer Stummheit, die ich für die fünfunddreißig Jahre zwischen 1956 und der Gegenwart beanstande; für sie bedeuten diese fünfunddreißig Jahre ihr Leben; geschichtlich und nationalpsychologisch gesehen sind diese fünfunddreißig Jahre aber tatsächlich Jahre der Stille, der Besetzung, der Abdrosselung, der Antikreativität – Jahre der Ohnmacht einer Nation, nachdem sie halb totgeprügelt worden war. Einmal wird jemand das noch erkennen – ich schreibe, als wäre es mir (im Grunde genommen) nicht gleichgültig.

Von der Veranstaltung der österreichischen Botschaft kommend, plötzliches Innehalten beim Hinaustreten aus dem Restaurant Gundel angesichts des frisch renovierten Cafés gegenüber. Sezessionsarchitektur, eine kleine Brücke, Lampen, eine Terrasse, weiße Stühle, alter Frieden – und Schwindel ergriff mich, eine todestränenartige Nostalgie. Zweifellos wird das Leben hier von neuem beginnen, da, wo das meine 1948 aufgehört hat. Ich blickte wie ein Bettler vor dem Palasteingang um mich her. Alles war mir genommen worden – einerseits durch die natürlich und unaufhaltsam ratternde Höllenmaschine: die Zeit, doch andererseits durch die Fatalität des Genius loci, womit es sich schwer, viel schwerer abfinden läßt. Man kann die Freiheit nicht an demselben Ort erleben, wo man die Gefangenschaft erlebt hat. Man sollte fortgehen, weit fort. Ich werde es nicht tun. Dann müßte ich wohl neu geboren werden, mich mausern – aber zu wem, zu was?

Rechtzeitig sterben – aber bis zum Äußersten leben: das ist das Gebet.

Sei deiner selbst würdig.

Gegenwärtig macht das Land die allgemeine Erfahrung, von der Zukunft ausgeschlossen zu sein. Wem gehört die Zukunft? Es gibt nur wenige, die sich sicher sind, daß sie ihnen gehört. Schon spürt man Nostalgie nach einer unbestimmten Vergangenheit, wobei die Menschen, gleichsam aus einem dunklen Wald tretend, in dem sie aber bereits ihr zeitweiliges Zuhause gefunden und gelernt hatten, mit der Angst zu leben, sich von Wurzeln und Beeren zu nähren: dieses düstere, aber vertraute Abenteuer hinter sich wissend, plötzlich auf eine weite Lichtung gelangen, und nicht nur, daß sie den Weg nicht kennen, etwas raunt ihnen auch zu, daß dort hinten im Dickicht auch die Zeit über sie hinweggegangen ist: Es scheint eine andere Sonne, es weht ein anderer Wind, sie betreten eine unbekannte Welt. Entweder kommen sie über dieses psychologische Hindernis stolpernd hinweg, oder sie kehren ins Dunkle, ins Dickicht zurück. Ich sehe das Budapest meiner Kindheit wiederkehren. Bei all dem Grauen beginnt die Stadt spannender zu werden. Und mich umschleicht das Gefühl des Zuspätkommens, der Trauer ob der vergeudeten Zeit.

Die unsichere Linie der Chronik, die Zeitebene. «Wann erleben wir die Gegenwart?» Auch die Wichtigkeit der Geschehnisse ist reiner Schein; das, was wichtig ist – was also zum spezifischen Baumaterial gehört, aus dem sich unsere Seele aufbaut –, stellt sich meistens erst später, oft Jahrzehnte später heraus. – Kürzlich ein Abendessen mit Deutschen. Der deutsche Geschäftsmann, ein dynamischer Manager, der in wenigen Augenblicken weltumspannende Wirtschaftsbeziehungen herstellt, erscheint geradezu wie gelähmt, wenn die Rede auf die Kultur seiner Heimat kommt. Thomas Mann kennt er nicht. Nietzsche kennt er nicht. Selbst die bekannteren deutschen Gegenwartsautoren kennt er nicht. Er hält den soziologisch-ökonomischen Überblick für wichtig – die Philosophie läßt er gern links liegen. Ach, wo sind die alten Patrizier, das Großbürgertum, das seine Beziehungen zum Geist pflichtbewußt pflegte. Das Weltende als restlose Unkultur. Die Beziehung zur Welt als Verwertung, Genuß und Mord – oder eben umgekehrt: Ausgrenzung, Verwertet- und Ermordetwerden. Die Welt als Gegenstand der Andacht: diese emotionale, nein: kulturelle Einstellung ist längst vorbei.

Der wichtige Rat Sándor Márais: Komme jeden Tag mit Größe in Berührung, es vergehe kein Tag, ohne ein paar Zeilen Tolstoi gelesen, ein großes Musikstück gehört, ein Gemälde oder wenigstens eine Reproduktion gesehen zu haben. – Vergiß nicht den Traum, der dich neu gebar. Mein Leben wird von einem geheimnisvollen Tiefsee-Golfstrom gelenkt; ich bin, existiere nur dann im tiefen, glücklichen Sinn des Wortes, wenn ich seine Strömung spüre.

Am Abend, im Bett, versuchte ich lange, mit immer erneuter Anstrengung, mir mein Nichtsein vorzustellen. Das subjektive Nichts. Ich spürte fast, wie ich aus meinem Körper gleite – doch danach nichts weiter. Sobald ich die Hülle verlasse, hört alles auf. Ich bin mit meinem Körper auf Leben und Tod verbunden, dieser Gemeinplatz ist geradezu unglaublich. Wenn die Vorstellung, die Vorstellungskraft einen transzendenten Inhalt in sich trägt, der vor unsere subjektive Zeit zurückgeht, warum ist sie nicht auch transzendental, warum erlöscht sie im Augenblick der physischen Auflösung? Wenn wir uns nicht an das Stadium nach dem Erlöschen «erinnern», dann gibt es kein solches Stadium – auch nicht in seiner spirituellsten Form. An die Vergangenheit der «Menschheit» nämlich «erinnern» wir uns ja, durchleben sie sogar. Wer sind wir? Was ist das Individuum? Wenn die alten Kulturen das besser wußten als wir, wie ist dann der Weg, den die «Menschheit» zur Aufklärung, zur eigenen Gottwerdung zurückgelegt hat und zur daraus resultierenden technischen Zivilisation, zu beurteilen? Verblödung? Selbstmord? Abkommen vom rechten Weg? Aber was ist der rechte Weg? Wir leben in Sünde und Unwissenheit. Sünde und Unwissenheit sind unser Gesetz. Möglich, daß Sünde und Unwissenheit das Leben selbst sind. Falls es so sein sollte, woher rührt dann dieses Wissen in mir, und warum muß ich in dieser Schizophrenie leben? Wer erprobt mich? Wer will diese zweideutige Erfahrung und weshalb? Um *mich* zur Einsicht zu bewegen oder um *selber* etwas zu erfahren?

Wittgenstein, der Philosoph, ist in vieler Hinsicht gefährlich kindisch. Sein Juden-Komplex, sein Künstler-Komplex, die mir beim Übersetzen klarwerden. Wittgenstein kann es sich kaum verzeihen, daß er kein Künstler ist. Mangel an Mut, an Begabung(!), jedes wirkliche oder vermeintliche Negativum, das er an sich selbst entdeckt, nennt er «jüdisch». Deshalb unterwirft er bei jüdischen Künstlern alles der Kritik (Mahler). Mendelssohn nennt er den am wenigsten tragischen Komponisten und apostrophiert den Mangel an Tragik flugs als jüdisches Merkmal; doch warum sollte Mendelssohn «der» typische Jude sein, nur weil er zufällig Jude ist? Kafka ist wohl tragisch genug, auch Proust und Mahler sind tragisch, wiewohl auch sie Juden sind. Was richtet ein Komplex noch im luzidesten Gehirn an … (Und die Darstellung der Schöpfungsgeschichte, diese typisch jüdische Weltouvertüre, ist sie etwa nicht tragisch?)

In wie vielen Welten existieren wir? 1. Unser Körper. 2. Unsere Instinkte. 3. Die Sprache als die «humanisierte», dem Menschen ermöglichte und mögliche Form und Art der Existenz. 4. Das kollektive Unbewußte. 5. Die Rasse usw. – Und wie viele Welten *existieren*? Alles ist nur Fiktion, alles.

Wittgenstein macht vollkommen klar, wie die Zivilisation beschaffen ist (falls es bisher noch nicht klar gewesen sein sollte): Statt einer Kultur, welche die kreativen Energien vereint, organisierter Totalitarismus, der jeden in die Sklavenarbeit treibt.

Es wäre fatal anzunehmen, mein Leben gehöre mir; man muß deshalb vorsichtig umgehen mit subjektiv aufgeladenen Worten, mit Vorlieben, Vorhaß, Vorurteilen … Ich kann mit meinem Leben umgehen, ich kann unter ihm leiden, es bringt mich manchmal zum Empfinden – genauer: Erleben – von Glück, ich weiß, daß es mich trägt (obschon da unbedingt ein Fall von Wechselseitigkeit vorliegt), ich weiß aber auch, daß ich nicht mit ihm *identisch* bin.

Ein frühmorgendlicher Traum, ich telefoniere mit meiner Mutter. Ihre senile Stimme; sie ist erfreut; mich würgt ein Weinkrampf; ihre Vorwürfe; meine leise, verwirrte, erstickte Rechtfertigung; Erwachen, Gewahrwerden des Todes und daß ich die verlieren könnte, die ich liebe; ich könnte heulen,

Todessehnsucht. – Die nie, nie endenden Gewissensbisse; man sollte jung sterben.

Wittgenstein ist mystisch, genau wie Kafka. Aber was bedeutet hier mystisch? Daß man heimatlos in der Welt ist. Das ist die Situation des modernen Mystikers, nach den welterfüllten, andächtigen Mystikern unserer Kulturzeit (beispielsweise im Spätmittelalter). Und dennoch sind auch beim heimatlosen Mystiker Spuren dieser umschlingenden Andacht zu finden – wenn nicht anders, dann als Sehnsucht. Oft als Todessehnsucht.

Ich schreibe nicht, also bin ich nicht. – Die Demokratie steigert die Todessehnsucht. Es scheint, in der Masse ist das die einzige Hoffnung: der Tod – zumindest als Trost die einzige. Zu Zeiten der Kultur dominieren eher die schöpferischen Kräfte, die zumeist das Leben kultivieren; die Todesromantik tauchte zu Zeiten des Kulturverfalls auf, zu Zeiten der als Revolution bezeichneten Massenbewegungen. Mit dem Verschwinden der Kultur hat sich zugleich herausgestellt, daß der neue Geist mit dem Tod nichts anfangen kann, er vermag weder die Tatsache des Todes noch den Umgang mit ihm in seine die Kultur ersetzenden Ideologien zu fügen.

Wollte ich von außen definieren, «warum ich schreibe» (was freilich nicht viel Sinn hätte), so würde ich sagen, um unsere Seelen zu retten und zur Flucht aus jener geistigen Fatalität zu helfen, die von der Politik, der Wirtschaft und der mit ihnen eng verknüpften Ideologie hervorgebracht wird – um zumindest für einen Augenblick heimzufinden aus Unmenschlichkeit, Fremdheit, Exil; heim – das bedeutet unser eigenes Leben und unseren Tod. Denn wenn man sich in der als gemeinschaftlich ausgegebenen politischen Agenda verlöre, würde man ein Ameisenleben führen und nicht das eigene; kein menschliches Leben. So viel. Und daß ich das nur in pessimistischem, mitunter sogar destruktivem Ton sagen kann, liegt am Brandmal der Epoche, man sollte daraus auf den Zeitgeist schließen und nicht auf *meinen* «Pessimismus», *meine* Destruktion.

Hegel und alle totalisierenden Geschichtsbetrachtungen sind deshalb unselig, weil sie die Sterblichkeit des Individuums nicht in Betracht ziehen. Der Mensch, der einzelne Sterbliche, hat nicht die Aufgabe, mit dem namenlosen, zähneknirschenden Fleiß eines pyramidenbauenden Sklaven unsterbliche, und seien es auch rationale Strukturen zu errichten, sondern die, seine Sterblichkeit zu begreifen und seine Seele zu retten. Sein Heil, sein in einem höheren Sinn verstandenes Wohlergehen liegen außerhalb seines geschichtlichen Daseins – dieses Wissen ist zu Zeiten der totalen Geschichte, einer deprimierenden, uns jeglicher Hoffnung beraubenden Gegenwart der einzige Ausweg, das einzige *Gut*.

Die wunderbare menschliche Kreativität, die in der Epoche der alles Menschliche überrollenden römischen Unmenschlichkeit eine Religion und aus der das Individuum unterjochenden Totalitarität eine unsterbliche, wunderbare Persönlichkeit – Christus – schuf und aus der grausamen Strafe, dem Kreuz, ein religiöses Sinnbild.

Im Grunde sollte man darin das Scheitern der Herrschaft alles Bösen erblicken. (Die andere große Kreativität: Platons Sokrates. Welch schöpferische Zeit muß das gewesen sein, die Figuren wie Mohammed, Buddha usw. hervorgebracht hat. Wem ist all das zuzuschreiben, was für Wandlungen macht der Mensch durch?)

Eine Todeswüste umgibt mich. Der Wahnsinn. Eine Atmosphäre der Antikreativität, der Selbstzerstörung, des Mordens. – K.: «Schöne Literatur» gebe es nicht mehr, man müsse politisch sein, seine Meinung vertreten. No comment, wie man so schön sagt. Ansonsten habe ich keine Meinung dazu. Der Unterschied zwischen den beiden Kulturen war nie so klar wie heute: In der östlichen, transleithanischen Hälfte der Welt spielen das Menschenleben, das Individuum und demzufolge der Geist überhaupt keine Rolle, sie besitzen keinerlei Wert; hier zählt allein die *Macht*, der Stil ist Unterjochung, das Ziel Tod und Vernichtung, jedenfalls das Ergebnis. Obwohl einst alles vom Osten ausging. Das erste große Werk der Wahrheitssuche, *König Ödipus*, als Leidenschaft gewordene Wahrheit, eine Leidenschaft, die selbst über das Eigeninteresse triumphiert: das war das Verkünden einer neuen Welt, der kreative Auftritt eines Glaubens, der zwei Jahrtausende lang das Schauspiel leitete. Jetzt ist es damit anscheinend zu Ende; jetzt ist anscheinend alles zu Ende.

•

Je mehr Gespräche, desto größer die Depression; sie lastet wie eine schwere Dunstwolke über dem ganzen Land; niemand glaubt an etwas, was bedeutet, Glauben gibt es nicht, jeder rechnet mit etwas Schrecklichem, was bedeutet, daß jeder etwas Schreckliches anstellt – wenn nicht anders, dann damit, daß er mit etwas Schrecklichem rechnet. Etwas Schreckliches wird (fürchte ich) geschehen.

Pasolinis *1. Evangelium – Matthäus*. Ob diese «Wunder»,

fragte A. während des Films, irgendwelche Fakirkünste gewesen seien. Nein, sagte ich, sie sind einfach geschehen. Aber das Brot bei der Hochzeit ... der Aussätzige usw.? Ja, sagte ich, das ist geschehen, auch das Wandeln auf dem Wasser. Warum muß man den als absolut erkannten (*für uns* als absolut erkannten) Gesetzen der Physik glauben? Diese Geschichten haben sich ganz sicher ereignet. Den Jesus, von dem Renan und die Geschichte berichten, gab es vielleicht nicht. Doch den, der auf der Hochzeit zu Kanaan Brot und Wein verteilte, den gab es ganz bestimmt.

Die Welt nicht zu verstehen, nur weil sie unbegreifbar ist, ist Dilettantismus. Wir verstehen die Welt deshalb nicht, weil das nicht unsere Aufgabe auf Erden ist.

Christus ist mehrmals zu mir gekommen. Zweimal im Traum (einmal als Erlöser; einmal unheilverkündend, selbst wenn ich die Vermutung habe, daß seine Identität nicht eindeutig war), einmal durch Pasolinis Film und nun in Wittgensteins Text, der dieses Innehalten, das Niederschreiben dieser Zeilen in Wien, veranlaßt. All dies widerfährt mir im reifen Alter. Könnte ich mit Jung sagen, daß Christus ein Archetyp ist? Mein Gefühl befriedigt das nicht, soviel Arbeit die Menschheit auch investiert hat, um diesen ethischen Heros zu erschaffen. Ich wittere hier eine äußerst wichtige Wahrheit, eine Wahrheit, die nicht historisch und nicht erklärbar, ja, auch keine Wahrheit ist. Christus existiert – nur nicht in dieser Welt. In gewissen Momenten kann jeder von sich behaupten, Christus ist in mir, ja, sogar, ich bin Christus.

In gewisser – sehr wohl praktischer – Hinsicht bin ich doch Jude: Die neuen politischen Entwicklungen, der aufkommende offizielle Antisemitismus lassen mir bewußt werden, daß meine Vorfahren (die ich nie gekannt habe und von denen ich nicht weiß, wer sie waren) irgendwoher aus der Fremde gekommen sind, sich im Laufe der Generationen angepaßt haben, sozusagen zu einheimischen Bürgern geworden sind, auf daß ich jetzt wieder als Fremder hier leben oder als Fremder von hier weggehen muß.

Man muß gerecht sein, weil das Leben ungerecht ist. Alles, was moralisch, was ethisch ist, wendet sich gegen das Lebensgesetz – ist Rebellion. Alles, was natürlich ist, sei abscheulich, sagte schon Baudelaire.

Heute weiß ich, daß ich auch bisher Emigrant in dem Land war, in dem ich lebe und dessen Sprache ich spreche, und ich glaube, ich muß bald wirklich erwägen, die Emigration zu wählen, eigentlich – was die Sprache und die dennoch als heimatlich begriffenen Verhältnisse betrifft – das Exil. Aus dem Exil ins Exil exilieren.

Seit dem *Roman eines Schicksallosen* hat sich meine Meinung über das «Jüdischsein» erheblich verändert. Es brauchte nicht Wittgenstein dazu (er schadete allerdings auch nicht), um einzusehen, daß es so etwas wie «jüdisch» doch gibt. Jüdisch, das ist ein Sachverhalt. Im Grunde genommen begreife ich erst jetzt wirklich, mit Haut und Haaren, was ich in *Kaddisch* beschrieben habe: diesem Sein Gestalt geben und es dann aussterben lassen. – Aus rein künstlerischer Sicht gibt das auf jeden Fall sehr viel her und schafft ein Fundament, das dem europäischen, dem positiven, Werte bestimmenden, das Recht auf Objektivität besitzenden (usurpierenden?) Menschen oft fehlt.

Nostalgische Gefühle, Schuldbewußtsein, Traurigkeit. Wir leben in der fehlbaren Welt der Erscheinungen, ich lasse die sitzen, die ich liebe, bekümmere die, deren Freude mir am wichtigsten ist. – Der Friedhof in Hietzing; vorn das Grabmal von Dollfuß. Eine Atmosphäre wie auf dem Farkasréti-Friedhof, nur daß hier alles gehegt und gepflegt ist; wo die Toten wichtig sind, gibt es Hoffnung auch für die Lebenden.

Mir geht die Cellistin des Franz-Liszt-Kammerorchesters nicht aus dem Sinn, die nach manchen akzentuierten Bogenstrichen den Kopf mit einer so verstörten Bewegung nach hinten, zur linken Schulter hin warf, als gehöre er nicht ihr, es schmerzte fast, und zwar derartig, daß es mir in bedrückenden Momenten immer wieder in den Sinn kommt; ein *Musikalisches Opfer**, im wahrsten Wortsinn, nebenbei bemerkt spielte man in der Tat Bach, die *Brandenburgischen Konzerte*.

Im Wiener Kunsthistorischen Museum, Breughel; ein Winternachmittag, die Jäger kehren heim. Zum ersten Mal stellte ich mir die Frage, was das Bild damals – im 16. Jahrhundert – bedeutet haben mag, als die Menschen noch nicht umgeben waren von Fotos und beweglichen Bildern, als ihnen weder Romane noch Musik zur Verfügung standen – welche Bedeutung hatte ein Gemälde damals, und wie wurde wohl dieses Bild gesehen, mit dem Schnee, den Bäumen, mit der Farbe und sogar dem Geruch der Luft, der Melancholie des Nachmittags als Höhepunkt, etwas ganz Vollkommenes, ein ewiges und unverrückbares Erlebnis, wie ich es noch aus meiner Kindheit erinnere; mich ergreift Bewunderung für den Geist der Kunst – einen Geist, von dem man sich in diesem Jahr-

* im Original deutsch: Anspielung auf Bachs Komposition *Musikalisches Opfer*. (Anm. d. Red.)

hundert verabschiedet. In Zusammenhang damit muß ich feststellen, daß mich hier in Wien doch eine Art Wirklichkeit umgibt – im Gegensatz zu der Pester Scheinhaftigkeit, der Grunderfahrung meines Lebens.

Während ich zwischen prächtigen Gebäuden über stille Straßen spazierte, um schließlich zu einem dunkelroten Bau mit der Aufschrift Akademie der Bildenden Künste zu gelangen, dachte ich darüber nach, daß die Kunst völlig überflüssig geworden ist. Vom speziellen Gepränge der Breughels, der Heroenepoche ausgehend. Was könnte ich *heute* malen? Was könnte selbst ein genialer Mensch heute malen? Keinen Winternachmittag. Vielleicht gibt es auch keine Winternachmittage mehr. Welche Stimmungen verfestigen sich bei einem Kind heute zu späterer Erinnerung? Ein langer, grauer, nebliger und glücklicher Winternachmittag ist gewiß nicht darunter. Heute muß sich der Künstler – in jeder Gattung der Kunst – «etwas einfallen lassen», denn in der unkreativen Atmosphäre und im Bewußtsein seiner Überflüssigkeit ist jeder natürliche Trieb gelähmt, jede Originalität gekünstelt.

Woher mein ängstlicher Respekt vor dem pedantischen Kleinbürgertum? Warum will ich imponieren? Schizophrenie? Oder bin ich ein «verirrter Kleinbürger»? Ängstlich vielleicht am ehesten der Undurchschaubarkeit meines Wesens, meiner verdächtigen Tätigkeit wegen; und diese Tätigkeit hebt sich in Gegenwart von Kleinbürgern, in ihrem Blickfeld, ohne Zweifel besonders grell ab und ist da gleichzeitig besonders verletzbar.

Meine arme, arme Mutter, die entsetzliche Erinnerung (sie quält mich seit Tagen), wie sie sich im Bett aufsetzte, schon knochendürr, vom Verstand verlassen, jedoch mit leidvollem Gesicht, das sich durch Krankheit und Alter entblößt und irgendwie verändert hatte, ihr eigenes geworden war, mehr als ihr früheres, durch Fleisch und Kosmetik verändertes Gesicht, dann die Arme ausbreitete und in der Ohnmacht ihres völligen Ausgeliefertseins mit gereizter, gleichzeitig hilfesuchender Stimme zweimal hintereinander sagte: «Ich weiß nicht, ich weiß nicht!» Ich habe ihr nicht zu helfen vermocht. Die Zähne waren schon ausgefallen; ich habe nichts getan, um sie ersetzen zu lassen. Ihre Beine waren, wie man «dort» sagt, «bamstig»; ich bemühte mich, nicht hinzusehen. Ich habe nichts getan, damit sie wieder hätte laufen, sich hätte regenerieren können – auch wenn sie weder wieder laufen noch sich hätte regenerieren können. Während sie Monate – nein: zwei Jahre lang im Sterben lag, habe ich mir meine Bequemlichkeit bewahrt. Doch Dr. L. sagte: «Du hast alles getan ...» Ich habe gar nichts getan. Ich konnte auch gar nichts tun – mein Trost ist, daß ich mich zumindest damit niemals getröstet habe. Ich hätte dort stehen sollen, aufpassen, ob sie sich etwas wünschte, ob sie Hunger oder Durst hatte – statt dessen flüchtete ich zur Stationsschwester, wenn ich ihre Gedärme arbeiten hörte. – Bin ich ein schlechter Mensch? Ja, eher schlecht als gut; es kommt darauf an, woran ich mich messe. Letztlich bin ich eher schlecht, obwohl sich auch Beispiele für das Gegenteil finden lassen. Ich bin durchschnittlich; ich fühle keinen Segen auf mir, den ich auf die Menschen weiterverstreuen könnte wie gesammeltes Sonnenlicht; ich zweifle auch an meiner Befähigung, spüre meine erbärmliche Unvollkommenheit (gelinde gesagt). Und auf Liebe reagiere ich mit Schuldgefühl: Das ist vielleicht am schrecklichsten, weil es nicht nur Gewissensqualen hervorruft, sondern deutlich meine Unwürdigkeit zeigt.

Ich sehe keinerlei Zusammenhang zwischen meinem Leben und meinem sogenannten Werk; vielleicht bin gar nicht ich es gewesen, der es geschrieben hat. Das ist jedoch, sagen wir mal, nicht wahrscheinlich. Doch ich glaube nicht genug an … ja, an was? An meine Existenz. Die Ereignisse – gestern Scheitern, heute Erfolg – sind geisterhaft; mein Leben ist geisterhaft; ich erlebe es nicht genug, ich bin quasi nur der Betrachter des Ganzen.

Es mag sein, daß Kriege von wirtschaftlichen Interessen usw. motiviert werden, tatsächlich aber sind die Kriege des 20. Jahrhunderts biblische Kriege, vielleicht stärker als je zuvor. Es scheinen ideologische Kriege zu sein, möglicherweise, wie gesagt, auch von wirtschaftlichen und sonstigen Lebensinteressen diktiert; doch tatsächlich handelt es sich deutlich um Kriege moralischer Art, zwischen dem Zerstörerischen und dem produktiv Erhaltenden, dem Kreativen und dem Selbstmörderischen, zwischen «Gut» und «Böse» also. (In Anführungszeichen, denn in dieser relativierenden Zeit ist alles relativ, und wer sollte schon wissen, was gut und was böse ist. Die Kriege in diesem Jahrhundert werden zwischen zwei Menschentypen, zwischen zwei Arten von Menschen geführt, und beide vertreten jeweils eine Haltung, die sich in erster Linie mit ethisch-moralischen Begriffen benennen läßt.) (Zum Beispiel wäre heute ein Krieg zwischen, sagen wir, Frankreich und England absurd, ein Krieg zwischen einem französischen Totalitarismus und einer englischen Demokratie hingegen nicht.) (Ein anderer Aspekt wiederum ist, daß selbst «Totalitarismus» und «Demokratie» auf gewissen determinativen realwirtschaftlichen Fundamenten ruhen; obschon das einer subtileren Analyse bedürfte – nicht jede Rückständigkeit führt zwangsläufig zu Totalitarismus.)

Auch der absolute Wert beruht auf Konsens – das wußte der arme Wittgenstein nicht; völlig umsonst quälte er sich ewig mit der Frage ab, ob das, was er hervorbrachte, «wertvoll» sei oder nicht; es reicht völlig, daß er es hervorgebracht hat – der andere Teil der Frage geht ihn überhaupt nichts an. Es geht nicht darum, daß er es nicht hätte beurteilen können, sondern darum, daß sich die Fragestellung erübrigt. Der Mensch hat die Pflicht, glücklich zu sein, und wenn er diese Pflicht auf einer hohen ethischen Stufe erfüllt, hat er seine Berufung erfüllt. Und das ist vollkommen hinreichend für ein Leben. Ob es auch noch «von Wert» ist? Aber was ist denn von Wert – außer das Leben für uns selbst zu entdecken und unserem Erleben für andere. Vanitatum vanitas …

Könnte es sein, daß meine (hilflose und tatenlose) Gleichgültigkeit gegenüber der «Wirkung meiner Arbeit» eventuell darauf beruht, daß ich von deren außerordentlichem Wert überzeugt bin? Möglich. Doch auch das Gegenteil ist möglich; am wahrscheinlichsten ist jedoch, daß ich mich einfach natürlich verhalte, weil die Natur der geistigen Arbeit nur eine subjektive Selbstreflexion verträgt (Selbstermutigung zur Arbeit, konzeptionelle Zielsetzung, finale Korrekturen usw.), keine objektive, das heißt keine Bewertung. Denn wenn ich von mir selbst behaupten würde, ich sei ein Genie, was ja tatsächlich der Fall sein könnte, würde mich subjektiv nichts von einem Wahnsinnigen unterscheiden; und es ist sehr wahrscheinlich, daß man von einem solchen Gedanken früher oder später wahnsinnig wird. Wiewohl es, sofern ein

Mensch tatsächlich ein Genie ist, für ihn anderes zu tun gibt, als wahnsinnig zu werden.

Die vielen feinen, damenhaften und hinfälligen alten Frauen in Wien; ich muß ständig an meine arme Mutter denken. Die Arme, nunmehr wird sie mir für immer als alt, damenhaft und hinfällig in Erinnerung bleiben: Das ist die Ungerechtigkeit des Schicksals gegenüber ihrer Jugend, gegenüber ihrer Schönheit, die sie stets sorgsam pflegte und mit der sie in Erinnerung bleiben wollte – was soll ich sagen, wie wäre die Schrecklichkeit des Lebens zum Ausdruck zu bringen, dieses Grauen, das das Blendwerk des Daseins kaum für einige Minuten vor mir zu verschleiern vermag; immer, in allem, überall verspüre, sehe ich den Abgrund …

Wenn wir uns gründlich, beharrlich und kompromißlos über Leben und Tod, Gut und Böse usw. Gedanken machen, müssen wir mit ebendiesem Verstand, der uns gegeben worden ist – oder vielleicht gerade, weil uns *dieser* gegeben worden ist –, auch begreifen, daß der Mensch nur eine flüchtige Erscheinung ist, ein einzelner Funke im unaufhörlichen Funkenregen einer unaufhörlich wirkenden Energie.

Es ist ganz offensichtlich, daß der sogenannte Kommunismus eine Art von Irrsinn war, auf die nur eine andere Abart von Irrsinn (obwohl man auch sagen könnte, die Fortsetzung des gleichen Irrsinns) folgen kann. – Zur Heilung bräuchte man so etwas wie ein Sanatorium, nun, und einen gewissen Anreiz – nämlich, daß es besser wäre, normal zu sein als irrsinnig; vorerst lassen sich beide Voraussetzungen aber nicht absehen, und in absurde Umstände kann man sich «normal» nur mit absurdem Geist fügen.

Wenn ich so unsicher an mir bin, daß mich die Bedrückung von allen Seiten ergreift, sagt auf einmal jemand, der an mich glaubt, er glaube an mich: Das ist erschütternd und zugleich – ich könnte jetzt kaum genau beschreiben, warum – beschämend. Es ist, als würde ich bei meinen geheimen Sünden ertappt.

Wenn wir daran glauben, daß das Moralische, das Ethische im Leben der Menschen eine grundlegende Rolle spielt – ob positiv oder negativ, ist jetzt gleichgültig –, haben wir damit auch schon gesagt, daß wir an Gott glauben, denn genau das bedeutet es im Endeffekt – nicht mehr und nicht weniger.

Das Ethische ist vernünftig und zugleich absurd: In seiner Absurdität meldet sich mit einer überraschenden Wende plötzlich die Ratio, das ist das Wunder; Wasser verwandelt sich in gewissen Zeiten in Wein, in anderen ruft dich das Telefon – egal: das Wesentliche ist die Energie, die sich darin bekundet.

Mein Verhältnis zum Wunder: verstockt, blindwütig zu verzweifeln, insgeheim aber mit ihm zu rechnen; ich bin also, mit der Bibel gesagt, ein hinfälliger Sünder, zeitgemäß ausgedrückt ein Neurotiker, sogar ein Neuropath; jedenfalls krank. Ich kann nur eines tun: mich durch gnadenlose Selbstprüfung an die göttliche Gnade wenden; das heißt, um mit Tschechow zu reden: Man muß arbeiten.

Korrekturfahnen des *Galeerentagebuch*s gelesen. Wittgensteins *Bemerkungen* (und Wien) schufen dafür einen ganz besonderen Rahmen. Meine auffälligste «Bemerkung»: wie wenig mein Buch der Zeit verhaftet ist. Das überraschte mich. Es scheint, das Röntgenbild meines «Inneren», meiner geistig-seelischen Eingeweide, gibt eine unabhängigere innere Landschaft wieder, als ich geglaubt hätte. Tatsächlich der «Weg einer Seele» – am Ende löst es sich (sich sozusagen vergeistigend) völlig von der Zeit; nun, und vom Leben. – Wittgenstein: «Eine Zeit mißversteht die andere; und eine *kleine* Zeit mißversteht alle anderen in ihrer eigenen häßlichen Weise.» Nie gab es ein zeitgemäßeres Zitat.

«Entlarven» – nur was? Es ist ja zu spät, wir wissen schon alles. «Auch deine Raben hör ich rauschen ...» Nietzsche machte bereits im letzten Drittel des 19. Jahrhunderts auf die Spannung zwischen dem wissenschaftlichen und dem künstlerischen Geist aufmerksam. Seitdem hat sich die Kluft zwischen beiden derart vergrößert, daß der wissenschaftliche Geist zum Inspirator des Totalitarismus geworden ist, zu einer *Macht*, und zwar zu einer weltzerstörerischen Macht; der Geist der Kunst dagegen zog sich in die Subkultur zurück, ebenso wie der menschliche, der wahre Geist, das individuelle Sein, der Geist, der außerhalb der Institutionen wirkt, der religiöse Geist, der nichts von der Kirche weiß. Der wissenschaftliche Geist ist der Geist der Macht, der künstlerische ist der der Religion – einer Religion, die es nur in der individuellen Existenz, abseits, jenseits aller institutionalisierten Religionen, gibt. Das Problem des Jahrhunderts ist das Schicksal des Individuums, die Chancen für sein Fortbestehen die große Frage. Der künstlerische Geist heute sucht nicht das außerhalb Stehende zu gestalten, er steht weder für die Darstellung des Objektiven noch des Objekts; heute kehrt die Kunst sich nach innen, und der Künstler spricht scheinbar von sich selbst, ausschließlich von sich selbst, um seine Existenz gegenüber der alles hinwegfressenden Totalität zu behaupten, zu erhalten und zu führen; und zugleich kann er damit – wie amüsant! – der Gesellschaft «Hilfe leisten» – und nicht etwa damit, daß er die Phänomene aus dem objektiven Blickwinkel der Technokratie arretiert und für irgendeine Statistik festhält, die diese Daten dann an die Karteien weiterleitet, die über die einzelnen geführt werden; was nicht unbedingt übelwollend, aber auf jeden Fall überflüssig und ominös ist.

Die Ethikgeschichte der Welt: vor Christus, nach Christus, vor Auschwitz, nach Auschwitz. (Günter Kunert zufolge: nach Hitler – aber das geht wegen des Wortes Hitler daneben.)

Was «schulden» wir dem, der uns liebt? (Das Verhältnis zwischen Gott und Mensch; der uns beobachtende Blick. Ist das Liebe? Zumindest zwingt er dazu, sich zu verhalten; zu einem Verhalten und dann zum *Beurteilen* des Verhaltens – zu einer ethischen, moralischen Stellungnahme und deren Konsequenzen; zu Harmonie oder zu Zerrissenheit/Wahnsinn.)

Doch wir sollten dabei nicht vergessen, daß der Begriff «Liebe» manchmal blindeste Selbstsucht beinhaltet, Besitzgier und Angst vor Leere. Und der Begriff «Freiheit» bisweilen eisigste Lieblosigkeit verschleiert.

Heute wieder eine Taube. Beim Gang über die Margit-Straße. Mit gebrochenem Flügel hatte sie sich behutsam auf dem schmalen, einsamen Streifen des Gehsteigs niedergelassen und in der sengenden Sonne ausgebreitet. Sie hob den Kopf und blinzelte besorgt, trotzdem duldsam. Hoffte sie auf etwas? Worauf? Eine Katze? Das Dasein hat keine Entschuldigung fürs Dasein.

Falls meine Anschauungen lauter sind, falls ich mir nicht selbst etwas vormache und mich belüge, so enthalte ich mich des Urteils über mich selbst als schriftstellerische Größe. Diese Größe ist objektiv zu beurteilen, das ist offenkundig; aber das ist so, als würde ich jemandem auf der Straße auffallen, einem Fremden, der seinen Lieben dann zu Hause erzählt, er habe heute auf der Straße den und den gesehen: Was habe ich damit zu tun? Ich weiß ja nichts davon. – Die Frage dabei ist, was ich will. Will ich in die Reihe der sogenannten großen Autoren gehören, die von der sogenannten Literatur gelistet werden? Meine Antwort: Ich weiß es nicht. Der Gedanke ist mir derart gleichgültig, daß ich außerstande bin, ihn länger im Kopf zu bewegen und so zu einer Entscheidung zu kommen. Wenn man sich aber in Form von Kritik mit mir als einer schriftstellerischen Größe beschäftigt, ist es mir nahezu unmöglich, meinen geschriebenen Namen in unmittelbare Beziehung zu mir selbst zu setzen, zu meinem wirklichen, mir als Wirklichkeit vertrauteren unbekannten Selbst, das diesen Artikel gerade liest. Letzten Endes, glaube ich, ist dieses Gefühl der Unbekanntheit ein großes Glück und schützt mich vor vielem. Gleichzeitig setzt es mich nicht außerstande, diese Existenz mit dem Fleiß eines allerdings nicht allzu fähigen Agenten voran- und – zwar bescheiden, aber doch – zur Geltung zu bringen. Andererseits, sobald mir die Sache keine Freude macht oder auf Hindernisse stößt, bin ich bereit, sofort von einer Fortsetzung abzusehen und mich in Gleichgültigkeit oder Depression zurückzuziehen. – (All dies nur interessehalber.)

Es gibt manche, die ich lese; Márai *liebe* ich. Selbst dann, wenn ich nicht alles von ihm gern lese. – Des weiteren liebe ich Thomas Mann, Camus, Bernhard; ich möchte gern einen von heute, aus dem eigenen Umkreis, lieben, doch ich mag keinen.

Geschichtsdarstellung: die Dinge mittels schlechter Begriffe in Versuchung bringen. Sie hat sich nämlich vom Weg der Epik abgekehrt, dabei hat allein die Beschreibung der Geschehnisse, Charaktere und Handlungen einen Sinn. Die Analyse, die an deren Stelle trat, ist müßiges ideologisches Geschwätz. Annäherung an die Dinge von mehreren Seiten? Richtig, aber nur solange sie Erzählung ist. Denn die Historie ist keine «Wissenschaft», sie ist vielmehr Sprachlichkeit, Bewahrer des Gedächtnisses, Schicksal. Sobald sie zur «Wissenschaft» wird, hat sie mit dem Menschen nichts mehr zu tun, ist überflüssig, fraglich. Das gilt – meiner Ansicht nach – selbst für die Wirtschaftsgeschichte.

Die unermeßliche Bedeutung der Eltern, über die mich mein Traum vom letzten Sommer belehrt hat; das Bild meines Vaters und meiner Mutter, halb Renoirsche Idylle, halb beklemmende Chagallsche Angstphantasmagorie; ich glaubte die Wegweisung zu verstehen; wiedergeboren werden um des Lebens willen, seines Sinns willen, darum ging es; doch in meinem bewußten Wirken (meinem Schreiben) leugne ich die segnende Bedeutung der Eltern; die Spannung zwischen beidem ist der Schlüssel zu meinem seelisch-bewußten Wirken, ich bin also nicht der, auf den man auf Grund meiner Texte schließen könnte, wenn ich auch nicht lüge, doch mich leitet etwas anderes als die Wahrheit. (Vielleicht der Wille, am Leben zu bleiben, der Überlebenszwang, der mich immer betrügt und mir Farbenblindheit, Scheuklappen, eine Ideologie aufzwingt.)

Daß man Krankheit als etwas Ursächliches auffaßt, wiewohl sie aller Wahrscheinlichkeit nach nur die Wirkung ist: das hat Freud zuerst gesagt, es ist seine große Entdeckung. Es handelt sich dabei nicht einfach um eine praktische Feststellung, sondern um eine Anschauungsweise, eine philosophische Neuheit. – Andererseits walzt die Macht des Körpers natürlich jedes Dagegensträuben nieder. (Goethes Vorstellungen von seiner Unsterblichkeit beruhten offenkundig auf seiner seelischen und geistigen Kraft, auf seinem Vertrauen auf sie – und doch mußte er sich dem Willen der verkalkenden Blutgefäße und verfallenden inneren Organe ergeben.)

Mein ständiges Gefühl, daß alles binnen Sekunden umschlägt und die Menschen anfangen, einander brüllend umzubringen. Eine brutale Welt, in der sich durch Brutalität dumpf, düster und trübsinnig gewordene Menschen herumtreiben.

Ich mag das Schicksal, vielleicht sogar mein eigenes. Neugierig warte ich auf den Tod. Genauer: Ich bin neugierig, ob ich werde sterben können.

Wenn du mutlos bist, denk daran, daß manchen Lügen zufolge einige Menschen auch in den Konzentrationslagern Tagebücher führten (nicht immer nur die Wächter). Endzeitstimmung. Meine komische Vorahnung, eines Tages im Exil leben zu müssen, scheint sich zu bewahrheiten – vorausgesetzt, ich würde überhaupt noch die Zeit zur Flucht haben. – Die entscheidende Mehrheit der Intellektuellen dieses Landes scheint die ideologische Diktatur zu wollen. Warum, das habe ich noch nie so einfach und klar gesehen. Die ideologische Diktatur funktioniert über Kontraselektion und schafft sichere Lebensbedingungen für jede mittelmäßig oder noch niedriger befähigte Existenz. Diese Schicht, wenn sie lange genug verwöhnt wird, glaubt schließlich selbst, daß sie sich die Freiheit wünscht: Werden die Bedingungen dann aber tatsächlich lockerer, erlebt sie die Freiheit als Unsicherheit. Das war's dann. Sie sehnt sich in ihre Heimat zurück: in die Zensur, die Lüge, die Unterdrückung der Guten und die Durchsetzung des Schlechten; und in eine Ideologie, von der sie (im besseren Fall) bestätigt wird oder die sie hassen kann – das ist im Grunde egal, Hauptsache, es wird die hermetische Welt geschaffen, in der sie leben kann. – Inzwischen wird der fatale Irrtum Nietzsches sichtbar: Die «Schlechtweggekommenen»* schließen sich im Nazismus und Kommunismus in der jeweils siegreichen Ideologie zusammen und entschädigen sich durch Welt- und Wertezerstörung. Nicht die Eliten, die Lebenstüchtigen zerstören und morden – denn dazu sind sie, die blonden Bestien, die Übermenschen, nicht fähig: Die grauen Bestien sind es, die morden, denn sie sind wiederum zu nichts anderem fähig.

Wien; der seltsame, nach meiner Meinung nicht ganz verdiente Erfolg meines Améry-Vortrags. Indessen mache ich die Erfahrung, daß der Schriftsteller – im klassischen oder, sagen wir, wahren Sinn des Wortes – eine Seltenheit und das Publikum erstaunt ist, wenn es ihm begegnet. Ein Schriftsteller – das heißt jemand, der seine ganze Existenz aufs Spiel setzt, mit allem verschwenderischen Risiko, jemand, der auch beim Leser und Zuhörer Existenz reklamiert, der ihn *berührt*, so wie ein Bräutigam die Braut in der Hochzeitsnacht. Ein Schriftsteller, jemand, der seine Kunst erlitten hat und nun, einem Freiheitshelden gleich, mit einer höflichen, aber bestimmten und unbestechlichen Geste die ihm vor fünfzig

* im Original deutsch

Jahren zugefügte ruhmvolle Wunde, die allmählich zur Legende wird, den Menschen vorzeigt – so jemand findet sich hier in der «Marktwirtschaft»* nur selten. Maulhelden, Manipulanten, anständige oder unanständige Geschichtenerfinder, geschickte oder weniger geschickte Autoren gibt es hier genauso wie – sozusagen – zu Hause; ein Schriftsteller aber, ein Künstler, der vom Kreuz, an dem er seine Nächte verbringt, heruntersteigt, um zu erzählen, was er durchgemacht und was er geträumt hat – so einer ist äußerst selten. Gleichzeitig ist mir nichts fremder als all das, was ich geschrieben habe und hier vorlese. Auch in meiner Muttersprache ist es mir fremd, also erst recht auf deutsch, wie ich es vortrage: Ich verstehe kein einziges Wort von dem, was ich lese, und lese es so, als hätte ich diesen Text verfaßt, in dieser Sprache. – Was noch? Das bestimmte Gefühl, daß ich mich in nichts auflöse, mein Werk vergeblich ist, daß kein Humus da ist, der es aufsaugt, auf daß es sich im verborgenen befruchten und neue Keime austreiben könnte. Doch ich mag auch diesen Gedanken, und ich mag den Gedanken an meinen Tod, der immer da ist, mir gegenüber, am Horizont, dieses wilde Abenteuer, ohne das das Leben so inhaltlos wäre …

München. In der Unterführung am Marienplatz auf die S-Bahn wartend, beobachtete ich die Massenindividuen in der wogenden Masse; dieses unglaubliche Phänomen in seiner Unverhülltheit, wie der Moment es plötzlich darbot; ein Gefühl katastrophaler Vergeblichkeit und Überflüssigkeit wird von dieser Konsum- (und verkonsumierten) Gesellschaft ausgelöst, dem man sich nicht entziehen kann; Canetti hat nicht recht: Die Masse ist nicht archaisch und nicht arche-

* im Original deutsch

typisch, sie läßt sich nicht nach bestimmten (und schon gar nicht nach eventuell festgelegten) Spezifika einordnen. *Diese* Masse ist mit nichts vergleichbar, sie ist einzigartig, selbst dann noch, wenn ihre Reaktionen vielleicht berechenbar sein sollten, wenn sie sich wiederholten und immer die gleichen wären. Auch dann *entstehen* diese Reaktionen jedes einzelne Mal von neuem, deshalb ist das Moment der Freiheit in ihnen unleugbar. Um so erschreckender, daß sie stets das gleiche produzieren, Massenphänomene. Am schrecklichsten aber ist es, diese Masse einfach als viele Menschen zu sehen – das Gefühl von Hoffnungslosigkeit, von erstickender Ähnlichkeit und Überflüssigkeit, gepaart mit dem intensiven Gefühl von Vergänglichkeit, von äußerster Zerbrechlichkeit, von Sterblichkeit gerät dann zu einer alles überwältigenden Verstimmung und Entmutigung.

Galeerentagebuch-Lektüre. Starkes Heimweh nach dem Vergangenen. Die großen Szigligeter Zeiten. Spaziergänge. Beziehungen. Die langen Nachmittage. Musikhören aus dem damals noch so mystisch entfernten Wien. Die Arbeit, in der Nacht und am Nachmittag. Die Leute. Eigentlich waren es fruchtbare Zeiten, eigentlich war es mein Leben. Alle Zeiten davor verschwommen; allein diese siebzehn bis zwanzig Jahre, meine Schaffenszeit, ja, allein die ... – Ganz alte, glückliche (jetzt, nach Jahrzehnten glücklich erscheinende), große Unfruchtbarkeiten und Vergeblichkeiten, endlose Ausflüge in die Berge, mit dem Gefühl irgendeines großen, aber unbestimmten Versprechens, im Unglück der Gegenwart erstickend.

Grauenvolles Erleben von Fremdheit, seit Wochen. In einem feindlichen Land, aber dieses Land ist aller Feind, am meisten sein eigener; unsäglich fremd; unaufhörliches Flüchten, Sichtarnen, Sichverstecken, Angst; alles ist düster und bedrohlich – sollte das «das jüdische Gefühl» sein? Durchbruch selbst beim Schreiben, beim Tagebuchschreiben nicht möglich; als würde überwacht, was ich schreibe, so fremd schreibe ich jedes Wort. Aus mir selbst ausgestoßen, exiliert aus meinem eigenen Leben – wobei es keinen wahren Grund dafür gibt, wenn nicht den, daß ich nicht schreibe, der allgemeine Inspirationsmangel.

Im neuen Lexikon zu lesen: «München ... gab der Nazibewegung in den zwanziger Jahren eine Heimstatt ...» Usw. Es wird überhaupt kein Unterschied mehr gemacht zwischen pejorativ und positiv wertenden Wörtern. Es wird zum Beispiel von «Kriegschancen» gesprochen; daß man «wegen» irgend etwas jubele usw.; der Sprachverfall weist auf das totale geistige Chaos hin, das totale geistige Chaos auf Zerfall, der Zerfall auf den Tod.

31. Dezember 1992 Es zum Schutz vor dem allgemeinen niederen Stil diesmal (nach Toynbee) mit der historischen Sichtweise versuchen. So etwa der Zusammenbruch des großen sowjetischen Reiches: Es fiel, als würde man einer riesigen Hülle einen furchtbaren Faustschlag versetzen, ganz natürlich nach physikalischen Gesetzen in Scherben. Im Gebiet zwischen Leitha und Don entstand eine Leere. Ungarn, das bis 1526 seine klare «historische» Aufgabe hatte und selbst danach noch, bis zum Zusammenbruch der Monarchie, Ungarn, dem, nach seiner schlechten Rolle im Weltkrieg, dann die Auftriebskraft des inneren und – 1956 – äußeren Widerstands ausgegangen war, befindet sich innerlich wie äußerlich plötzlich im leeren Raum. Die westliche Welt sieht zwar die vom Südosten her drohende muslimische Gefahr, hält es nach der flüchtigen und lächerlichen Bestrafung des Irak aber für ausreichend, seine Grenzen wie üblich bei Wien zu verteidigen. An den Südgrenzen Ungarns ist Krieg, und das zeigt ungefähr schon die Kräfteverschiebung an; obschon es noch eine Weile dauern kann, bis im mittel- und südöstlichen Teil Europas eine alles bestimmende Formation, irgendeine Großmacht entsteht. Bis dahin wird sich das Land nur um sich selbst drehen, wie der Hund, der den Platz für seine Entleerung sucht; seine Berufung wird es – falls es je eine Berufung haben sollte – nur in dieser neuen Formation finden, mit ihr oder gegen sie, doch auf jeden Fall *innerhalb* von ihr. In den bis dahin bevorstehenden Dekaden entwickelt es entweder selbst eine solche Formation (irgendein mittel-osteuropäisch-balkanisches Bündnis, Integration usw.), oder es kann den individuellen Weg versuchen, mit anderen Worten, das Glück: Dieser Weg geht allerdings nur mit dem Hebel des wirtschaftlichen Aufschwungs. Und ich? Nun, ich werde diesem hilflosen Zappeln aus immer größerer Entfernung zuschauen, bis ich schließlich gar nicht mehr zuschauen werde. Es ist, als hätten sich die Bedingungen und die Probleme verändert. Das fortdauernde Hiersein eines Individuums muß Protest gegen diese Veränderung, also gegen das Vergessen, bedeuten; es sei denn, die Persönlichkeit löst sich in der verfließenden Zeit auf, in der heiteren Gleichgültigkeit des Fortschreitens und Vergehens.

•

Kein inneres Erleben, keine klare Erkenntnis, kein einziger heller Augenblick; nur Röcheln in den Tiefen der Hölle – darin besteht mein geistig-physisches Dasein. Jetzt sehne ich mich wieder nach Visionen, von Erlebnissen geschwängerten Stimmungen, wie jemand, der neu erfüllt wird von den süßen Schmerzen des Lebens. Nachdenken darüber, ob unser Leben nicht letzten Endes auf Ausdruckgeben beziehungsweise Bekundung hinausläuft, ob all der Wirklichkeitsmangel, dieses leere Puppenspiel des Lebens, das sich nicht mehr verschleiern läßt, nicht das sichtbare und spürbare Zeichensystem einer tieferen Mahnung ist; ob wir daraus nicht irgendein tieferes Wissen schöpfen müßten, das die Falschheit des Lebens vielleicht als eine Stufe zeigt, von der aus wir, wenn wir hinaufgehen, etwas anderes sehen, entweder mehr oder weniger, doch jedenfalls eine neue Perspektive? Es ist unmöglich, daß die Zeit nicht dazu da sein sollte, um in ihr vorwärts zu kommen, es ist unmöglich, daß wir vorwärts kommen und das nicht eine Bewegung *auf etwas hin* sein sollte. Das menschliche Leben ist ein klares Beispiel dafür. Die Zeit wird zur Offenbarung. Es ist unmöglich, daß der Tod niemand belehrt. Doch es kann auch sein, daß sich nur der Schleier einer Kultur vor unseren Augen auflöst – aufgelöst hat – und wir plötzlich sehr weit sehen, geradewegs und unmittelbar ins Nichts hinein. Doch das kann nicht vor sich gehen, ohne daß es zu einem religiös-kulturellen Erlebnis würde.

Das Theater demonstriert, daß der Mensch stets so spricht, als spräche er vor Zeugen. Der Mensch braucht Zeugen, damit seine Worte ihren moralischen Sinn gewinnen. Der wichtigste, der höchste Zeuge des Menschen ist Gott. Das beweist allerdings noch nicht, daß Gott ihn tatsächlich hört und erhört. Es beweist auch nicht die Existenz Gottes. Moralität beweist einzig und allein ein Bedürfnis, das heißt ausschließlich sich selbst.

Es ist nicht wahr – was, glaube ich, Wittgenstein sagt –, daß die menschliche Sehnsucht sich nie erfüllt; wahr ist hingegen, daß der Mensch nicht weiß, wonach er sich sehnt (er hat davon keine Kenntnisse, sondern Illusionen oder allenfalls Vorstellungen); ferner, daß sich die Sehnsucht nie *so* erfüllt, wie er es ersehnt: das heißt, schließlich ist wahr, daß wir uns nicht das, was sich erfüllt, ersehnen (nicht genau das, oft überhaupt nicht das), doch wenn sich etwas, und sei es nur in seinen Konturen, davon erfüllt, zeugt das von der Realität unserer Zielvorstellung, von einer Art Weisheit und Glauben. So ist auch Wittgenstein zum maßgeblichen Philosophen seiner Zeit geworden (denn das hatte er sich ersehnt), obwohl ihm gewiß nicht *das* und nicht *so* gelang, was und wie er es sich in seinen geheimsten Wunschträumen vorgestellt hatte.

Hamburg – Berlin – Köln – Frankfurt – Zürich. Wer hätte das geglaubt? Aber bin ich herausgetreten aus meinem Zentrum, meinem Emersonschen Zentrum? Jedenfalls droht Zerstreuung, Zerstreuung meiner Aufmerksamkeit, meiner Seele, vielleicht meiner, wie soll ich sagen, Konzentration. Bin ich nicht zu leger und leicht geworden? Ob ich noch schreiben will? Was bedeutet schreiben? Die einzige Art und Weise – und noch dazu berufsmäßig –, in Kontakt mit der mir zugefügten schweren Verletzung zu bleiben; mich an ihrer Zelebrierung zu laben, um durch diesen merkwürdigen Tauschhandel Liebe zu erbeuten. Worauf muß ich achtgeben, fragt unsicher eine innere Stimme in mir, besorgt und unschlüssig. Ich weiß nicht, worauf ich achten muß. Darauf, daß ich darüber lachen kann, daß es mich mitunter ergreift und erstaunt, und darauf, daß ich nicht zum Routinier werde als professioneller Agent meiner selbst – eines Selbsts, das allmählich verkrüppelt und wegstirbt. Nein. Noch lebe ich.

Nur Kunst, die Wunden weitergibt, ist etwas wert; wenn sie diese Wunden überdies noch sogleich ableiten, den Schmerz durch einen süßen Rausch zu einem noch schmerzlicheren, unvergeßlicheren steigern kann, dann handelt es sich um große Kunst.

Ich bin insoweit ein ungarischer Schriftsteller, wie man Kafka als einen deutschen, Spinoza als einen lateinischen Schriftsteller betrachten kann. Das ist keine existentielle Feststellung, also scheint sie überflüssig zu sein. Trotzdem, mein sogenanntes Schriftstellerschicksal ist davon bestimmt, daß ich in ungarischer Sprache schreibe, aber bei weitem nicht en face des ungarischen Horizonts; meine Überflüssigkeit hat mir Flügel verliehen, diesen Horizont zu erreichen, und sobald ich in seine unmittelbare Nähe gerate, versiege ich, und die Worte gehen mir aus.

Die Aufnahme meiner Arbeiten im Ausland zeigt, in welchem Ausmaß man mich hier, wo ich lebe, niedergehalten hat. Bedaure ich das? Ich bedaure nichts, ich bin in die tiefste Hölle hinabgestiegen, und das ist keine Übertreibung; ich bin ein «Dudelsackpfeifer» geworden – aber jetzt muß ich weiterziehen; ich will nur mehr für die musizieren, die die Musik verstehen und lieben, und dabei will ich auf mein Instrument und auf meine Finger aufpassen, auf meine Kehle, solange sie dem Instrument noch irgend etwas entlocken kann.

Treffen mit G. F.; er zieht mich zur Rechenschaft, warum ich das Stück nicht schreibe. Meine Antwort: allerlei Berufungen auf meine Reisen ins «Ausland», die Auslandsveröffentlichungen meiner Bücher und die damit verbundene Inanspruchnahme, darauf, was das so nebenbei erbringt, auf das Erlebnis der kulturellen Aufnahme usw., in der Art eines Hedonisten sozusagen. Nur vergaß ich ihm eben zu sagen, daß ich bei der gegenwärtigen Lage der Dinge eigentlich damit beschäftigt bin, mein Werk zu retten; weil ich nicht weiß, ob man das, was ich mache, hier braucht, nicht weiß, ob die Sprache, in der ich schreibe, es trägt, ja, ob sie sich überhaupt erhält – zumindest als die Sprache, wie sie von ihren großen Schöpfern, Erneuerern und Erhaltern gewollt war; ich spüre hier nicht viel Sympathie meinem Werk gegenüber, trotz meines sogenannten «Erfolgs»; es könnte sich eines Tages herausstellen, daß meine Existenz, alles, was ich tue und denke, aus Sicht der Nation, zumindest einer eingeschränkten, als Bande verstandenen Nation – wie die Chauvinisten die Nation verstehen wollen –, also einer durch sich selbst zum Untergang verurteilten Nation fremd, ja, schädlich und «entartet» sein wird. Mir geht Toynbees Rat durch den Kopf, das Judentum solle die westliche Kultur bereichern. Und wenn die ungarische Kultur bald gar nicht mehr Teil der westlichen sein will? Ich muß mein Werk in Übersetzungen retten für die, die es «nutzen» können und wollen, die Freude daran finden und denen dessen Ernte echte Früchte bringt. Werde ich am Ende zu einem sich «vorübergehend» in Budapest aufhaltenden westlichen Schriftsteller? Eine deprimierende Perspektive. (Die nagelneuen, zugleich uralten Herren des Rundfunks denken zum Beispiel gar nicht daran, *Die englische Flagge* in meiner Lesung zu «senden»: Mein Werk wird daraus verwiesen werden, und ich selbst werde mich ebenfalls daraus verweisen, übrigens ohne jedes Bedauern.) Die wahre Frage aber ist doch die, ob ich an meinem eigenen Leben so teilnehme, wie ich es oben interpretiert habe und vom Standpunkt der Vernunft interpretieren muß; offen gestanden spüre, *erlebe* ich nicht die Wichtigkeit, die ich mir und meinem Werk beimessen sollte; ich handle automatisch, teilweise aus Höflichkeit, teilweise aus Zerstreutheit und einer vom Augenblick verlangten Korrektheit; der Wirkung meiner schriftstellerischen Tätigkeit stehe ich fremd, ungläubig und verwundert gegenüber, ich traue dem Lob nicht, setzt man mich dagegen herab, bekümmert es mich; allein in meinem geheimen, innerlichen Leben bin ich einigermaßen zu Hause, dort aber empfangen mich jetzt Kälte und Gewissensbisse, weil ich es versäume, meine kreativen Kräfte zu nutzen, liederlich mit ihnen umgehe; und weil ich sie brachliegen lasse, stellt sich mit dumpfem Schmerz die Frage, ob es diese Kräfte überhaupt noch gibt.

Ich wollte, daß es gesagt werde, und es wurde gesagt. Am frühen Morgen habe ich es geträumt: Eine graue Taube kam (flog) durchs Fenster der Wohnung in der Török-Straße herein. Sie kam dem Fußboden immer näher, während ich (unsichtbar, zumindest für mich selbst), während also dieses als irgendwie hinterlistig wahrgenommene, aber unsichtbare Ich (mit dem ich nicht identisch war, wiewohl ich es doch war, wie ein an einer physikalischen Untersuchung beteiligtes, sie also beeinflussendes Instrument), während dieses Pseudo-Ich also staunend die Hinneigung des Vogels zur Erde betrachtete; wenn ich mich richtig erinnere, versuchte es (ich), ihn irgendwie in der Luft zu halten, aber schließlich ließ sich die Taube auf dem Boden nieder. Sie war grau, aber ganz wunderbar, seidengrau. Ihr Hals wurde irgendwie immer länger, wie ein Schwanenhals, und er war biegsam, gleichfalls wie bei einem Schwan – oder wie ein Phallus. Die Taube war in der Nähe der Zimmertür auf dem Boden angekommen, unmittelbar vor dem Garderobenschrank (mit den Regalen darüber), wo anscheinend Ameisenpulver gestreut worden war, wie wir es in der Pasaréter Wohnung handhabten. Die Taube aß davon, trotz meines Protests: nach meiner Erinnerung versuchte ich, sie mit Brotkümeln von dem Pulver wegzulocken. Schließlich flatterte sie – sie war sehr, sehr zahm, ich fühlte, welche Angst und Sorge ich mir um sie machte, gleichzeitig meine Hilflosigkeit diesem fremden Geschöpf gegenüber, diesem für mich unnahbaren und unansprechbaren Vogel – etwas schwächlich auf das oberste Regalbrett hinauf, wo sie sich mit zur Wand gedrehtem Kopf in der Ecke einnistete und still wurde, ich spürte deutlich, daß sie starb. – Ein unheilverkündender Traum; ich weiß genau, was er prophezeit, genauer, auf was für eine Angst er sich bezieht, was also darin zum Ausdruck kommt; dennoch ist nicht sicher, ob er meine unerwartet, gewissermaßen binnen eines Augenblicks zu Ende gegangene Leidenschaft gezeigt hat oder meine Angst vor Verlust; aber es ist egal, *die Taube ist gestorben*, meine Unschuld ist dahin, ich muß mit der Angst leben, meine unbedachte Leidenschaft hat mich ins Reich der Wahl geworfen, wo ich nur zwischen zwei Verlusten wählen kann und vielleicht sogar Schuld auf mich nehmen muß.

Großangelegte und allgemeine Konzeptionen suchen. Großer Stil: wenn auch nicht ein großes, aber ein zur Betrachtung dargereichtes Leben, ein in gewisser Weise doch legitimiertes Leben; sich frei machen vom Geheimnis persönlichen Elends beziehungsweise dieses als Material behandeln und zum Stil vergeistigen – nicht zur Lüge, meine ich, sondern zum Stil.

Zum Taubentraum: Erschrak ich (angesichts des Todes der Taube), oder wunderte ich mich nur betrübt? – Handeln muß ich jedenfalls so, als hätte ich mich nur betrübt gewundert.

Je älter und also erfahrener ich bin, desto unerfahrener blicke ich in der Welt umher; bezüglich der Lebensregeln gibt es zum Beispiel nur moralische Gewohnheiten, eine sonstige Leitidee – irgendein verpflichtendes Prinzip – hat das Leben nicht; alles ist möglich – und doch richten die Menschen ihr Leben nach einer Art Massenschablone aus. Diese Angst ist aber ein Resultat der modernen Lebensstruktur und nicht der menschlichen Natur.

Von neuem darüber nachdenken, ob der Mensch nur denken kann, was er denken *muß*. Auf einer Terrasse sitzen, den Blick über die grünen Berghänge schweifen lassen, die bewohnbaren Täler und die bezähmten Landschaften, über das Unbegreifliche der Pflanzen meditieren, über die Beschränktheit der Tiere, die Limitierung des menschlichen Verstands; all das schließt nicht aus, daß eine Sphäre existiert, die von grundverschiedener Natur ist, und diese Sphäre wird von uns kurz Gott genannt; warum aber halten wir sie gleichzeitig auch für unseren Schöpfer, und warum glauben wir, ihn anbeten zu müssen? Das entspringt offenbar ganz der menschlichen Natur; das heißt, all das, all der dem menschlichen Denken inhärente Zwang beweist, daß der Mensch Kreatur ist. Doch es sagt nichts darüber aus, wessen Kreatur er ist: Wir können von unserem Wesen nicht auf unseren Schöpfer schließen, weil ein entscheidendes logisches Kettenglied fehlt; und doch tut der Mensch das seit Jahrtausenden ständig (nämlich von seinem Wesen auf ein göttliches Wesen zu schließen); die große Frage ist, ob er etwas anderes tun könnte – und das führt wiederum nur auf den Zwangscharakter des menschlichen Denkens zurück. Dieser Zwang kann von allen möglichen Gefühlen, von inbrünstigster Metaphysik oder extremstem Nihilismus gefärbt sein, an der Essenz – an seiner Zwangsläufigkeit, daran, daß es immer vom selben ausgeht und immer an dieselben Schranken stößt und vor allem, daß es immer an demselben Knochen knabbert – ändert es nichts …

Vor ein paar Tagen in Miskolc. Die gebildete, sensible Frau, die *Kaddisch* für die Zuhörerschaft interpretierte. Daß der Erzähler in Auschwitz gewesen war, fehlte einfach in ihrer Interpretation. Es lag nicht an der Scham der Interpretatorin, sondern schlicht an ihrer Bildung: Diese kluge, intellektuelle, etwa 35jährige Frau wußte ganz einfach nicht, was Auschwitz in der europäischen Mythologie bedeutet (um jetzt von der Wirklichkeit gar nicht zu reden), sie war sich nicht darüber im klaren, was für Vorstellungen die heutige Zivilisation mit diesem Begriff verbindet. Die vierzig Jahre währende Schande der Rákosi-Kádár-Ära, dann der um nichts weniger schändliche restaurative Geist der letzten drei Jahre haben den Holocaust einfach aus dem allgemeinen Bewußtsein der ungarischen Intelligenz vertrieben – vom geschichtlichen Verantwortungsgefühl, dem Akzeptieren und Mittragen des ethischen Traumas ganz zu schweigen. Sie haben keine Ahnung, wovon sie reden, wenn sie das Wort Europa oder europäische Bildung im Mund führen: Das gesamte europäische Bildungsmaterial, von Sokrates bis Kafka, von Thomas von Aquin bis Heidegger, ist nichts wert ohne den Rauchschatten des Holocaust, denn heute erhält *er* es am Leben – was eigentlich? Sagen wir kurz, das Gesetz. – Diejenigen, die der Nation das Selbstbewußtsein dadurch zurückgeben wollen, daß sie ihre Dummheiten und Verbrechen rechtfertigen, begehen nur weitere Dummheiten und Verbrechen. – Vergiß nie, daß sie dich hier schon als Zehnjährigen von der Schule verwiesen beziehungsweise in eine «Judenklasse» versetzt haben; daß sie in den Levente-Stunden «arische» Oberklässler zu «Gruppenführern» bestellten, die die Kinder mit dem gelben Armband nach Lust und Laune malträtieren durften; sechzehnjährige Jungen wurden zum Morden, vierzehn- bis fünfzehnjährige Jungen zum Anstiften dazu ausgebildet, hier im Gymnasium in der Barcsay-Straße. Vergiß nicht, daß man dich durch diese Stadt geprügelt hat, am hellichten Nachmittag fand sich in den verkehrsreichen Straßen keine helfende Hand, keiner erhob die Stimme; ungarische Behörden ließen dir das Stigma an die Brust nähen, ungarische Behörden übergaben dich – deiner Staatsbürgerschaft beraubt – einer fremden Macht, zu dem Zweck, daß diese fremde Macht – Nazideutschland – dich ermorde.

Über fünfunddreißig Jahre habe ich hier gelebt, auf die verschiedenste Art. Die Zeiten, da ich vor dem Ofen, auf dem gegen die schlecht schließende Ofentür gelehnten Kolonialschemel am Manuskript von *Bohnensuppe* saß; die unlackierte Holzplatte auf vier Holzbeinen, die wir Tisch nannten; davor noch *Ich, der Henker* … Die Komödien, die langen, langen Jahre des *Romans eines Schicksallosen* … A.s Hoffnungen, die immer wieder von neuem umgeräumte Wohnung; unsere unbegreiflichen Kämpfe; jetzt ist meine Kleine alt geworden, ich, mit meinen Triumphen, mein Gott! Wie das alles vergangen, verflogen ist, und ich erinnere mich nur an Trümmer. Ich begreife mein Leben nicht – im Moment führe ich ein völlig unbegriffenes, nicht angeeignetes, ziemlich weit von mir entferntes Leben, nur meine Schuld gehört mir, nichts anderes.

Der Mensch glaubt, sein Leben habe «einen Sinn», weil er als einziges Lebewesen fähig ist, die Sinnlosigkeit des Lebens zu erfassen.

Die morbide Groteskheit des Glaubens. Die alte Dame, die ihr ganzes Leben im Zeichen des katholischen Glaubens zugebracht hat, wird vom Priester am Sterbebett mit dem erlösenden Tod getröstet; darauf sieht die alte Dame in dem Beichtvater ihren Mörder und läßt ihn nicht mehr in ihre Nähe.

«Was ist ein Mensch ohne den Gott? Der reine Wahnsinn in der Gestalt des Harmlosen», Heidegger, Schelling kommentierend.

Behauptet Schelling nicht, daß das Böse geistig und daß darin (für den Lebenden) keine Lust vorgesehen sei? Doch wenn das Böse das Böse realisiert, es «in Sein verwandelt» – hätte es dadurch nicht eine Befriedigung? Und ist die Befriedigung nicht Lust? (Deutsche Spekulation.) Die Wahrheit ist, glaube ich, daß das Böse das Böse als gut postuliert und darin ordentlich Befriedigung erfährt; einen bösen Menschen – zumindest einen, der sich dieses Prinzip zum Lebensprinzip machen und das Böse bewußt praktizieren würde: einen bösen Menschen gibt es demnach nicht; ein Mensch, der von sich weiß, daß er böse ist, fühlt sich schuldig, er praktiziert das Böse, wenn er nur darin Befriedigung findet, in Illegalität vor Gott. Und das ist etwas ganz anderes.

Wenn ich jetzt nicht auf meine «Lebenstechnik» achte, könnte ich mich verlieren. Die verhaßte Umgebung löst Reflexionen über die täglichen Haßausbrüche aus. Sie bewegen sich auf einer einzigen Ebene, kurz, auf der Reflexionsebene des Sozialgeschichtlichen, des Ephemeren. Meine unvergängliche Seele verläßt mich langsam, und ich spüre fast schon ihr enttäuschtes Abwinken: Auch in diesem Haus versuchte ich vergeblich, ein Nest zu bauen … Tatsächlich, es ist, als verlöre ich meine Empfänglichkeit für Glück, für die absurde Schönheit des Lebens – ich verliere die Empfänglichkeit für mich selbst. Das Glück – «Schöpfertum»: Allein da erweist sich mein Wesen noch der Rede wert – das gemeine Dasein, sosehr mir sein Wirbel auch die Beine wegreißt, ist keiner Aufmerksamkeit, nicht einmal eines Blickes würdig. Doch um oben zu bleiben, brauche ich erhöhte Kraftanstrengung.

Ein Axiom, könnte aber dennoch stimmen: Wir sind dem Vergehen der Liebe genauso dankbar wie ihrer Entstehung (oder noch dankbarer). Könnte es nicht sein, daß es uns mit dem Leben auch so geht (sofern wir nach unserem Tod noch der Dankbarkeit fähig sind)? – Wie seltsam «verhalte» ich mich zu meinem Schicksal! Stets wähle ich das Schlechte, das für mich gut ist, das Anormale, das Unmögliche, das Undankbare, das, wofür es keine Liebe gibt; und wer mich liebt, den fliehe ich – ein seltsames Mysterium des Lebens, das einerseits nach dem «wirklichen» Qualitätsgehalt von alldem fragt, andererseits an die alten Legenden von Irrwegen und menschlichen Irrfahrten, von der Gralssuche, von Blindheit vor der Wahrheit, dumpfer Gefühllosigkeit gegenüber der Gnade usw. erinnert; doch mag sein, es handelt sich bloß darum, daß wir die Liebe als Behinderung für unsere Freiheit erleben, als einen das Individuum beeinträchtigenden Anschlag – während wir freilich weder mit unserer Freiheit noch mit unserer Individualität wirklich etwas anfangen können. Oder sind die Betriebspausen in den menschlichen Beziehungen dazu da, um das Glück zu kosten? Das Glück ist außerhalb der Liebe – zumindest außerhalb der intensiven, glühenden und unaufhörlich aktiven Liebe; das beweisen meine zahllosen Erfahrungen. Und dennoch tappe ich immer wieder von neuem in die Falle: Warum? Eine marxistische Antwort: der Dialektik zuliebe.

Die Pausen zwischen den intensiven Gefühlen und Beziehungen sind dazu gut, uns das Glück zu lehren; vielleicht wurzelt Schopenhauers Willensphilosophie in seiner Empfänglichkeit für Intensität, seinen Enttäuschungen, Leiden, später in seinem Abwehrsystem gegen den Schmerz; seine Philosophie ist also nichts anderes als Dichtung – das wissen wir allerdings schon lange, jede Philosophie ist Dichtung.

Das gestrige Geständnis: «Ich habe dich einmal sehr geliebt, am meisten, als feststand, daß ich dich verlieren würde ...» Ich könnte mit König Philipp singen: «Er hat dich nie geliebt ...» Aber ich glaube, er hat auch wegen seiner Lieblosigkeit stets viel gelitten, was er noch heute mit großem Kraftaufwand übertüncht, sich zur Selbstbestrafung eine den Tod liebende Ideologie wählend und quasi zum Trost repetierend; das Komische daran ist nur, daß er diese Ideologie zu leicht auf andere bezogen benutzt, das heißt, viel zu leicht mit dem Tod anderer einverstanden ist und sie ihnen auch zu herzlich zur Milderung ihrer Qual empfiehlt; obwohl, milde gesagt, der Gedanke an seinen baldigen Tod nicht jeden tröstet.

Die merkwürdigen Verrenkungen mancher Historiker und Philosophen: daß sich Auschwitz – sozusagen – nicht mehr in die Tradition des Judaismus fügen lasse, sofern man es nicht als eine der letzten Stationen der den Juden zugefügten Bestrafungsserie Gottes ansähe; beziehungsweise daß

Auschwitz keine Privatangelegenheit der Juden und ihres Jahve sei, worauf man wiederum nicken kann und sagen: Also natürlich, unserer Sünden wegen – um danach mit großem Dünkel in Weinen auszubrechen und die Sonderauseinandersetzung mit Gott fortzuführen, während die Besatzungsarmeen und danach die dort ansässige Bevölkerung die Trümmer von Auschwitz beseitigen ... Denken diese Dummköpfe nicht daran, daß seit den sieben (oder zwölf?) ägyptischen Plagen Gott (und eben der Gott der Juden) universell geworden ist und sich sein Gebot auf jeden bezieht (genauer, das ethische Gesetz) und daß die Schuldigen, die Überlebenden und die ganze europäische sittliche Welt genauso verantwortlich für Auschwitz sind und dafür sühnen (oder nicht sühnen) wie die Juden? Man kann sagen, daß Gott tot ist; aber man kann auch sagen, daß Gottes Welt im Zeichen von Auschwitz universell geworden ist.

Das «Böse», die «Bosheit» bei Schlegel und Heidegger; mit großem philosophischem Feinsinn vorgetragene Albernheiten. – Im übrigen totale Konfusion in dieser Frage; die philosophische Vernachlässigung des Lebensprinzips; denn das Naturprinzip ist, wenn man so will, das Böse (weil wir sterben, weil wir zum Lebenskampf gezwungen sind); auf der anderen Seite gibt es das Gute (weil wir geboren werden und teilhaben dürfen am Sein); die Destillation von reinen Prinzipien ist nur aus der Wirklichkeit, aus der Existenz möglich, das Existieren dagegen ist weniger prinzipienhaft; das aktiv Böse tritt nur dort auf, wo das Gute und Richtige in Frage gestellt werden, selbst Schöpfung und Vernichtung; doch sowohl die Schöpfung wie die Apokalypse sind Gottes priviligiertes Eigenes; was ich sagen will, ist, daß all das ein *relatives Märchen* ist; das Böse ist gegeben, um das Gute muß man kämpfen, doch das Böse wird bei vielen als etwas Gutes interpretiert und umgekehrt; mit einem Wort, wir können nur über das Leben und das moralische Empfinden des Menschen sprechen – was zweifellos etwas beweist, man kann allerdings nicht genau wissen, was; vielleicht nur so etwas wie eine geistige, sehr verfeinerte Form des Lebensinstinkts.

Jahrelang habe ich Auge in Auge mit dem Tod gelebt; jetzt scheint es so – nicht als hätte ich den Kopf abgewendet, sondern als habe er sich sozusagen von selbst abgewendet. Ist nicht Hochmut in mein Leben eingezogen? Oder zumindest Nachlässigkeit, was genauso schädlich ist? Es ist, als liege mein ganzes Werk – jetzt, da es sich für andere öffnet – für mich in Trümmern. Nur die Fortsetzung kann helfen, das Weiterbauen, die Arbeit.

Die Walküre in der [Berliner] Staatsoper. Die phantastische Aufführung, viele Assoziationen, die neue Begegnung mit diesem für mich schicksalhaften Werk, das einst schicksalhaft befreiend auf mich wirkte: Ich liebe es von neuem. Einige Tage vorher bei einem Besuch Diskussion über Wagner mit deutschen Intellektuellen: E., der Dichter, kann ihn nicht ausstehen. Eine stämmige Journalistin über die *Meistersinger*, mit verkniffenem Gesicht: «So deutsch!»* Wagner hat durch sein schreckliches Verhalten sein Renommee bei den Deutschen, seinen Landsleuten, ruiniert: Ich, als Jude, habe meinen unbefangenen Genuß an ihm.

Wichtig: die Arbeit, dieses elende Mit-dem-Glauben-Leben, muß auch weiterhin mein geheimes Leben bleiben; wenn ich kein Geheimnis habe, habe ich kein Leben, werde

* im Original deutsch

zu einem rückgratlosen Säugetier. – Noch ein, zwei nötige Notate, Fragen, auf die ich falsche Antworten gebe. Erstens: Antisemitismus; darauf kann ich nur antworten, daß das nicht meine Angelegenheit und, überhaupt, nicht Angelegenheit der Juden ist, die Juden werden deshalb höchstens hin und wieder vernichtet. – Zweitens: daß ich mich gegen Ende des *Galeerentagebuch*s viel mit Gott beschäftige. Antwort: Das ist wahr, aber es stellt keine auf die Existenz oder Nichtexistenz Gottes bezogene *Behauptung* dar, sondern bezeugt, daß man in einem bestimmten *Zustand* Gott denken *muß* beziehungsweise über Gott nachdenken *muß*: also ein menschliches Dokument (documenta humana) und nicht so etwas wie ein Glaubensdisput oder Ehrerbietung vor dem Glauben.

•

Mit dem *Galeerentagebuch* habe ich die Kuppel auf eine Chronik gesetzt, Chronik als eine mit der Epoche simultan fortschreitende Geschichte – «denselben Roman leben und schreiben»; das Dach kam genau in dem Moment auf das Haus, als das wirkliche Haus – vierzig Jahre geschichtlicher Ruinenbau – zusammengestürzt war; voilà, tritt hinaus ins Freie, bleib in einiger Entfernung stehen und wirf einen Blick zurück auf die Trümmer, doch mit einem Fuß schon in der Kurve, die bald alles hinter dir verdeckt.

Schlechte Schriftsteller lösen bei mir Panik aus. Ein schlechter Schriftsteller weckt in mir Lust und lockt mich in irgendein graues Chaos, wo er triumphierend herumdeutet; ich sehe seine Freude, werde selbst aber traurig, weil ich überhaupt nichts erkenne und den Triumph nicht verstehe. Das Sortiment guter Dinge ist klein, ein paar gute Bilder, wahre Ideen, ein paar gemessene große Worte, ohne Gift und Galle: Ein einfaches sauberes Haus, kein Mief, und ich fühle mich sofort heimisch, allein durch die Geste, mit der mich der Hausherr hereinbittet. (Camus' Tagebücher.)

Größe ist nicht zeitgemäß. Größe ist nicht interessant. Der Größe entsprechend leben, unzeitgemäß, uninteressant sein …

Georges Batailles erotische Studien über die Höhlenmalerei von Lascaux. Eine der Zeichnungen zeigt einen Büffel mit heraushängenden Eingeweiden, der Büffel steht erhoben über dem Jäger, der mit steifem Glied vor ihm auf dem Boden liegt. Aus der geheimnisvollen, zugleich komischen – oder vielleicht bloß grotesken – Beziehung zwischen Tod und Eros zieht Bataille weitreichende Konsequenzen. Warum erscheint mir, mit gewissermaßen simpler Rationalität, der Sinn der Zeichnung so klar? Für mich berichtet der steife Phallus ganz einfach vom Sieg des Jägers, ungeachtet dessen, daß der Büffel ihn zweifellos noch mit letzter Kraft zertreten wird. Siegen ist erotisch; bisweilen auch Töten. Wo wäre hier eine unbegreifliche Tiefe? Oder bin nur ich so seicht?

Tiefe: die verschlossenen, feindseligen Nazi-Visagen jeden Sonntagmorgen, die wie Hyänen um die Kirche in der Torockó-Gasse stehen und durch die ich mir jeden Sonntag meinen Weg – zur Török-Straße – bahnen muß. Ihre Autos okkupieren jeden Zentimeter Platz auf dem Gehsteig, an den meisten klebt das Wappen mit der Krone, dieses anachronistische Symbol, das keinerlei Wirklichkeit bezeichnet. Sie gehen ins Gotteshaus, und sie zollen dem Haß; auf den Visagen jenen Ausdruck, der beim Inka-Gottesdienst auf den

Gesichtern der Gemeinschaft erschienen sein mochte, als sie erfuhr, daß sie an diesem Tag einem ihrer obszönen Götter mit einem Menschenopfer huldigen würde.

Bist du dir der Logik, der Kohärenz deines Werkes bewußt? Du hast die Epoche durchgeschrieben: *Roman eines Schicksallosen* und *Fiasko* gehen bis in die achtziger Jahre, *Kaddisch* zieht die letzte Konsequenz. *Budapest – Wien – Budapest* und *Protokoll* behandeln die Wende und die Enttäuschung, und das *Galeerentagebuch* ist die Krone, nachdem *Die englische Flagge* noch einmal die mentale Spurlinie des hinterlegten Weges zieht … Und nun geht *Liquidation* einen Schritt weiter. *Die Zone* soll die letzte Konsequenz sein (das verlorene Werk – aus sprachlichen usw. Gründen, vor allem dem des Genius loci) und die beiden mythischen Werke (*Sodom* und *Die heimliche Todeslust*) die Spitze des Bauwerks. Werde ich die Zeit dazu haben, die Kraft, die Fähigkeit? Zeugt der Gedanke an das geplante Werk nicht von Überheblichkeit, mehr noch, von Unbeholfenheit, Ungeschicklichkeit?

Camus wurde es schlecht, und er war monatelang krank, nachdem er den Nobelpreis bekommen hatte: Die einzige gesunde Reaktion auf einen derartigen Einschlag.

Wie das Tier in der Dämmerung sollte sich auch der Mensch im Alter in eine gut versteckte, dunkle und einsame Höhle verziehen. – Die Depression kommt wie eine sich auftürmende Wolkenmasse näher und umzingelt mich von allen Seiten.

Die größte Sünde, derentwegen wir am meisten leiden und nutzloserweise, weil wir nichts daran ändern können, ist doch die Lieblosigkeit.

Die Zeitungslektüre fegt jede Ratio, jedes vernünftige Bestreben für den ganzen Tag hinweg. Begreifen, daß die moderne Daseinsform mit ihrem technischen Firlefanz, das nützliche eingeschlossen, die klassische, das heißt bisherige Existenzform hinweggespült hat, inklusive der Kunst, aber auch das einfache Denken, das Lesen, das tragische Universum, die Größe, das heroische Standhalten dem Universum gegenüber – alles, alles, alles. Mehr Licht*, soll Goethe gesagt haben; mehr Einsamkeit*, würde ich sagen. Ich sehne mich nach Einsamkeit, Einsamkeit.

Meine geheimen Morgenstunden, geheimen Spaziergänge, meine einsame, intime Selbstzerfleischung, das Schreiben als Geheimnis: all das ist vorbei, kann es vorbei sein? Die träumerischen Zusammenhänge meines Lebens, der Augenblick vor – annähernd genau – zwanzig Jahren, da ich, in hoffnungsloser Lage, mitten in ein für Liebe gehaltenes hoffnungsloses Gefühlsknäuel verwickelt, sagte (im Flur des Verlags für Schöne Literatur auf einer plüschbezogenen Bank am Eingang zur Kantine sitzend), da ich also zu M.Á. sagte, daß ich Weltruhm brauchte, daß nur Weltruhm mich retten könnte. Voilà: hier steht er am Tor. Ich bin sogar schon eingetreten durch das Tor – ist es nicht so? Der Wächter in seinem buschigen Pelz ist mit einer hereinbittenden Geste beiseite getreten, nachdem er zuvor so gnadenlos schien, als wolle er mich glauben lassen, daß er nicht mein Tor, mein einziges, für mich allein bestimmtes Tor bewache. Mein Bündel aber, in dem mein ganzer ärmlicher Schatz steckt, nehme ich, über die Schulter geworfen, mit mir, über die Tore hinaus, ich gebe es nicht her, gebe es nicht an der Garderobe für verfüh-

* im Original deutsch

rerische Verheißungen ab, tausche es nicht für irgendeinen eleganten Reisekoffer ein. Lerne die Freiheit so zu genießen, wie du die Tafel beim festlichen Dinner genießt: Werde nie satt, nimm von den feinen Bissen und habe die Kraft liegenzulassen, was bereits nicht mehr nötig ist.

Ich darf nicht zulassen, daß die Antisemiten einen Juden aus mir machen, genauer formuliert: Ich darf nicht zulassen, daß aus mir ausgerechnet Antisemiten einen Juden machen; aber ich muß wissen, daß der Antisemitismus jenes mörderische Destruktivitätskostüm ist, dem gegenüber ich stets den auszulöschenden Zielpunkt darstelle – nicht deshalb, weil ich als Jude geboren bin, sondern weil ich den Geist der Zivilisation vertrete, der Kultur, über die Goebbels gesagt haben soll, wenn er das Wort höre, greife er schon nach seinem Revolver.

Die Welt dröhnt von Erklärungen, es wird geredet, gestikuliert, gepredigt – sollte man nicht plötzlich mal mit kindlicher Unschuld darüber erstaunen, wie der Mensch den Menschen ausrottet; wie der Mensch den Menschen niedermetzelt, ihn abschlachtet, während er davon redet, daß Morden verboten ist – warum? Usw. Eine banale Weisheit, noch banaler ist jedoch, wie sie es tun. Wie wir es tun. Habe ich nicht Bözsike ins Krankenhaus eingeliefert? Habe ich nicht gesagt, daß sie sterben wird, wenn ich sie ins Krankenhaus bringe? Und ist sie nicht gestorben? Habe ich nicht ihren Tod gewünscht? Ist das Leben nicht so, daß wir mitunter den Tod eines anderen Menschen wünschen müssen? Ist das Leben nicht so, daß wir manchmal unseren eigenen Tod wünschen müssen? Warum ist das erstere Sünde, warum das andere eine fast heroische Tugend? Warum haben wir, da wir sterben (weil es das Gesetz des Lebens ist) und töten (weil es das Gesetz der menschlichen Natur ist), ein so außerordentlich, gar nicht außerordentlich, sondern aussichtslos vertracktes Verhältnis zum Tod und zum Ertragen unserer mörderischen Natur aufgebaut? Wäre es nicht einfacher, zu töten und zu krepieren wie die Tiere? In der Tat sind die Absichten der Schöpfung bisweilen schwer zu durchschauen, wir können uns allenfalls über ihre aberwitzige Produktivität wundern. Aber diese Produktivität ist gleichgültig, sie bringt die Rübe ebenso hervor wie das Tuberkulosebakterium, den Hasen ebenso wie den Fuchs, der ihn unablässig jagt und frißt. In den Augen eines Tigers oder eines Panthers ist manchmal zu sehen, daß er sich im klaren ist über seine eigene schuldige Natur; er blickt ungemein apodiktisch um sich, wenn er das Fleischstück in seine Krallen bekommt. Diese Tiere sind übel gelaunt, wenn der mörderische Instinkt sie ständig treibt und erregt: aber sie machen kein Geheimnis daraus, und sie haben keine Macbethschen Nächte. Der Mensch ist, mit menschlicher Ratio beurteilt, einfach erbarmenswert lächerlich; ob es irgendeine andere Ratio gibt, die ihn beurteilen könnte? Ob die Ratio tätige Energie ist und ob man, wenn sie am Menschen zweifelt, daraus nicht auf den unweigerlichen Untergang des Menschen, seinen Selbstmord, seine Hinrichtung durch die Ratio schließen muß? Oder sollten wir darauf vertrauen, daß der Mensch sich mit der Zeit mit seiner eigenen Ratio versöhnt, und zwar dadurch, daß er sein Leben ändert? Das scheint unmöglich. Andererseits könnte man den Kampf, der in der Welt vor sich geht, auch so auffassen, daß die Ratio mit der ratiolosen Trägheit kämpft, das heißt, daß die Ratio im Grunde zum Zweck des Überlebens gegen die Macht der Instinkte kämpft, die sie, wenn sie sie nicht bezwingen kann – in sich selbst, also auch innerhalb der Persönlichkeit –, verurteilen und das Urteil, mittels der Instinktkräfte, vollstrecken muß; aber ist das nicht zu dialektisch? Die Ratio als Energie arbeitet gleichzeitig an der Erhaltung und der Vernichtung des Lebens; diese Vision darf man nicht mit platten Bildern abschwächen (wie zum Beispiel der Ambivalenz technischer Erfindungen), weil hier, wenn überhaupt von etwas, dann von einem tatsächlich kosmischen und biblischen Kräftemessen die Rede ist.

Gestern abermals *Parsifal.* Das Überblicken der musikalischen Zusammenhänge, der Einblick in die Struktur des Musikdramas – großer Genuß. Auf der anderen Seite allerhand Wagner-Manie: Fetischismus (Speer, Schwert – phallische, heilige Mittel), eine erlesene Zunft mit ureigenen Gesetzen, absoluter Mutterkomplex des Helden bei der sexuellen Wahl, Sinnlichkeit als Sünde; dazu findet sich, als Gegenpol, stets der (das) absolut Böse, der (das) beim Sexuellen fast stets das Gute beim Schopf ergreift – positiv oder negativ: Alberich schwört der Liebe ab, Klingsor verstümmelt sich usw. Vielleicht ist *Tristan* die einzige mit «normalen» Rollen aufwartende Welt-(Venezianische) Oper.

Die junge Frau in der Straßenbahn; ihre unruhige Anmut, die großen grauen Augen gefielen mir so, daß ich sie – vielleicht ein bißchen zu auffällig – anstarrte; die blitzschnelle Bewegung beim Aussteigen, als sie sich bückte und ein Fädchen von meiner Hose entfernte, dann davonlief. Es war komisch, eine Mischung aus Kundryscher Devotion und Verachtung, eine mit der Schnelligkeit des Instinkts vollzogene, betörende Lösung; hilflos, überwältigt stand ich an der Straßenecke, wo sie verschwunden war.

Zurückzukommen auf Wagner: Alles das zeigt bloß, daß er ein paranoider Mann voller Komplexe war, der einerseits hochrangige, leiderfüllte Erleichterung in der Kunst fand, andererseits minderwertige Selbstbefriedigung im Antisemitismus. Wahrscheinlich hatte er, nachdem er musikalisch, sexuell und auch materiell sein Heu eingebracht hatte, den Antisemitismus weniger nötig als in schlechteren Zeiten.

2. April 1994 Es ist vollkommen offensichtlich, daß ich hier keinen Platz habe – formulieren wir es genauer: daß mein Platz nicht in der ungarischen Literatur ist. Die ungarische Literatur hat mich bereits verstoßen, als ich zu schreiben anfing: Das ungarische Bewußtsein hat sich für den Anachronismus, die Absperrung entschieden. Im ungarischen Bewußtsein gibt es keinen Platz für Konflikte, das ungarische Bewußtsein besteht in der sakralen Selbstbestätigung – es hat sich für ein falsches Geschichtsbewußtsein, literarischen Provinzialismus und die Lüge im allgemeinen entschieden. Wenn ungarische Literaturgeschichte geschrieben wird, findet sich darin keine Zeile über mich – was ehrenvoller ist, als wenn man versuchen würde, mich als den katastrophischen Chronisten eines Minderheitenbewußtseins einzustufen. Vielleicht mahnt die Qualität meiner Schriften sie: Besser, sie übergehen mich gänzlich, als daß sie mich bagatellisieren. Die Minderheit – also das Judentum –, von der hier die Rede ist, wird bald nicht mehr vorhanden sein in diesem sich verprovinzialisierenden, immer bedeutungsloser werdenden Geistesmedium. Was mich betrifft, ich werde zu einem in Ungarn lebenden, ungarisch schreibenden europäischen Schriftsteller – genauso wurzellos hier wie dort. Das macht mich an sich nicht traurig, nein; das Problem ist, daß ich nicht in eine andere Sprache überwechseln kann. Was ist also zu tun? Klar sehen, daß ich an diesem Ort fremd bin, mich aus allem heraushalten, die Vorteile meiner Ungebundenheit nutzen, Zeit gewinnen; mit einer gewissen Skepsis betrachten, was aus meinen Werken «nach meinem Tod» wird – die Manuskripte aber an einen sicheren Ort vor diesem feindseligen Land retten.

Plan zu einem kurzen, intensiven, schöpferischen Leben. Die Einsamkeit und die mich erwartenden Beanspruchungen. Dann der Verfall. Wird es ein langsamer Prozeß? Oder werde ich dem vorgreifen können? Das asketische Leben, die verbissene Pflichterfüllung, das die ständige Depression nährende Feuer. Dieses Fieber aber ist so kalt wie Eis. Dennoch, irgendeine Genugtuung liegt doch darin verborgen (in der Kenntnis der letzten Wahrheit).

Wählen zwischen Unglück und Unglück: in der falschen Alternative leben; früher oder später entdeckt der Mensch Gott für sich, der ihn versteht und auf den Arm nimmt wie ein plärrendes Kind.

Aber es gibt auch einen anderen Gott: Er ist unerreichbar, weil er nicht existiert. Das ist mein Gott.

Die Melancholie der Dämmerung, wenn man gleichsam um Erbarmen fleht, die feindseligen Passanten, die ferne Vergangenheit und die fiebrige Langeweile: dieses dreifache Flammenschwert in der abweisenden Gegenwart.

Warum befriedigt der glaubenslose Existentialismus? Weil er letztlich den Glauben einschließt, ohne daß man sich mit Theologie abmühen müßte, die ja doch ein Instrument des Teufels ist – um es theologisch zu sagen. Um zu dem zu gelangen, was für den Theologen – den wahren – der lebendige Glaube ist, ist eine so furchtbare Kraftanstrengung nötig, daß einem vom keuchenden Eifer das Blut in die Augen tritt und sie blind macht; wiewohl das Wichtige nicht die Seligkeit ist, sondern das *Erleben*. Wenn Gott tatsächlich existiert, dann ist er nicht auf die selig gewordenen Menschen neugierig, sondern auf die tausendfältige Art der Existenz, in der er sich selbst erkennt. Letzten Endes ist auch Gott nur Mensch – der MENSCH des Menschen –, und auch Er will selig werden, was ungleich wichtiger ist, als daß der Mensch selig werde.

Das menschliche Zusammenleben gründet auf der unausgesprochenen Übereinkunft, im Menschen nicht wachzurufen, daß ihm sein bloßes Leben mehr, sogar entschieden mehr bedeutet als alle seine bislang verkündeten Werte. Sobald sich das herausstellt – weil Terror es in einer Situation erzwingt –, können wir nicht länger von Kultur sprechen, da jeder Wert gegenüber dem bloßen Überleben hinfällig wird: Dieses Überleben aber ist kein kultureller Wert, kein Leben für andere, weshalb es – im kulturellen, sozialen Sinn – nicht nur wertlos, sondern, durch das darin liegende Beispiel, zwangsläufig auch destruktiv ist; dieser Zwang, die Apologie des *Lebens um jeden Preis* – führt zum Massenvegetieren, zu Niedertracht und Mord. – Das Nazi-Spezifikum, daß man sich weidete an der Erniedrigung des Menschen, an der totalen Vernichtung des Wertesystems vor aller Augen; der Bolschewismus verfuhr mit diesem Mittel eher nur beiläufig, als einem zur Machtausübung notwendigen Instrument, dessen Wirkung ihm vollkommen klar war, ohne daß er es als Beweis für die Relativierbarkeit der Werte ausgenutzt hätte.

Der Kulturkampf* ist in der Tat kulturell, das heißt, er war mit perversestem Haß getränkt. – Im Endeffekt könnte man daher, wenn auch sehr vorsichtig, die «geistige» Projektion des Nazismus auch auffassen als einen seit vielen Jahrhunderten schwelenden Ausbruch aus dem «Kulturdruck»*, unter Verhältnissen – Armut, Chaos, verlorener Krieg, Aussichtslosigkeit –, welche die Kultur durch keinerlei Mittel mehr zu rechtfertigen vermochte; ja, sie schloß sich den Bilderstürmern sogar mit ihren Mitteln und wesentlichsten Bestrebungen an.

Die Verwirrung und das kindische und lächerliche Grübeln der jüdischen Theologie bezüglich der Shoah. Wo Gott denn gewesen sei. Warum lassen die sich an sein Bein klammernden Rabbiner und Hohepriester Gott nicht endlich in Ruhe? Falls Gott tatsächlich jenes großzügige Wesen ist, das die Schöpfung zuwege brachte, was hätte Auschwitz dann schon für ihn bedeuten können? Vielleicht war seine Aufmerksamkeit in jenem kosmischen Augenblick gerade woandershin gerichtet: Wer weiß, was sich damals gerade auf dem staubkorngroßen Planeten einer anderen Galaxie ereignete? Und als er von da wieder zur Erde blickte, landeten soeben die Alliierten an den Ufern der Normandie …

Das Haustier muß an seinen Herrn, der Mensch an Gott denken. Was weder Gottes Existenz noch seine Nichtexistenz beweist, lediglich die menschliche Not, die der von Seufzen und hoffnungslosem Kummer erfüllten Stimmung in der Abenddämmerung gleicht; anderntags aber rennt der Mensch wieder flink und munter in der Morgensonne herum

* im Original deutsch

und vollbringt seine üblichen Schandtaten in der üblichen Sorglosigkeit.

Die irrige Idee, ich müsse der Welt – quasi – zur Verfügung stehen (als sei ich ein Schriftsteller, den man liest und der Wirkung hat), ist entschieden zurückzuweisen. Meine Bücher werden hier und da veröffentlicht, doch an meiner Lebensauffassung kann das nichts ändern; es rührt mich wie einen senilen Greis, wenn ich das Gefühl habe, als interessiere man sich für mein Schreiben, und meine Ehrlichkeit, die anscheinend nicht die Qualität eines Diamanten, sondern eher die von Wasserstein hat, wird von diesem Interesse wie von Salzsäure zersetzt. Mich selbst bis zum Äußersten vertreten; ich darf nicht vergessen, was mein Denken im wesentlichen ausmacht, obwohl ich das, was ich denke, selten denke; auf diese Weise also muß ich in Besitz meiner selbst kommen, und alle meine Handlungen müssen von dieser Gravitationsgesetzmäßigkeit geleitet sein. Sich lossagen von der Welt, die heute – ihrem Wesen nach – eine faschistische ist, und beharren auf der Benennung und Darstellung ebendieser Welt – mehr Strenge also und sich so selten wie möglich vermengen mit dem fremden Element, das so verlockend ist wie das laue Badewasser der Lethe, das einen schließlich ums Leben bringt.

Die letzte Frage, die wir an unser Leben stellen, ist immerhin, ob es vergeblich war. Die klare Antwort, die wir mit menschlichem Verstand geben können, kann nur bejahend sein: Es war vergeblich. Der Mensch geht zugrunde und wird vergessen. Ein paar Gestalten, ein paar Werke werden vom Gedächtnis, durch Staunen oder Bewunderung bewahrt. Doch das sind seltene Ausnahmen. Und dennoch, das Herz, noch das gewöhnlichste männliche oder weibliche Herz, lehnt sich gegen diesen Gedanken auf; egal wie man lebt, man kann nicht so leben, als lebte man überflüssigerweise, also vergeblich. Ich weiß davon etwas, gar nicht ich, sondern das Innerste meines Ichs, das von Zeit zu Zeit bemerkt, wie provisorisch ich lebe, wie improvisiert meine Handlungen sind, wie ich rechne – obwohl nur im allergeheimsten –, wie ich also mit der stets unerwarteten Wende rechne, die allem ein Ende setzt. Indes mein sich sozusagen an der Welt reibendes, an der Welt leidendes, im Kampf mit der Welt stehendes Wesen dennoch so tut, als hätte mein Hiersein Gewicht, Sinn, Bedeutung: Diese Aporie ist – letzten Endes – unüberwindbar, wenn der Mensch dem Trost des Glaubens entsagt, der im hellen Licht der Ratio als Eskapismus und Feigheit erscheint. – Eine mystische Tatsache aber (contradictio in adjecto) ist nicht zu leugnen: Der Mensch hat eine Seele. Wiewohl auch der Vogel eine Seele hat, ja, wie Thomas Mann sagt, alles eine Seele hat.

Das Wort Holocaust, das ich neuerdings – geistig und auch begrifflich – verwende, ist nicht gut, es betrachtet ein Faktum nur von einer Seite. Dieses Faktum ist Auschwitz, an ihm – eben als Faktum und nichts anderem: Geschichte, Tragödie, Memento, mit der Prätention eines moralischen Urteils usw. – haben wir uns auszurichten. In Auschwitz hat sich die Wirklichkeit entlarvt, die Tatsächlichkeit, die Daseinsform, in der wir leben. Die Ideologie entlarvte sich in ihrer totalen Bedeutungslosigkeit, und die aktive Seite dieser Bedeutungsleere, die Praxis selbst, Auschwitz als menschenverarbeitender Betrieb, der den Beteiligten – denjenigen, die in die Suppe gebrockt waren – eigene Normen abverlangte. Dieser Betrieb erwies sich als funktionsfähig, bis er mit Gewalt vernichtet wurde; aber nicht wegen seines Vorhandenseins wurde er vernichtet, Auschwitz wurde nicht wegen seines Auschwitz-Seins abgeschafft, sondern weil das Rad sich gedreht, die Machtzustände sich verändert hatten. Das ist die große Lehre dieser Sache: Darum läßt sie sich als eine paradigmatische Sachlage betrachten, die die conditio humana im 20. Jahrhundert zum Ausdruck bringt; und wir konnten seit Auschwitz keine moralische, ökonomische oder die Macht betreffende Wende miterleben, die wir als Widerlegung von Auschwitz hätten erleben können – oder erleben würden. Was die Seele der Freiheit ausmacht, ist im System gesellschaftlichen Funktionierens nicht zu finden, höchstens im Inneren einzelner Existenzen, dort, wo diese sich gegen jene Ordnung wenden, in der sich unser Leben nicht nur abspielt, sondern die diesem Leben auch Legitimität gibt, Lebensunterhalt, gesellschaftlichen Status usw. Direkt gesagt: Auschwitz – das Wort diesmal weiter gefaßt – wird so lange abwendbar sein, solange der Mensch als einzelner, als Seele und als gebildetes moralisches Wesen seiner Daseinsweise Widerstand zu leisten vermag: Darum kann nicht davon die Rede sein, daß computerisiertes Wissen zugleich das Ende und die Überflüssigkeit des Kulturwesens bedeutet – im Gegenteil, die Existenz gewinnt hier eine neue, unter dem Gesichtspunkt ihres Fortbestehens entscheidende Bedeutung.

Camus' Angst vor der Öffentlichkeit (in seinen Tagebüchern). Warum habe ich diese Angst nicht? Ich fühle mich vor der Öffentlichkeit, als wäre ich in einen Zustand der Empfindungslosigkeit gefallen. Doch ich messe der Öffentlichkeit (folglich auch mir selbst vor der Öffentlichkeit) überhaupt keine Bedeutung zu. Ich spüre meine Bedeutung nicht (es gibt auch keine), und das macht mich frei. Die wahre Frage, die dann mal bewußt, mal unbewußt aufkommt, ist die nach der Lüge. Ich habe nicht das Gefühl, überzeugend zu sein. Und überdies will ich auch niemand überzeugen. Doch wenn ich meine Lektion aufsage, erfaßt mich anschließend Ekel vor mir selbst, weil ich nicht ehrlich gesprochen habe. Obwohl ich auch nicht lüge, vor allem nicht bewußt. Aber ich stoße nie zu meiner eigenen Radikalität, meiner radikalen Wahrheit vor.

Habe ich schon von meiner Reise nach Pécs berichtet? Von den Studenten, die sich mir in der Abenddämmerung in den Weg stellten; ich glaubte zuerst, sie würden aggressiv werden, bis der eine den *Roman eines Schicksallosen* aus der Tasche zog, damit ich ihn signiere. Sie nahmen mich mit in ihr Zimmer, ein seltsamer Wissensdurst sprudelte aus ihnen hervor, am liebsten hätte ich mich für sie in eine Quelle verwandelt.

Gestern nacht meldeten die Radionachrichten die Neugründung der Pfeilkreuzlerpartei, zitierten lange aus ihrer Judenhetze, und ich dachte darüber nach, ob ich mich auch so ekeln würde, wenn ich Christ wäre. Wahrscheinlich, denn vor fundamentalistischen Juden graut es mir auch. Aber es gibt kein Entkommen aus dem Netz von dummen, mörderischen Affekten, obwohl ich schon seit gut zwei Wochen keine Zeitungen mehr lese. Der seelenhygienisch wichtigste Befehl ist jetzt, mich von der Politik frei zu machen, von Informationen fernzuhalten, von der Zeit loszulösen.

Die in den Nebeldünsten der Ideologie erscheinenden Gegensätze (mörderischen Gegensätze) aufs Wesentliche begrenzen: Die «liberale» Werteordnung (also die internationale, die der großen Welt) ist ungünstig für den auf einen provinziellen Horizont reduzierten Intellektuellen, weil ihm in dieser Werteordnung keine Mittel für den «Willen zur Macht» zur Verfügung stehen; der fundamentalistische enge Gesichtskreis wiederum beschränkt den schrankenlosen Geist des spielerischen Kosmopolitismus, überdies begnügt sich der Fundamentalismus nicht mit der natürlichen Auslese, er wartet nicht ab, bis die von ihm zum Tode Verurteilten zugrunde gehen, sondern möchte sie lieber eilends ermorden. Der Unterschied zwischen beiden ist jedoch, daß die liberale Werteordnung günstiger für die Wahrheit ist; es fragt sich nur, inwieweit die Wahrheit günstig fürs Leben ist. Das Wesentliche aber ist, daß der Unterschied zwischen den beiden «Ideenströmungen» die mit Ideologie bemäntelte Brotfrage ist; der Kampf ums Leben, und das Leben scheint (für sie) nur mit der Eroberung der Macht abzusichern zu sein. Weil diese zwei Typen, der provinzielle Fundamentalist und der eklektische Kosmopolit (in Gestalt des Liberalen), sich so lange erhalten (der gegenwärtige Seinszustand und dessen Tendenzen scheint ihre Existenz ja ständig zu bedrohen), kann man damit rechnen, daß dieser allgemeine Kampf ums Brot, im wesentlichen zwischen Dorf und Stadt, immer buntere ideologische Formen annimmt, deren geistiger Inhalt vielleicht geradezu lächerlich erscheint, deren materielle Wirklichkeit dagegen einen echten, zunehmend engeren, aggressiveren und mit einer neuen Weltexplosion drohenden Inhalt hat.

Die großen Werke kennen wir von alters her, aus unseren Träumen gewissermaßen vor unserem Leben, vor unserer Geburt; und wenn wir sie zum ersten Mal sehen – hören – lesen, ist es nur ein *Wiedererkennen*: Ja, das ist es.

In Szigliget: Lesen, spazierengehen, aus der Zeit heraustreten. – Es reizt mich auch weiterhin, Tagebuch zu führen, hingegen reizt es mich nicht, es an die Öffentlichkeit zu bringen.

Nur unter armen Menschen gibt es echte Solidarität. Echt, das bedeutet so viel, daß sie lebensnah, handfest und unzweifelhaft vorhanden ist. Daher ist der arme Mensch echt. Sein Kampf ist echt, sein Ziel – Wohlleben – ist echt, auch sein Straucheln ist echt. – Denke ich etwa mit Nostalgie an das frühere Elend? Nein. Dabei bin ich wahrlich nicht reich. Was ich bekomme, habe ich mir verdient (weshalb ich es noch nicht abbekommen müßte). Doch daß es so ist, daß für mich etwas aus dem herauskommt, was ich getan (geschaffen) habe, das sticht fast hervor in dieser öden Gegend, wo einsame Raubtiere um die leeren Schüsseln herumirren.

Kundera, *Die unerträgliche Leichtigkeit des Seins*. Eines der traurigsten Bücher, die ich je in die Hand genommen habe. Der Autor schreibt wie ein äußerst erbitterter, sehr gewiefter und entschlossener Emigrant, der durch dieses Buch reich werden muß. Zwischen den leichten Zeilen hört man das schwere Knirschen der Zähne. Und wie veraltet, wie abgegriffen ... Der Witz, die Pseudofrivolität. Wie er auf den Fußspuren des Publikums hechelt, wie er es überholen möchte, um es mit einer grotesken Körperbewegung einen Moment zu amüsieren, damit es ihm etwas in seinen Hut wirft.

Es scheint eine Epoche zu Ende zu gehen, die ich als meine tragische Epoche bezeichnen würde. Sie dauerte, als Ganzes genommen, sechzig Jahre, wenn ich von den drei Jahren nach der Befreiung absehe. Diese drei Jahre kann man, unter dem Gesichtspunkt meines geistigen Werdegangs, komplett außer acht lassen. In Wirklichkeit waren die Jahrzehnte der Opposition für mich die inspirative Periode, in der ich quasi die Früchte meiner Depression erntete, ohne Unterlaß. Es durchdringt diese Periode auch eine Art Schicksalsführung. Als hätte ich mir absichtlich Lasten von oft unerträglicher Schwere aufgeladen (wie meine Ehe), um ja nicht die Hölle zu vergessen, von der Bericht zu erstatten ich mir schuldig bin. Jetzt aber bin ich plötzlich in eine Lage geraten, der gerade der Charakter der «Lage» abgeht – das heißt, ich bin zum Bürger eines Landes geworden, das sein normales Leben führt und dem von nirgendwo eine staatlich organisiert erscheinende Unterdrückung oder Lebensgefahr droht. Traute Ruhe umgibt mich, anstelle von Mauern ein luftartiges Medium, gegen das ich mich nicht stemmen kann, weil ich dann auf die Nase falle. Falls aber nur dieser Widerstand meine künstlerische Tätigkeit inspirierte und mit der Aufhebung des Widerstands anscheinend auch die Inspiration abnimmt, was läßt sich dann aus alledem folgern, 1. auf mich selbst, 2. auf die Kunst, 3. auf *meine* Kunst bezogen?

Ich bin ein Menschenkind des auf diese einmalige Existenz reduzierten Seins. Weitab von der «Menschheit», weitab von jeder Gemeinschaftsaufgabe – aber auch weitab von den Kulturen, weitab von einer allgemeinen Wirksamkeit, die doch die Bestätigung jedes Intellekts ist.

Die Auschwitz erschufen, haben bewiesen, daß sich der Mensch seit der Steinzeit nicht verändert hat, und an dieser Entdeckung sadistische Lust gefunden. Das unterscheidet sie von den Erschaffern des Gulag, die ihre Gefangenen «nur» quälen und Zwangsarbeit verrichten lassen wollten: Die psychische Nebenwirkung, die spezifische, im Lager exerzierte Erniedrigung des Menschen sahen sie quasi als

Begleiterscheinung an, der sie keine besondere Bedeutung beimaßen, sie glaubten sich dadurch nicht in irgendeiner Weise *bestätigt*; sie würdigten sie gar keiner Aufmerksamkeit.

Die europäische Kunst schöpft ihre letzte Inspiration noch von dem nahezu unvorstellbaren, rapiden Niedergang des menschlichen Niveaus. Doch dieser Niedergang wird die Inspiration und selbst noch die engagierte Kunst bald hinwegfegen. Übrig bleiben werden die Wissenschaft (als Dienstmagd der Macht), Computerspiele und das unser Bewußtsein aushöhlende Fernsehen.

Gestern abend Lektüre des *Spurensuchers*; Erstaunen, Zufriedenheit, die Komposition funktioniert perfekt (mit einem einzigen kleinen Fehler: Es wird nicht klar genug, was für Männer es sind, die in dem «Buchenwalder» Lokal um den Tisch sitzen und in dem Abgesandten «Kameradschafts»-Gefühle wecken), die Sprachkraft ist hier und da überwältigend – ich war, ich bin glücklich, daß ich den Zauber einer so besonderen Atmosphäre hervorzubringen vermochte, in einer so hoffnungslosen, depressiven Welt wie damals, 1975 …

Auch nach zwei Tagen jauchzende Freude, wenn ich an den *Spurensucher* denke: Bei meiner Lektüre strahlte er förmlich wie ein lange verborgenes Sternbild auf, das plötzlich aus den Wolken hervortritt. – Was für Wolken sind das gewesen? Das allgemeine Unverständnis, das mir die Laune verdarb und auch mich so lange an das Scheitern des Werkes glauben ließ. Jetzt, auf Grund der Entdeckung von M. Sz., war ich imstande, es neu zu lesen, und auf Grund des glücklichen Umstands, daß ich die Komposition vergessen hatte: Das machte möglich, die Selbstentlarvung im vorletzten Kapitel als Überraschung zu erleben. So ruht die Komposition also eindeutig auf den zwei Gegenpolen: der Alternative zwischen der Frau mit dem Trauerflor und dem mit großem Tamtam dann doch das Überleben wählenden Abgesandten.

Studien über den «Nationalismus». Doch der Nationalismus ist nur die ephemere Form eines universellen Hasses und universeller Destruktion. In Wahrheit müßte man die tieferen Motive für Destruktion und universellen Haß klarlegen, die Gründe, warum die Welt sich selbst dermaßen haßt und derartig schnell auf den Untergang zuläuft. Verglichen mit den bisherigen Kulturen, lassen sich zwei Wendepunkte beobachten: Der Mensch hat den Glauben verloren, nicht nur an sein jenseitiges, sondern auch an sein diesseitiges Leben, sein Leben hat kein individuelles moralisches Ziel (Liebe und Erlösung) und keinen gemeinschaftlichen, kreativen Horizont mehr (übergeordnete, höhere, geistigere und schöpferische Daseinsform), auf den er zuzusteuern wünschte. Der zweite – im übrigen aus diesem resultierende – Wendepunkt: Das Verhältnis von Mensch zu Mensch ist zu einem feindlichen geworden; zum Verhältnis des Mörders zum Opfer, des Mörders zum Mörder, des Opfers zum Mörder.

Im Zusammenhang mit dem Totalitarismus wird nicht von den unaufhörlich mit Machtmitteln verkündeten, also als *geltend* hingestellten moralischen Normen gesprochen, die auf solche Weise Allgemeingültigkeit erlangen. (Der «Scharführer» mit dem gelben Stern, der Gymnasiast Perlusz, der uns, als er hörte, was wir untereinander in der Reihe redeten, zum Zuschaufeln von Bombentrichtern marschieren ließ, junge Schüler mit gelben Sternen, auf den Schultern Schaufel-Waffen tragend, und sich mit glühendem Angesicht und fast schäumendem Mund an einen von uns wandte: «Was, du destruierst?!» – Die Arbeitsmoral des ewigen Kapos.) Worauf es ankommt, ist die Zersetzung, die Aushöhlung des in das eigene Urteil gesetzten Vertrauens des jeweils zu Boden Getretenen, auf daß der Getretene an die Notwendigkeit seines eigenen Getretenwerdens glaube, ja, sogar – wenn auch mit einiger Selbstbemitleidung – an dessen Rechtmäßigkeit und an die Berechtigung des Höhergestellten zum Niedertreten.

Die Frage ist, ob wir die Gesellschaft (die wir stützen und die uns gegenüber gestützt wird) als Bedürfnis, als Moral, als Handlungsraum und Handlungsmöglichkeit usw. anerkennen. Das ist heute die osteuropäische Frage. – Inwieweit könnte es das Denken verfälschen und insbesondere die Ausdrucksform, die Wörter, die Sätze, den ganzen Kontext, wenn unser Denken von gesellschaftlicher Verantwortung geleitet wird? Bis zu welchem Grad würde es den Geist kastrieren und elementaren Wagemut entkräften? – Der Riß, die Aporie zwischen der Welt des einzelnen und der geschichtlich-gesellschaftlichen Welt, der Steuerung ihrer Funktionalität, Produktion, der Erhaltung der Zivilisation, vergrößert sich mit rasender Geschwindigkeit. Das Aufrechterhalten der Zivilisation erfordert eine alles Individuelle hinwegfegende Totalität. Die menschliche Gespaltenheit zwischen «Seele» und «Interesse», der Privatsphäre und den Voraussetzungen für das Fortbestehen und Bewahren der Privatsphäre treibt den einzelnen und auch die Gesellschaft in eine zunehmend schizophrene Lage: Unsere Lage – zumal an den Randgebieten der Zivilisation – ist unerträglich.

Die Welt eines jeden ist ichzentriert. Also ist die Welt eines jeden Irrtum.
Die Welt eines jeden ist ichzentriert. Also ist die Welt aller anderen eine Welt des Irrtums.

Die Welt eines jeden ist ichzentriert. Also lebe ich im Irrtum.

Die Welt eines jeden ist ichzentriert. Also leben *sie* im Irrtum.

Die Welt eines jeden ist ichzentriert. Aber wer bin *ich*?

Worin besteht mein Irrtum? Offenbar darin, daß ich lebe. Welche Schlußfolgerung läßt sich aus diesem Irrtum ziehen? Weder die, ihn zu bekräftigen, noch die, ihn abzustellen. Das übrige ist gewissermaßen nicht meine Sache. Hinzu gehört noch, daß Geduld das Urteil über uns selbst ist. Und eine Frage: Wie lange sind wir gehorsamspflichtig? (Doch ich weiß noch immer nicht, über wen oder was ich rede; das heißt, wer *ich* bin.)

Die allgemein verstandene Ratio, Rationalität ist noch kein Logos, nur Wirklichkeitssinn. Obgleich die Wirklichkeit irrational ist.

Aus den vielen eigenen Irrtümern entsteht der große gemeinsame Irrtum. Und dieser Irrtum ist unsere alleinige Wahrheit.

Der Drang, zu Geltung zu gelangen, ist Nazi-Mentalität. Aus der individuellen Mentalität ist sie zur Nazi-Mentalität geworden. Nazi, weil auf niedrigem Niveau zur Geltung zu kommen nur durch die Masse, mittels der Masse möglich ist, und Geltung in Massenform ist Nazi-Form oder einfach nur Nationalismus. Doch weil die globale Struktur so ist, wie sie ist, das heißt einem sogenannten gesunden Nationalismus schon seit langem keinen Raum mehr läßt, kann jeder Nationalismus nur zum fanatischen, nazistischen und fundamentalistischen Nationalismus werden.

Wir leiden viel durch die Frauen, ohne die unser Leben viel schwieriger wäre. (Pointiert: ohne die wir nicht leben können – aber das ist nicht richtig. Schließlich können wir es doch.)

Wir glauben, das Glück zu wählen, und haben das Schwierige gewählt. Wenn wir das Schwierige von jeder Seite (auch der der Flucht) durchleben, begreifen wir: Wir waren glücklich. Doch dann ist es schon zu spät.

Der ständige Anblick von Verfall, Krankheit, hilflosen, hinfälligen Menschen oder von wilden, verwilderten, haßerfüllten Gesichtern. Eine alte Frau in der Szilágyi-Erzsébet-Allee, am Stock, bittet mich, ihr über die Straßenbahnschienen zur Bushaltestelle hinüberzuhelfen. Sie erzählt, sie sei, als sie in den Bus steigen wollte, auf den Stufen abgerutscht; man habe den Rettungswagen geholt und sie ins Krankenhaus gebracht, aber dort habe man sie nicht dabehalten, sondern nach Hause geschickt und erst zwei Wochen später geröntgt. Sie lebe einsam, sei schwer zuckerkrank. «Sie können sich nicht vorstellen, wie die sich verändert haben», sagt sie über die Ärzte, die Krankenschwestern, die Angestellten im Sozialdienst, die vor ein paar Jahren «noch ganz anders» zu ihr gewesen seien. Es ging ein gepflegter Duft von ihr aus, ihre unteren Vorderzähne zeigten Lücken, die sie unter normalen Umständen sicher hätte beseitigen lassen, ihr Gesicht war gepudert, die Kleidung sauber, sie selbst trotz ihrer Verzweiflung lebenswillig, nicht im mindesten zusammengefallen, obwohl die vielerlei Mühsal der bloßen Lebenserhaltung sie mit Sicherheit jede Minute in Anspruch nimmt.

Eine große, durch halb Europa führende Reise. Mein sechzigjähriges Eingeschlossensein erfüllt sich durch eine solche

Reise eher, als daß es in Frage gestellt würde; dennoch, mit Europa, mit dieser Nähe zur Freiheit, man könnte sagen, zum Leben, droht das Vergessen, die Schizophrenie. In eine andere Lebensweise eingetreten, muß ich klar sehen, was ich bisher zustande gebracht habe und wo ich danach die künftigen Quellen der Kreativität suchen soll; die Zäsur ist ziemlich heftig, aber ich könnte Kraft daraus schöpfen, sofern ich mich nicht dem Management einer Schriftstellerexistenz ausliefere, den Gemeinplätzen, zu denen mich diese Lebensführung zwingt, ja, und der Leichtigkeit des Rausches, die mich in Zusammenhang mit dem Glück so leicht irreführt. Glück ist das Gegenteil jeder Leichtigkeit. Glück ist die Leichtigkeit der zu tragenden Last, der Rausch des Rausches, wenn für einen flüchtigen Moment die betroffen machende Tatsache des Seins in den Bildern des Lebens durchsticht, die wirkliche Farbe die Farben durchtönt.

Wenn ich sage, das hiesige Leben ist ein *gottloses* Leben, so verstehe ich darunter, daß der Mensch Gott ausschließlich dadurch Freude bereiten kann, wenn er glücklich ist.

Auf die Frage (in Szeged), warum ich dem Buch den Titel *Fiasko* [Scheitern]* gegeben habe, konnte ich in meinem plötzlichen Gedächtnisverlust nur die Antwort geben, daß heute als einziges erfüllbares Erlebnis nicht mehr als das Scheitern übriggeblieben sei. Doch den komplizierten, fast fragwürdig wirkenden Gehalt hatte ich vergessen: daß das Fiasko, das Scheitern, nämlich darin besteht, daß die zentrale Figur im Laufe verschiedener Situationen ihr Ich verlieren will, um sich ihrem im einleitenden Teil skizzierten Schicksal

* Der Originaltitel *A kudarc* läßt sich sowohl mit *Das Fiasko* als auch *Das Scheitern* übersetzen. (Anm. d. Red.)

nicht stellen zu müssen, sich die darin zum Ausdruck drängende Existenz jedoch nicht mehr mit einer gleichsam explosionsartigen Manifestation widerrufen läßt. Kein Zufall, daß ich beim Schreiben dieses Buches so gern Bartóks *Der wunderbare Mandarin* hörte.

In Wien, im Kunsthistorischen Museum; heute noch scheinen vor meinen Augen die drei Selbstportraits von Rembrandt auf; der Apostel Paulus; dann die Rubens. Nach den Dürer-Räumen das Lot-Gemälde von Altdorfer, nach dem ich zwei Jahre vergeblich gefahndet habe. Dann Breughel der Ältere. – Vor Dürers Gemälde *Marter der zehntausend Christen* eine Kleinbürgerfamilie, meiner Ansicht nach eher Deutsche (nach ihrem Dialekt zu urteilen) als Österreicher. Die großbusige, breithüftige, unglaublich ordinäre alte Frau: «Dürer. Na ja. Unser Dürer. ‹Marter der zehntausend Christen›. Na ja.*» – «Warum nur jetzt?» fuhr sie fort. «Die Welt war doch schon immer schrecklich», und damit entfernte sie sich beruhigt von dem Bild.

Es gibt keine Wirklichkeit, es gibt nur Konstruktionen; die Frage ist, was der Schmerz ist, der allerdings unseren Körper mit einem Schlag Wirklichkeit werden läßt. Und wenn wir schon dabei sind, ist die große Frage, wovon die Konstruktion eine Konstruktion ist und wessen Konstruktion sie ist. Unsere? Aber verdeckt dieses Wort denn nicht auch nur eine Konstruktion? Der Mensch lebt in der gleichen Naivität, mit der Jesus aufs Wasser trat. Es kann geschehen, daß der Mensch nicht untergeht, aber geben wir doch zu, zu leben ist schließlich eine außerordentliche Sache und überhaupt nicht

* Im Original deutsch

selbstverständlich. Man darf sich also nicht daran gewöhnen, so wie wir uns an unsere Tagesordnung gewöhnen, nur weil die Sonne auch heute aufgegangen ist; wir sollten wenigstens sehen, was für eine Überraschung es ist.

Ich versinke für Tage in Nichtsein; es ist keine Depression, sondern eine müde Suspendierung der physisch-geistigen Existenz, ohne äußere oder innere Ursache, eine ruhige Version von Chaos, eine lautlose Art, die mich verschluckt, die aus mir *Kraft schöpft* – falls ich in mir oder dem, was mich verschluckt, überhaupt irgendeine *Kraft* oder damit zu bezeichnende Energie-Austrahlung spürte; und dennoch ist es keine Erholung, weil es von einer dunklen Vorahnung bezüglich der Tatsache meiner Existenz begleitet wird, das heißt dem Gefühl von Unwahrscheinlichkeit und von schlechtem Gewissen, da ich außerstande bin, die unbezweifelbaren Beweise für meine Ansicht hinter irgendeiner Tätigkeit zu verbergen. – Wer spricht hier von Literatur? Die letzten Zuckungen notieren – das ist alles.

Man verflucht den Ort, an dem man existiert, das Land, in dem man lebt, doch wohin wir auch blicken, überall in Europa leben Fellachen-Völker; und es sind gar nicht einmal die Völker, die so im Verfall begriffen sind, sondern die moderne Daseinsform ist derart unmännlich heruntergekommen und herunterziehend.

Sie leben unzivilisiert unter zivilisierten Möglichkeiten und Voraussetzungen. Was bedeutet das? Unbeschränkte Möglichkeit zur Zerstörung.

Die Ursache der modernen Aggressivität ist die moderne Existenzunsicherheit. Infolge der modernen Aggressivität wird die Existenz immer unsicherer … Usw.

Ist es nicht entsetzlich, daß ich sogenannte Essays schreibe? Weder Kafka noch Beckett schrieben Essays, und sie hätten auch nie Essays geschrieben, auch nicht des Geldes wegen. Ich habe meinen letzten Essay *(Das glücklose Jahrhundert)* entschieden des Geldes wegen geschrieben (noch dazu für viel Geld). Ich mache den Clown – so empfinde ich es wenigstens, auch dann, wenn ich meine Ernsthaftigkeit ungeachtet dessen nicht aufgebe; aber der gespreizte Ton, die klagende Visage, die pathetischen Schlußfolgerungen ... – wenn es nicht sein muß, schreib keine Abhandlungen mehr, denn über wen und über was, vor allem aber *warum* gäbe es etwas abzuhandeln? – Eine Meinung hat jeder, aber Meinung ist nicht Kunst ...

Wie sehr hängen wir an unserem Leben, das doch gar nicht unser ist. Was haben wir alles: Eitelkeit, Selbstachtung, Denken, Vorstellungen, Instinkte usw. usw., und indessen existieren wir vielleicht (wahrscheinlich) nicht einmal. Unsere Seele? Sie weiß vielleicht vieles, in unseren besseren Momenten hören wir auch auf sie, doch auch sie kommt nur irgendwoher und geht irgendwohin – auch sie ist nicht ICH.

Auch nicht eine unserer Taten vergeht spurlos. Ich habe Angst.

Sp.: Er habe Angst um mich, denn er sehe es so, daß ich immer mehr in die Rolle des jüdischen Schriftstellers «rübergleite». – Ja, was bin ich, wenn nicht jüdischer Schriftsteller – das Wort «Jude» natürlich cum grano salis gebraucht, also kein fanatischer «tiefgründiger Jude», sondern im Sinne eines die Konsequenz des großen europäischen Fiaskos tragenden Protagonisten.

Es ist unmöglich, Auschwitz als Ausrutscher, als einmaligen geschichtlichen Irrtum anzusehen. Aber auch nicht die (deutschen) Philosophien des 19. Jahrhunderts haben dazu geführt. Auschwitz ist das große Fiasko ganz Europas, die schreckliche Geschichte der Tiefenpsychologie Europas, die Kulmination dieser Geschichte. – Auf der anderen Seite kann man darüber diskutieren, ob man diesen Wahnsinn hätte an die Kandare nehmen können. Aber das wäre eine irreale Diskussion, nachdem die Realität, die Wirklichkeit doch das einzig wahrhaft überzeugende Element für die Wahrheit ist.

Englische Farben im Városmajor-Park. Ein nebliger Morgen, unten, in dem unter der Straßenebene liegenden grün-braunen Park, rennen zwischen den kahlen Bäumen große, hellbraune Setter flink, graziös und stumm durch das braune Laub.

In intellektueller Gesellschaft, unter ungarischen Intellektuellen – es gibt nichts Trostloseres. Auf lange Sicht vergeht mir die Lebenslust. *Worüber* sie reden, *wie* sie reden, und dazu die Gesichter: diese Unsicherheit und Angst spiegelnden, zugleich hoffnungslos verschlossenen Gesichter, hinter denen sich kalte Angst mit Entschlossenheit paart. Der Werteverlust, die totale Kontraselektion, die falsche und gefälschte geistige und moralische Werteordnung haben schließlich zu dem Resultat eines bodenlosen Verfalls und der raschen Auszehrung der schöpferischen Kräfte geführt.

Die sogenannte Postmoderne: daß der Schriftsteller nicht an die Sprache herankommt. Daß er keine großangelegte Konzeption für die großen Dinge findet. Und daraus wird eine Tugend gemacht, mehr noch, der Stil. Und was noch mehr ist: Dieser Stil entspricht dem postmodernen Intellektuellen, der die großen Dinge nicht als große Dinge sehen will («Große Dinge verlangen, daß man von ihnen schweigt oder groß von ihnen redet»*, Nietzsche), er weiß noch nicht einmal, daß er unfähig dazu ist und Angst vor den großen Dimensionen hat; doch es handelt sich um eine sehr kurzlebige Ratlosigkeit, bevor das WORT dennoch irgendwo erklingt.

Allgemeiner Mangel an Ernst. Man ist schon nicht mehr imstande, über wichtige – und erst recht nicht über die wesentlichen! – Fragen zu reden. Aber das Weltende, das uns umbrodelt, eignet sich enorm zur stillen Bereicherung unseres Innenlebens.

•

Am Morgen ein wirrer, blutiger Traum. Leichen. Ich gehe aus einer «Leichenkammer» hinaus, eine in eine Decke gewickelte Frauenleiche, unter der Decke sichtbar, eine Blutlache; ich mache vorsichtige Schritte, damit ich nicht auf die Decke trete, das Blut nicht darunter hervorquillt und sich ausbreitet. – Danach erwache ich von starken Schmerzen im Brustkorb, das Wort Infarkt geht mir flüchtig durch den Kopf (wenn ich Angst habe, so nur davor, daß ich in eines der schmutzigen, in unmenschlichem Zustand befindlichen Krankenhäuser gebracht werde), doch der zu Hilfe gerufene Arzt stellt ein Herzkranzgefäßleiden fest. Noch dazu ist mein Puls niedrig. Schlecht, sagt er. Ich werde also nicht lange leben, und das erfüllt mich mit heiterem Gleichmut. Niemand kann auf Erden je seine Aufgabe vollbringen. Wir gehen mit

* im Original deutsch

Gewissensbissen, einem abgebrochenen Werk, einem ausgezehrten Körper – und der Überzeugung, daß wir Chaos hinterlassen.

Interessant, daß der Gedanke an den Tod bei mir stets mit einem fast schubartigen Gefühl von Freiheit einhergeht. – Während der Anginaschmerzen (gestern morgen dauerten sie Stunden) verspürte ich keinerlei Angst vor dem Tod. (Natürlich nützt es nichts, sich damit zu brüsten, denn es kann eine Attacke kommen, die quälendste Beklemmung begleitet: Die Todesangst ist kein rationales Gefühl, sie ist also kaum mit abstrakter Logik zu beherrschen.) Dennoch, inzwischen gibt es wenigstens schon einiges Beweismaterial, daß der wichtigste Inhalt meines Lebens doch die Freiheit war und die wichtigsten Taten – meine paar Werke – Akte der Freiheit. Der Tod lebt mit einem Vorgefühl von Abenteuer in mir.

Der Schatten irgendeiner großen Schuld umschleicht mich. Als wäre *ich* der Grund für meinen Tod (das stimmt im übrigen) und als täte ich nichts anderes (und hätte bisher nichts anderes getan), als mein Leben unablässig zu versäumen; doch worin besteht dieses Versäumnis? Vielleicht, tatsächlich, die Liebe – es gibt kein anderes Wort. Es ist so, als umschliche die Sonne ein Schuldgefühl, daß sie versäume, Energie auszustrahlen, daß sie also nicht scheint. (Schlechter Vergleich, denn die Sonne ist lebenspendende Energie, ich aber kann lediglich an ihrer Energie *teilhaben* und nicht selbst strahlen; eine gewisse Ähnlichkeit zwischen dem Menschen und der Sonne besteht aber doch, oder zumindest empfinden wir es so, daß es eine Sünde ist, mit unseren strahlenden Energien zu sparen.)

Das Erleben kleiner Dinge, Ironie. Das Erleben großer Dinge, Tragödie. Das Erleben großer Dinge auf Art kleiner Dinge, mit Ironie – Abwertung der großen Dinge, Abwertung des Stils, Abwertung des Lebens, emotionale Sparflamme. Das Erleben kleiner Dinge auf Art großer Dinge – Trübsinn, Verfälschung, Moralisiererei, Humorlosigkeit. Die «postmoderne» Mode läßt nach; unklar ist, läßt die Abwehr gegenüber großen Dingen nach, oder folgt eine neue Lüge – sagen wir lieber: Falschmünzerei. Letzteres ist wahrscheinlich, denn große Dinge werden auf angemessene Art nur in großen Epochen erlebt; doch eine Epoche ist nur dadurch groß, daß in ihr großer Stil herrscht. In der gegenwärtigen Zeit erlebt man selbst die größten Erlebnisse kleinlich – genauer gesagt, man erlebt sie nicht, sondern moralisiert oder witzelt über sie. Der Humor hat seinen Ernst verloren; und die ernstesten Dinge macht die Theorie der allgemeinen Relativität zu vernachlässigbaren Anekdoten.

Wer auch immer worüber auch immer spricht, seine Worte werfen in erster Linie ein Licht auf ihn selbst und erst in zweiter Linie auf die Sache, über die er spricht.

Wenn das Leben Irrtum ist: weil wir nicht wissen, wie man richtig leben soll, nicht wissen, was uns leitet, unsere Instinkte oder unser Verstand, nicht wissen, warum und wohin uns leitet, was uns leitet, ja überhaupt nicht wissen, was das Wort Leben bedeutet – wenn also das Leben Irrtum ist, kann der Tod, zumindest vom Standpunkt des Lebenden, dennoch nicht als Richtigstellung dieses Irrtums betrachtet werden.

Und trotzdem liegt in dem Ganzen eine bittere Gerechtigkeit, die wir – samt dem allmählich angesammelten Zorn auf uns und den ganzen Betrug – akzeptieren können. Das

Alter, «die Gleichgültigkeit der Welt» und wie uns alles aus den Händen gleitet, versöhnt uns irgendwie.

Das wahre Übel mit mir ist eine Art Vernachlässigung, die ich zwar auch mir selbst gegenüber praktiziere, für die es aber so oder so keine Ausrede gibt: diese brutale seelische Vernachlässigung, die ich auch anders benennen könnte, kurzgefaßt: daß ich kein guter Mensch bin. A.s gestriger Unfall, sie fiel hin und bekam von mir nicht die Liebe, die noch dazu irgendwo verborgen doch in mir existiert, allerdings nur als Schuldgefühl, das sich bei mir sofort in Selbstanklage, dann in allgemeine Depression verwandelt; eine Art Abwehr, die Abwehr, handeln zu müssen. Warum habe ich Angst zu handeln? Genauer Angst, Zeit zu verlieren, meine Einsamkeit aufzugeben, mit fremden Dingen beschäftigt zu sein, die mich von der vage «Arbeit» genannten Nabelschau ablenken. Es gibt kein Wort, das die Absurdität meiner Existenz, meiner Lebensweise, meiner Beziehung zu mir und zu anderen ausdrücken könnte. Diese Hilflosigkeit wichtigen und menschlichen Dingen gegenüber, gewissermaßen im Zeichen der geistigen Produktion, verdirbt letztlich meinen Charakter, macht mich dumm und böse; selbst wenn ich offen zugebe, daß tief unter alldem die Schonungslosigkeit der Schonung meiner selbst verborgen liegt.

«Meine Tode – die Geschichte eines Lebens» als Titel. «Will ich die Geschichte meines Lebens berichten, muß ich meine Tode erzählen, denn mein Leben besteht aus meinen Toden, als erzöge das Leben schon von vornherein zum Tod, zu der letzten Einsicht, in der wir den Sinn unseres Lebens sehen, das heißt, daß es sich nicht lohnt weiterzuleben.»

Ich muß wieder und wieder und wieder sterben, um noch weiter leben zu wollen.

Diese Gesichter … Wäre ich Maler, würde ich nur Gesichter malen, die hinter den aggressiven, herausfordernden, hübschen, häßlichen, kummervollen Gesichtern verborgene ratlose Leere, verzweifelte Langeweile, das beklemmende Nichts. – Die sogenannte Freiheit tut den Menschen hier nicht gut; zum einen stimmt es nämlich nicht, daß sie frei sind, zum anderen fühlen sie sich verlassen wie Schiffbrüchige auf dem offenen Ozean; eine Zeitlang warten sie, daß das alte, dem Staat abzuzwackende Manna vom Himmel fällt oder daß wenigstens ein Schiff auftaucht oder ein gebratener Hai … Dann wissen sie einfach nicht, was sie mit sich anfangen sollen, weder von außen noch von innen kommt eine Stimme, die Ärmsten finden ihren Platz nicht. Die Aggressiveren verbittern dann und beginnen die anderen in der Barke niederzumetzeln. Eine Lösung ist das nicht, doch es bereitet ihnen Freude, schenkt ihnen das Gefühl einer wichtigen Tätigkeit, den flüchtigen Rausch der Macht, und vor allem geht die Zeit rum; wenn sie dann genug haben, beginnt der Katzenjammer, die Schadenserhebung und das Suchen nach Sündenböcken.

Es gilt zwei Dinge gleichzeitig zu verstehen: die unglaubliche Wichtigkeit und Bedeutung des einmaligen individuellen Seins und die unglaubliche Nebensächlichkeit und Bedeutungslosigkeit des einmaligen individuellen Seins.

Wir müssen nicht mit jedem Phänomen «fertig werden»; viel moralischer wäre es, wir ließen die unlösbaren Probleme ungelöst und die brennenden Fragen in uns brennen, pochen.

Die Frau, die unter mir wohnt und zu den Zeugen Jehovas gehört, ist der schrecklichste Beweis für das Wort Ortegas, dem zufolge auch eine Einzelperson Masse sein kann. Kleingewerbetreibende. Sie hat die Wohnung wie ein Gefängnis eingerichtet, überall, außen und innen Eisengitter. Es heißt, sie beschäftige rumänische Gastarbeiter. Schlecht aussehende Gestalten gehen bei ihr ein und aus, angeblich beherbergt sie die Arbeiter für die Zeit der Schwarzarbeit auch, ebenfalls schwarz. «Was sagen Sie zur Politik, Herr Kertész?» fragt sie ohne Umschweife. Dann beginnt sie ihre Beschwerden auszuspeien, aus ihrem aufgerissenen Maul schlagen mir Flammen und Schwefelgestank entgegen. Sie projiziert ihren Haß gegen die Welt auf mich, ich bin für sie gleichermaßen jüdischer Kommunist und jüdischer Großkapitalist, an die «das Land verhökert wird». Es scheint, Verachtung und Nicht-hierher-Gehörigkeit stehen mir derartig ins Gesicht geschrieben, daß ich wie ein Magnet Haß anziehe, der als schmutziger, kalter Morast aus den schmutzigen, kalten, morastigen Leibern und Seelen dieser Menschen spritzt.

Auf der Promenade entlang des sogenannten Városmajor-Parks (in Budapest ist seit Jahrzehnten alles nur noch sogenannt, allein die Gefängnisse waren zu einer gewissen Zeit echt, nun, und die Hinrichtungen) finden (sogenannte) Gärtnerarbeiten statt, die im wesentlichen darin bestehen, daß die Promenade zu beiden Seiten, vor allem jenseits des Pflasterrandes, von einem Meer aus weichem Morast umgeben ist; auf dem Pflaster steht ein Lastwagen und hüllt die Umgebung in eine schwarze Rauchwolke, und einige sogenannte Arbeiter werfen verfaulte Holzstücke auf den Lastwagen, falls sie nicht vielmehr damit beschäftigt sind, über die in den Morast abgedrängten Fußgänger zu lachen. Junge

Leute. Obendrein pfiff der Wind, riß mir den schwarzen Hut vom Kopf. (Ich trug einen schwarzen, langen Mantel, um den Hals meinen roten Tartanschal, der an sich schon eine Provokation für die seelisch im Morast watenden, seelisch Morast fressenden, in seelischem Morast lebenden Menschen ist.) Mein schwarzer Hut rollte also in den Morast, und um ihn aufzuheben, mußte ich bis zu den Knöcheln in den Morastklumpen, den Morastbatzen versinken. Die jungen Leute in Gummistiefeln, ein paar Meter von mir entfernt, am Lastwagen, hielten sich den Bauch vor Lachen. Ich muß in der Tat ein amüsanter Anblick gewesen sein, und daß aus mir ein amüsanter Anblick wurde, war größtenteils das Ergebnis ihres Tuns, man könnte sagen, das von Morastmenschen organisierte Morastleben hat auch mich mit Morast beschmutzt, nach einer gewissen Zeit wird es zweifellos auch mich, wenn ich es zulasse, in Morast verwandeln. Und während sie sich schamlos amüsierten, dachte ich daran, wieviel Vergnügen es ihnen bereiten würde, wenn sie meine Gedärme herausquellen sehen, mir die Augen ausstechen könnten, wenn sie Gummiknüppel in einen Männeranus oder eine Frauenscheide drücken könnten usw., also Dinge, mit denen sich solche Morastmenschen im tiefsten Morast, wenn ihnen die ganze Welt in Morast zu verwandeln gelingt, die Zeit zu vertreiben pflegen.

Die Brutalität ist das Prinzip der Natur gegenüber den Lebenden. Der Mann und sein Hund heute morgen. Der Hund, riesig, ein Bernhardiner-Mischling, angebunden am Betonpflock des Cafés am Moskau-Platz. Die Frau, die ihn mit schmeichelnder Stimme rief. Dann kam der Besitzer, ein wie eine Bestie aussehender, kräftiger, stinkender Mann, grob machte er den Hund los, zerrte ihn am Hals, ließ ihn nicht pinkeln, und der Hund ertrug mit treuer Hingabe (oder feiger Ergebenheit) die Quälerei, während er, den Kopf zurückdrehend, noch ein paarmal die freundlich mit ihm sprechende Frau feindselig anbellte.

In der Buslinie 91 sitzt ein sogenannter Mann. Mit einem Bierbauch, ungepflegt, er stinkt, wie die sogenannten Männer im allgemeinen. Der Bus ist rappelvoll. Eine ältere, schwache Dame beschwert sich laut über das Verschwinden der Höflichkeit. Woraufhin mein Mann mit dem Bierbauch (der, so scheint es, die Bemerkung auf sich bezogen hat) sagt: «Seit hundert Jahren erkämpft man gleiche Rechte für alle. Bitte, man hat es geschafft», und sitzen bleibt.

Hieronymus Bosch könnte im heutigen Budapest schwelgen in der Fülle von Motiven und Modellen für seine Höllenbilder.

Bei der Lektüre des Tagebuchs von Géza Csáth, dieser wunderbaren Apologie der Promiskuität, dachte ich darüber nach, was für eine andere Natur ich doch habe (ich will sagen: mit was für einer anderen Natur ich geschlagen bin). In meiner Jugend, als ich gut ausgesehen haben mag und wahrscheinlich eine unerschöpfliche sexuelle Energie besaß, lebte ich, weder auf mein Äußeres noch auf mein Inneres, weder meinen geistigen noch meinen sexuellen Energien vertrauend, ein äußerst armseliges Leben. Wenn eine Frau mit mir schlief, verliebte ich mich bedingungslos in sie, auch wenn es eine Prostituierte war; vor meinen Geliebten aber fürchtete ich mich in Wahrheit eher ein bißchen, teils mit dem Gefühl von Unzulänglichkeit, teils jedoch mit einer selbstverständlichen Verachtung der Frau gegenüber, die mich liebte. Dennoch, am ehesten zeigt sich in diesen Abenteuern meine nichtpromiske Grundnatur, das Motiv der Treue, des Zurückkehrens beziehungsweise der Wiederholung gleich einem musikalischen Zwang.

Nichts ist amüsanter, als die Reflexionen sonst kluger, der Religion, dem Mysterium gegenüber aber empfindungsarmer Menschen über Gott zu lesen. Noch den «unmusikalischsten» Menschen erfaßt in einem bestimmten Alter der Zwang, ein paar Gedanken, ein paar Sätze Gott zuzuwenden. Dabei geht es meist darum, ob es Gott «gibt», ob er «existiert» und inwieweit er, sofern es ihn «gibt», «existiert» (beziehungsweise wie dieser Mensch denken würde: es ihn gibt und er existiert), inwieweit es die eigene Angelegenheit erleichtern würde, also das Akzeptieren der Tatsache des eigenen Todes. Darauf folgt das Nachsinnen über die Schlechtigkeit der Welt und Gottes unermeßliche Güte und Weisheit, dann die Erwägung des Jenseits: Ist es vorstellbar oder nicht, möchte man, daß es (das Jenseits) existiert, oder möchte man es nicht usw. usw. Es stellt sich also immer heraus, daß der hoffnungslose Rationalist oder Materialist nur vom eigenen Vaterkomplex ausgehen kann, er kann Gott ausschließlich als anthropomorphen Gott, als nicht vorstellbare Person, jedoch nur als Person denken. – Das ist deshalb so komisch, weil es so konträr zur Demut und zu der in der Tiefe des Leidens aufblühenden Solidarität (der Liebe) ist, die das Wesen des religiösen Gefühls ausmachen. Dieses Gefühl begnügt sich damit, daß seine Situation, das Mitempfinden des Elends und zugleich der unbegreiflichen Schönheit des menschlichen Zustandes den Menschen Gott denken läßt, ohne daß er dafür einen objektiven Beweis zu erhalten begehrt. Daß der Mensch zum Gedanken Gottes *gelangt*: das ist Ausdruck seiner Situation. Und das reicht, damit muß man sich begnügen, weil die Geburt dieses Gedankens der Akt ist, wie der Mensch zu jeder Zeit und überall den Gedanken des Göttlichen neu gebiert: Die einzige Pflicht, die ihm aus diesem Gedanken erwächst, ist die, ihm Ausdruck zu geben. Ob dieser Ausdruck ein Gebet ist, die Kunst, ein Werk oder einfach ein Leben, eine schlichtes, aber ganzes Leben: das ist gleichgültig, doch der Gedanke des Göttlichen kann nicht über den nach Vollkommenheit strebenden (nicht um Vollkommenheit bemühten, sondern nach Vollkommenheit strebenden) Ausdruck hinausgehen; und dieser Ausdruck ist, wie auch das religiöse Leben, nichts anderes als *Kampf*. (Ich glaube, auch Wittgenstein ist letztlich zu diesem Schluß gelangt.)

Der immer wieder zu hörende Vorwurf, die Juden hätten sich nicht gegen ihre Deportation nach Auschwitz gewehrt, ist lediglich eine Projektion der Unerträglichkeit der Schande. Ein zutiefst unreligiöser Gedanke übrigens, denn Auschwitz *mußte durchlebt werden*, sowohl als Opfer als auch als Henker, und in diesem Erleben kommt etwas zum Ausdruck. Nicht eine heldenhafte, einem jüdisch-nationalistischen Mythos als Grundlage dienende Idee drückt sich darin aus, das steht außer Zweifel; es ist nicht die Apotheose des kämpferischen Geistes, ja, nicht einmal die des jüdischen religiösen Geistes, auch das ist gewiß. Doch im tieferen religiösen Sinn – und auch im Leben des «Menschen», das heißt in dem des historischen Menschen, im Leben des Menschen, der Gegenstand des sogenannten und schon längst nicht mehr existierenden Humanismus ist –, in diesem tieferen religiösen Sinn also ist es voll schwerwiegender Bedeutung. Schließlich hat sich auch Jesus Christus nicht gegen seine Geißelung und Kreuzigung gewehrt. Obendrein hatte das alles «keinen Sinn». Und dennoch mußte es geschehen, und daß es geschehen ist, wird niemals vergehen. In diesem Sinn, denke ich, sind weder das Kreuz noch Auschwitz vergänglich. Natürlich kann man nicht erwarten, daß der im historischen Geist erzogene und im modernen Chaos lebende Mensch mich versteht.

Die Tatsache Gottes liegt im Ausdruck, im Bedürfnis nach Ausdruck, und in dem vom Ausdruck verlangten Streben nach Vollkommenheit liegt zugleich auch die Konsequenz eines richtigen Lebens. Was aber richtiges Leben ist, das bezeugen gänzlich verschiedene Leben. Man könnte beinahe sagen, jedes Leben ist richtiges Leben, und wenn es das dennoch nicht wird, liegt das allein am System der Verlogenheit (und der Vernachlässigung, was fast dasselbe ist), in dem sich die Belange eines solchen verlogenen und vernachlässigten Lebens langsam abnutzen wie in einem Zahnradsystem.

Gott (denken) ist nichts anderes als (zum Beispiel) die Fuge am Ende von Beethovens Klaviersonate *op. 106*. Keine Lösung, aber der mögliche, wenn auch an Fragen reiche, mitnichten beruhigende, doch irgendwie stolze und erhebende Abschluß eines organischen Gebildes – eines Werkes oder eines Lebens.

Beim Lesen einiger Seiten des Thomas-Mann-Tagebuchs (als unangenehmes Gegengewicht zu dem spannenden, erschütternden, kraftvoll gestischen Tagebuch von Géza Csáth) fiel mir auf, wie sehr mein Interesse für den Meister nachgelassen hat. Ein Foto zeigt das greise Gesicht, wie er sich mit süßlicher Miene und traulichem Flüstern zu seiner Frau neigt. Im allgemeinen wirkt dieses süßliche, trauliche Flüstern mit der süßlichen, langweiligen Homosexualität und der süßlichen, traulichen und ebenfalls langweiligen Schriftstellerexistenz

(Erfolg? kein Erfolg?) ein wenig schwül und antiquiert. Die Aufregung, die sich seiner damals bei der Entstehung des *Faustus*-Romans bemächtigte, namentlich wie die Welt, die Deutschen und allgemein die «Literatur», die «Kritik», das Buch aufnehmen würden, ist gemessen an der Bedeutung der Dinge weitgehend unverhältnismäßig. – Doch es geht nicht darum, über einen anderen zu urteilen, was immer leicht und fast immer unter der Würde des Urteilenden ist, insoweit der Urteilende stolz ist und etwas auf sich hält. Die Selbstprüfung oder zumindest die Frage nach der eigenen Existenz ist dabei entscheidend – ohne daß ich mich selbst auch nur bis zu den Zehen dieses wirklich großen Schriftstellers aufschwingen würde, stellt sich doch die Frage, wie ich zu meiner literarischen Existenz stehe. Wenn ich in diesem Tagebuch zurückblättere, finde ich außer ein paar Ausbrüchen meines (zu Recht) gekränkten schriftstellerischen Ehrgefühls nichts. Freue ich mich also nicht über meine deutschen, holländischen, schweizerischen und schwedischen Erfolge? Daß man den *Roman eines Schicksallosen* auf hebräisch liest und ich erst neulich die französische *Kaddisch*-Ausgabe erhielt? Daß den diesjährigen Plänen zufolge von Brasilien bis Norwegen, von der Türkei bis Spanien fast in allen Sprachen (ausgenommen die slawischen Sprachen, Griechisch und Italienisch) ein Buch von mir erscheint? Wenn ich mich freue, dann nur so, daß ich mir immer wieder sagen muß: Du erscheinst in den und den Sprachen, hey, Mann, du drängst direkt zum Welterfolg usw., und dann blicke ich zerstreut einem hinterher, der zum Welterfolg drängt, während ich weiterhin hier in der Török-Straße sitze. *Eines* aber vergesse ich nie: daß ich den Fängen dieses Landes schließlich entkommen bin, und das ist so wie damals, als ich Auschwitz und Buchenwald entkam. Denn hier hat man mich lediglich aus Zerstreutheit nicht vernichtet (und weil ich gut «in Deckung ging»), schriftstellerisch aber sofort in den Mechanismus der Vernichtung gestoßen, und es ist sicher, daß mein Werk dazu verurteilt ist, totgeschwiegen zu werden, es wird wirkungslos in der schimmeligen Tiefe des ungarischen Kellergewölbes herumliegen – wenn ich nicht auch meine Schriften von hier wegbringe. Doch ich habe immer gewußt, daß es so sein würde; ich vergesse niemals den Augenblick vor gut zwanzig Jahren, als der *Roman eines Schicksallosen* erschien und ich, in dem zur Kantine führenden Laubengang des sogenannten «Verlags für Schöne Literatur» sitzend, zu M.Á. sagte, mir kann nur der Weltruhm helfen. In jenem Moment war diese Aussage ebenso absurd wie 1954 mein Entschluß, «Schriftsteller» zu werden, ein Schriftsteller, wie er hier unvorstellbar ist, weil er nicht von der Pragmatik ausgeht, sich nicht nach den hiesigen Verhältnissen richtet und seinen Maßstab, um es so zu sagen, aus der Ewigkeit schöpft. Was ist davon geglückt? Das weiß ich nicht. Doch da ich diese Zeilen schreibe und sich die tiefen Täler und Abgründe meiner Erinnerung auftun, sieh da, schon beginne ich mich zu verstehen, beginne zu verstehen, wie bedeutungslos, gemessen an meinem zurückgelegten Weg, literarische Existenz, Lob, Kritik, Geld oder Geldnot sind: Mit zitternder Demut warte ich, ob mir noch ein mir wichtiger Text «in die Feder» kommt, den ich noch ausführen kann, und ich weiß, daß auf mich nichts anderes wartet; dies jedoch und die Seelen- und Körperwärme, die ich von M. erfahre, sind genug, mehr als genug zur Seligkeit und um am Ende sagen zu können: «Ich hatte ein wunderbares Leben …»

Man kann nach einer falschen Werteordnung leben, muß sie dann jedoch auf ein festes Macht- und Wirtschaftsfundament gründen. Existiert dieses Fundament nicht und erweist sich die falsche Werteordnung noch dazu als das, was sie ist, als falsch: nun, dann nimmt das Brodeln der Hölle seinen Anfang, kriechen langsam mit überlegter Sicherheit die Satansfratzen mit Vampirzähnen hervor, und die Menschen schauen entsetzt, gelähmt, wie diese Fratzen das Leben beherrschen, die Seelen wie blutiges Fleisch in Besitz nehmen und zu zerfleischen beginnen, und das Leben macht allmählich jene Metamorphose durch, die Lebendiges zu Totem macht.

Ob es noch eine «europäische Kultur» gibt oder nicht, ist ganz egal: Das Land, in dem ich lebe, liegt so weit sowohl von der Möglichkeit wie von der Negation entfernt, daß ich mich, wenn ich etwas über das Leben von Schriftstellern lese wie zum Beispiel über das von Max Frisch (der nebenbei kein so enorm großer Schriftsteller war, er war bloß Schriftsteller, lebte als Schriftsteller und wurde in dem Landstrich, in dessen Sprache er schrieb, und dem weiteren Umfeld als Schriftsteller behandelt): daß ich mich also bei solcher Lektüre fühle, als läse ich in einer steinigen Strafkolonie Legenden über das märchenhafte Leben von Göttern.

Die Realität steht in vollem Widerspruch zur Darwinschen Theorie: Das Naturprinzip ist die Kontraselektion. Nicht die Besten «herrschen», sondern die Schlechtesten. «Am stärksten» bedeutet höchstens eine einzige Qualität, und die ist gemessen am Prinzip des für den Menschen notwendigen moralisch Guten das nicht Gute. Doch wir sehen ja, zu welchem großen Schaden das moralisch Schlechte für das Leben an sich ist. Man kann Bosheit, Dummheit und gemeine Gewalt also nicht mit irgendeinem Machiavellismus rechtfertigen, «dem Willen zur Macht», wie das Nietzsche – in seiner selbstzerstörerischen und selbsthasserischen Lust – versucht hat. Der Darwinismus ist im Grunde genommen eine als Naturphilosophie verkleidete Ideologie, ist Zeitgeist, Bestätigung der Gründerzeit, der «Stärke» und der «Auslese», des bürgerlichen Strebens nach oben, fast auf Art des Marxschen «Überbaus». Die Herrschaftsprinzipien der Gegenwart zeigen klar, daß die, die überleben, die schlimmste Sorte Mensch sind; so wie angeblich Bakterien und niederste Lebewesen eine künftige Sintflut überleben werden oder das, was auch immer den Menschen in Form einer Naturkatastrophe erwarten mag, genauso sind auch die Überlebenden des gesellschaftlichen Lebens aus der niederträchtigsten und niedersten Sorte Mensch hervorgegangen, die dann die eigene Erhaltung durch Kontraselektion sichert. Der maßlose Verfall des Sinns für Werte in Westeuropa beschwört die osteuropäische Barbarei herauf, die sich langsam als ansteckend erweist: Zuerst zerstört sie sich selbst und anschließend, auf dem Weg der Leichenvergiftung, die westliche Welt.

Das Ich: der Wahnsinn, auf Grund dessen wir uns selbst nicht sehen und der uns schließlich zum Mörder des anderen – und unserer selbst – macht.

Warum glaubt man, der Autor wüßte mehr über seine Figuren als der Leser oder der Schauspieler? Denn sie lesen oder sagen lediglich einen Text auf, der Autor wiederum schreibt lediglich den Text: Alles in allem ist das der Unterschied.

Celan, Bachmann, Améry, Kafka, Sylvia Plath usw. usw.: alle rannten mit einer Art von Unumgänglichkeit ins Verderben. Diese Unumgänglichkeit ist die Identifikation mit der Opferrolle, die, wie es scheint, das markanteste Ausdrucksmerkmal des geistigen Lebens im 20. Jahrhundert ist. Gleichzeitig spiegelt sich darin die Wirkung der unsterblichen deutschen Romantik, wie übrigens allgemein in den deutschen Phänomenen: Hitler ist genauso deutsche Romantik wie Wagner oder, durchaus, Céline und, ja, Bachmann: Das Leben ist, wie gesagt, entweder Demonstration oder Kollaboration, und die glaubwürdigste geistige Form der Demonstration ist die Selbstvernichtung des Opfers. Das ist das letzte, was noch die Hoffnung auf Wirkung in sich birgt.

Ich hingegen habe nie auch nur die geringste Wirkung auf die sogenannte ungarische Literatur ausgeübt und kann sie auch nicht ausüben, denn dazu müßte ich das ungarische Denken übernehmen, das wahnhaft ist, und mich in das wahnhafte ungarische Bewußtsein vertiefen. Ich bin ein jüdischer Schriftsteller, und ich muß festhalten, das «Jude» hier «Universalität» bedeutet; ich bin also kein israelischer Schriftsteller und kein den alttestamentarischen Traditionen folgender chassidischer Schriftsteller – nein, ein Europäer, der die einzige universale Existenzform und das universale Bewußtsein wahrt, die heimatlose – über die Heimat hinausgehende – Existenzform lebt: Das heißt, ich bin Jude, Eklektiker, Existentialist, Religionsloser, Gläubiger, exilierter Umherziehender, der zu Hause nicht zu Hause ist, dessen einzige Identität die Identität im Schreiben ist, dessen Schaffen sich von der Sprache, in der es entsteht, loslöst, dort auf Wirkung stößt, wo Menschen ihm zuhören und ihm ihr Herz öffnen – ich bin ein vertriebener und glücklicher, ein im Schaffen, in der Ungebundenheit, in der Eigengesetzlichkeit und der eigenen Werteordnung Befriedigung findender, im Grunde die letzten Möglichkeiten des Heroismus ausnutzender und formulierender Schriftsteller, der irrtümlicherweise dort ist, wo er ist, irrtümlicherweise die Sprache verwendet, die ihm gegeben ist, irrtümlicherweise an dem Ort geboren wurde, zu dem ihn die Umstände der Geburt verurteilt haben – der jedoch aus all diesen Irrtümlichkeiten ein Schicksal geformt hat, durch seine Werke und sein Leben.

Das Schöpfertum gründet auf der Exklusivität der Selbstsucht; ein schöpferischer Mensch – doch sogar der Heilige – ist nicht fähig, für andere zu leben, im Dienst eines anderen Lebens zu stehen, das macht die Form der Selbstsucht unmöglich, die man für das Schöpferische wie für die Konzentration auf das Heilige braucht, für das Konstruieren wie für das seelische Exerzitium, für die ständige Bereitschaft zur Erleuchtung. Das Schöpferische basiert daher – sofern die kulturelle Umgebung es nicht für sich als absolut konstatiert – auf Amoralität.

Mit Kunst, Religion, Kultivierung des Menschen läßt sich nicht länger etwas erreichen, weil das, was Kultur genannt wird, das heißt die universelle Kreativität einer größeren Gemeinschaft und das Streben des einzelnen, besser und vollkommener zu sein, einfach verschwunden ist. Der Mangel an Geist spiegelt sich in der horrenden Freudlosigkeit, dem stummen Wehklagen des Menschen, der seine Stimme in rasenden Exzessen sucht.

Wenn ich daran denke, daß ich im Leben noch etwas hervorbringen möchte, sage ich mir, daß ich Zeit gewinnen muß. Zeit, Abstand von dem rundherum sprudelnden Chaos, das mich in der Tiefe meines eigenen Lebens und durch andere Leben, von den mir anvertrauten Leben her bedroht – und da habe ich noch gar nicht von dem Umfeld gesprochen, das die vernichtende Hölle selbst ist. Und während ich nach

Zeitgewinn strebe, vergeude ich meine Zeit – die einzige für mich existierende Zeit, meine Lebenszeit (und die desjenigen, der mich liebt).

Für die, die uns lange kennen, wie wahrscheinlich für die Zeitgenossen im allgemeinen, können wir niemals die sein, die wir sind, weil weder unsere Lieben noch unsere gleichgültigen oder kritischen Beobachter sich mit uns verändern. Ich sage nicht, sie bleiben zurück, sondern wortwörtlich, sie verändern sich nicht mit uns, sie bleiben also zurück und entfernen sich, eilen auch voraus, und zwar in alle Richtungen, in gute und schlechte gleichermaßen.

Wenn man ein Stück wie Ibsens *Baumeister Solness* liest, fällt auf, was aus den Symbolen geworden ist beziehungsweise den geistlichen Bauten des Menschen. Der Kirchenbau ist heute kein Symbol mehr. Gibt es noch gültige Symbole? Auschwitz: das drückt noch immer aufs treffendste aus, was aus dem Menschen wird.

Wenn du krank bist, suche lieber die Gesellschaft von Kranken, von jedem gesunden Gesicht kannst du nur dein Todesurteil ablesen. In dieser Hinsicht imitiert die moderne Organisation der Gesellschaft voll und ganz die Natur. Mit dem Respekt vor dem Leben ist auch der Respekt vor dem Tod ausgestorben; solange du jung bist, täuscht man dich mit den Verheißungen des Lebens, später übertönt das Gejohle der Menschen das Hohngelächter der Natur noch – man stößt dich beiseite, vergißt dich am Straßenrand, bis der Müllmann kommt, um dich abzuholen (der natürlich als erstes deine Taschen durchsucht).

Beethovens Streichquartette begleiten mein absurdes Leben. Aus ihnen erhellt sich, daß ein Künstler allein leben (oder sein) muß, die Augen (und Ohren) unaufhörlich auf die Vergänglichkeit und den mit Erinnerungen gefüllten Verfall gerichtet. Ein melancholisches Herz, eine große Seele und ein von der Freude an Lösungen perlender Verstand genügen für ein vollkommenes Leben, und ein vollkommenes Leben, wie anstrengend oder langweilig (sagen wir besser: farblos) es auch sonst sein mag, genügt völlig fürs Glück.

K., der «Schriftsteller», erzählt: «Ich habe schlecht gelebt, aber ich war glücklich. Ich habe immer gelogen, aber es wirkte auf die Leute wie Wahrheit. Ich wurde am falschen Ort geboren, spreche die falsche Sprache, habe meine Zeit in einem Land namens Ungarn – das, genauer besehen, nicht existiert – als Gefangener verbracht und sie benutzt, um meine Freiheit auszuleben und zu erfüllen. All das tat ich unbewußt, und die Kette meiner Handlungen zeigt eine hochgradige Logik. Hören Sie meine Geschichte.» Usw.

K., der «Schriftsteller», kann, wenn er *schreibt*, nur mit verzerrter Stimme *sprechen*, so wie Matrosen durch Megaphone zu anderen Schiffen hinüberrufen oder wie der an Kehlkopfkrebs Erkrankte, der nur noch mit Hilfe seines eingebauten Mikrofons Töne von sich geben kann, mit breiigem Röcheln, als kämpfe er mit dem Ersticken.

Bei den Leuten lösen meine Schriften, wie ich bemerke, peinliche Gefühle aus. Sie hätten gern, daß ich – wenn ich schon nicht schweigen kann – ein bißchen mit ihnen zusammenarbeite, kollaboriere. Nicht aus Sturheit bin ich dazu nicht bereit, sondern weil es mir nicht so viel Freude bereitet wie die radikale Ich- und Gesellschaftsanalyse. Wer sich selbst gegenüber streng ist, den mag das Publikum nicht – schreibt Nietzsche in einem seiner Briefe an Malwida von Meysenbug.

Auschwitz gehört nicht zu Hitler. Hitler mag das Produkt eines historischen Augenblicks sein, in Auschwitz aber offenbart sich die menschliche Natur, so wie andererseits in der Musik oder den Religionen.

Nicht Auschwitz selbst ist die radikal neue Qualität; Auschwitz ist lediglich diese radikal neue Qualität als Realität; möglich ist, was geschieht, und es geschieht nur, was auch möglich ist – so ähnlich schreibt Kafka. (Noch nicht über Auschwitz, noch allein als Möglichkeit, die jedoch offenkundig immanent ist.)

Auschwitz ist Manifestation; doch mitnichten Offenbarung (epiphania).

Das «Wo war Gott in den Tagen von Auschwitz?» ist eine vollkommen kindische Frage, etwa wie: «Wo war Papa, als die anderen Kinder mich schlugen?» Sie läßt sich genauso stellen wie die von Augustinus: «Wo war Gott (oder: was tat Gott), bevor er Himmel und Erde schuf?» Das ist eine Frage für Theologen, das heißt für böse Kinder. Auch der Aal im Plattensee könnte fragen: Wo war Gott, als das Fűzfőer Abwasser in den See gelassen wurde? Der Mensch ist mal mörderisches Kind, mal geschlagenes Kind und mal beleidigtes Kind: Wann wird er endlich erwachsen?

Das Komische ist, daß ich, wenn ich gebeten werde, einen Vortrag, sagen wir, über die Greueltaten des Jahrhunderts zu halten, diesen Vortrag schließlich auch schreiben kann; und das ist deshalb seltsam, weil ich ausschließlich – wie soll ich sagen? – «gegen den Strom» schreiben kann. Das aber muß bedeuten, daß der «Hauptstrom» noch immer das ist, was Auschwitz und den ganzen entsetzlichen Zeitgeist des Jahrhunderts bestätigt; man könnte sagen, der offizielle Standpunkt ist auch heute ein faschistischer (im weiteren Sinne verstanden, so wie z. B. auch der unter dem Namen Sozialismus bekannte russische Nationalismus darin Platz hat), *cum grano salis*, mit ein wenig offizieller Entschuldigung und ein wenig verschleierndem oder sagen wir besser: maskierendem Sprachgebrauch.

Jede Geschichte beginnt so, als würden wir im Weltuntergang (während des Weltuntergangs) oder nach dem Weltuntergang damit beginnen: Daran ist heutzutage die Erzählung zu erkennen, die zu lesen sich vielleicht noch lohnt.

Die oberste: die intellektuelle, moralische, sozusagen aktuelle oder aufgebaute Schicht des Individuums läßt sich schnell herunterreißen, dann wird man zu dem, was Macht, Gewalt, die Verhältnisse von einem wollen, zur Masse, zum kalkulierbaren Durchschnitt, zu Materie, zum Körper; unter alldem aber gibt es eine dritte Schicht, die für andere – letztlich – unerreichbar und unabhängig von allem und allen das Bestimmende für die Person ist, und dafür hat man noch keinen besseren Namen als Seele gefunden.

Die Todesangst ist irreal, weil sie, in Wirklichkeit, Angst ist. Das heißt, wir haben Angst vor dem Tod wie vor dem Zahnziehen, vor dem Scheitern, einem Unfall usw. usw.: Beziehungsweise, wir haben keine Angst vor der *Vernichtung*, unserem Zunichtswerden, dem Nichtsein, weil wir uns das nicht vorstellen können; das heißt, was ist denn unsere Angst verglichen mit dem Faktum (dem Faktum unseres Nichtseins)! Andererseits, geben wir es zu, vernichtet der Verfall, das große, große Verlustgefühl, das von der Erfahrung der Vergänglichkeit verursacht wird, zu Recht unsere Angst vor abstrakten Dingen: Das menschliche Schicksal ist nicht so sehr der Tod als vielmehr das Sterben; und dieses ist entsetzlicher als das Bewußtsein vom Nichtsein, weil es der reale Schlag ist, der unserem realen Dasein, unserem angenommenen Ich versetzt wird.

«Nazi», das ist keine Ideologie, sondern eine Lebensform; folglich ist heute jeder Nazi, sofern er nicht die nötigen Anstrengungen macht, sich fernzuhalten – oder geradewegs aus der Zeit auszutreten.

Du könntest fragen, austreten wohin; nun, hinaus in Angst und Existenzunsicherheit: hinein ins Selbst.

Die Wichtigkeit des Tagebuchs. *Nulla dies sine linea.* Der momentane Zynismus weckt Zweifel an jedem gehobenerem Stil. Kann man noch etwas Wichtiges sagen? Kann man noch in einer *bedeutungsvollen* Sprache das Wort ergreifen? Kann man Bedeutendes in einer unbedeutenden Sprache sagen? Kann man über große Dinge auf kleine Weise reden, ist das wirklich Große nicht die große Sprache selbst? – Die Bedeutsamkeit des Tagebuchschreibens also: weil darin Bilder vom Leben aufleuchten, mehr als in der künstlerischen Form. – Aber diese Zeilen haben wirklich keinen Sinn: Auch das Tagebuchschreiben hat nur dann Sinn, wenn es die rätselhafte emotionale Filtermaschine durchläuft, die den rohen Tatsachen letztlich künstlerische Form und Empfindung verleiht.

Junge Männer mit affenartigen Bewegungen, mit kurzgeschnittenen, kahl oder zu Mustern geschorenen Haaren, sie begrüßen sich, indem sie die über die Köpfe gestreckten Hände gegeneinanderschlagen, springen aus Autos heraus, machen sich mit ungeheurer Sicherheit über alles her, werden alles kahlfressen, so daß nichts bleibt als Exkremente und Vernichtung wie nach einem Rattengewimmel; ich weiß nicht, wer diese jungen Leute sind, ich weiß nicht, was sie denken, was sie wollen, auch nicht, warum sie hierher in unsere Straße kommen und mit verdächtigen Paketen die Kellertreppe gegenüber rauf- und runterlaufen, über der die Aufschrift einer gewissen Gesellschaft mit beschränkter Haftung prangt, und wer weiß, was dieser Name und der darunter versteckte Keller tatsächlich verbergen, wer weiß, was für Schächte diese jungen Männer mit der Kommandokleidung und der Kommandoüberzeugung durch diese Keller unter die schon im Verfall begriffenen Häuser, Häuserzeilen bohren, die, zu gegebener Zeit, bereitwillig einstürzen werden, und aus den Trümmern wird Blut sickern, und die Schreie werden verstummen, und diese jungen Leute werden dann für einen Moment, doch nur für einen einzigen Moment das Gefühl haben, ihre Aufgabe erfüllt zu haben. Es scheint, als geschähe hier und jetzt alles für diesen Moment, als würden alle und alles für diesen Moment arbeiten …

Wie sehr die kommunistische Praxis dem heutigen Menschen auch entsprechen mag – das Umgehen von Arbeit, die Stallwärme der kommunistischen Bewegung, das zynische Nachplappern von Lügen, die Ausrottung von Elitewerten, allgemein die Kontraselektion, die Korruption, das mit dem Bedürfnis öffentlicher Sicherheit bemäntelte Lagerwesen, die unter dem Vorwand sozialer Sicherheit stattfindende soziale Stümperei, die Verwahrlosung des Gesundheitswesens und so weiter: der Rest der in dieser Praxis steckenden humanistischen Ideologie des vergangenen Jahrhunderts irritiert die Menschen noch immer. Der Faschismus, der Nazismus sind moderner und viel eher geeignet: Dort verdeckt keinerlei Geschwätz den Haß und die Vernichtungslust. Zudem ist es eine sieghafte Ideologie, durch all das Posaunen von der Bewegung und die Verblödung durch den Posaunenlärm, und erlegt den Kameraden keinerlei Verpflichtung auf außer der Mitwisserschaft beim Mord, deren Folgen in der Gegenwart aber noch nicht klar ersichtlich sind. Und schließlich ist er, mit diversen Mutationen, die einzige Bewegung, die sich im Sattel hielt und Anspruch auf die Menschen erhob, die nichts mit sich anzufangen wissen, auf diesen Überhang, der nicht weiß, warum er hier auf der Welt ist, und deshalb voller Zorn gegenüber jedem anderen Lebewesen ist.

Die Behandlung des Todes im Zen-Buddhismus dient auch nur demselben wie in der europäischen Philosophie: die Erbarmungslosigkeit des Lebens, die Tatsache der völligen Vernichtung, das eindeutige Ereignis des Todes mit allerlei Sophistik zu umgehen. «Das noch nicht Geborene» und ähnliches ist um nichts besser als «der Tod ist kein Erlebnis» usw. Die Tatsache, daß ein Lebewesen das andere frißt, daß das größere Lebewesen nur mit dem Daumen reiben muß, um im Bruchteil eines Augenblicks einen kompletten Organismus zu vernichten, der *lebt*, also – angeblich – ein Ziel hat, sagt alles. Die klarsten Worte sind noch die – so bei den europäischen Agnostikern, dann bei Schopenhauer –, die sich zu einer Bejahung des Todes bekennen, damit wir uns von unserem großen Irrtum, dem Leben, befreien: Nur daß der Befreite nicht mehr unseren Namen tragen kann. – Kann man sich nicht damit abfinden, daß es keine Lösung gibt? Daß das Leben die eine Sache ist und der Tod eine andere?

Jeder Satz von einem jüdischen Autor (so auch von mir), der darauf verweist, daß er, und sei es mit dem Bewußtsein eines Helden, nicht wisse, was das sei, Jude, ist persönliche Ausrede, nichts weiter. Jude ist, wer freie Beute ist, das ist alles. Es ist überflüssig, das zu verschleiern oder zu verhehlen. Die einzige entschuldbare Weise der Verschleierung ist Genialität – die ist ein guter Ausweg, eine Zeitlang.

Ich erinnere mich noch gut, ich war sechs, sieben Jahre alt, als ich mir zum Geburtstag (oder zu Weihnachten?) ein Tagebuch wünschte. Im Internat hütete ich das Heft mit dem festen Einband, ich traute mich kein einziges Wort auf die weißen Seiten zu schreiben. Warum hatte ich mir das Heft gewünscht? Etwas prickelte in mir, und ich glaubte es nur durch eine systematische, minutiöse Tätigkeit ableiten zu können. Mein dunkler Drang speiste sich aus einer vagen Vorstellung: Ich trödele lange mit irgend etwas herum, sagen wir, mit einem Schreibwerkzeug auf dem Papier, und das beruhigt mich schließlich. Im Grunde spornt mich seitdem die Vorstellung des sich nach Fleiß sehnenden Jungen an, der von unsagbaren Sehnsüchten getrieben ist, mit seinem Schreibwerkzeug vor dem Papier sitzt und nicht wagt, es zu beschmutzen. Die Entwicklung besteht allein darin, daß ich inzwischen eine enorme Menge Papier vollgeschrieben habe: Doch das, was ich eigentlich sagen möchte, sitzt nach meinem Gefühl noch immer in mir fest. So daß sich die Frage erhebt, wer könnte überhaupt sagen, was ständig aus mir herauswill und um dessentwillen ich vor sechzig Jahren alle wichtigeren Dinge beiseite geschoben habe, um mit meinem

Schreibwerkzeug in der Hand ständig bereitzustehen beziehungsweise -zusitzen: Vielleicht könnte ich es ja jetzt endlich niederschreiben … Doch ich weiß, ich werde es nie mehr niederschreiben. Und unterdessen, nebenbei, verging das Leben.

Wenn ich starke, sehr talentierte Schriftstellerinnen lese (z. B. Bachmann, Anaïs Nin, Plath), geht es letztlich immer um das eine: daß der Mann die Frau entstellt, ausbeutet, kartographiert (beschreibt) und damit vernichtet. Ist das so? Egal. Das glaubwürdige weibliche Bewußtsein sieht es und sagt es so. Daraus aber – sei es wahr oder nicht – muß auf die Weise und Qualität des weiblichen Erlebens, Schicksalserlebens geschlossen werden: Die Frau sieht sich – letzten Endes – als Verliererin; wenn sie von ihren Erlebnissen erfüllt ist, erfaßt sie selten das Gefühl großen Reichtums, des Wunders des Lebens, sie fühlt eher die eisige Beklemmung und unerwartete Einsamkeit der Enttäuschung, als hätte man ihr die Tür vor der Nase zugeschlagen. Und ich weiß noch immer nicht, ob das nur *schreibende* Frauen so erleben, bei denen die Sehnsucht des Intellekts nach Freiheit, aber auch nach Macht größer ist, oder ob es das – sozusagen – normale Erleben von Frauen ist, zumindest seitdem der Bürger über Freiheit, Brüderlichkeit und Gleichheit des Menschen aufgeklärt worden ist.

In Systemen denken und die Gesellschaft anklagen: die Grundlage unglücklichen Denkens. Das zum Moralismus sublimierte Unglück führt dann auf sicherem Weg in den Terror.

Zurück zur weiblichen Erfahrung des Lebens, die mit den Worten Verstümmelung und Reduzierung durch den Mann, Freiheitsberaubung und Vergewaltigung beschrieben werden kann: Klage ich mich dessen nicht auch selbst an? Läßt sich das Verhältnis des Mannes zur Frau nicht durch Schuldbewußtsein definieren? Warum darf man nicht davon reden, daß – ursprünglich, in ferner Vergangenheit – der Mann Verantwortung und Gott, die Frau zwar dasselbe, jedoch mittels des Mannes, also direkt gesagt: einen Herren brauchte? Die Einsamkeit ist die Erfindung der Männer, eine der weiblichen Natur fremde Existenzform; langsam komme ich zu der Überzeugung, daß der Mann, will er ohne Selbstanklage leben, einsam leben muß. Aber wie ist ein Leben ohne Selbstanklage? Steril und langweilig.

Márais spätes Tagebuch ist ein müdes, langsam auslaufendes Werk voller Urteile, seinen früheren Stil wiederholt er darin fast automatisch. Hier und da erscheint ein Satz über das Alter, das er durchlebt, aber diesen Sätzen fehlt das Leben. Ich selbst fürchte mich vor dem Alter nicht des Alters wegen, sondern eben dessentwegen, was ich an Márais spätem Tagebuch sehe: Ihn hat die existentielle Erregung verlassen. Er sorgt sich nicht mehr um seine Seele, leidet nicht mehr an seinen Sünden, ihn hat das schrecklichste Verhängnis erreicht: die Altersweisheit. Blicke ich zurück, erkenne auch ich meine Ich-Erlebnisse der *Kaddisch*-Zeit – und die ganzen vorangegangenen – mit Staunen, die fürchterliche Erregtheit, die meine Existenz in mir hervorrief: Das fehlt heute, ebenso wie die großen erhellenden Träume mich verlassen haben, so als erzählte ich mir nichts mehr. Es scheint, als hätten diese Ich-Aufregungen nur auf ihre Niederschrift gewartet, und nachdem ich sie in *Kaddisch* und im *Galeerentagebuch* formuliert hatte, verschwanden sie, verloren sich hinter mir, so wie der Reisende einen stürmischen Wegabschnitt voller Wagnisse hinter sich läßt, um über den Paß in friedliche Ebenen hinabzusteigen. Diese Wegrichtung mag unvermeidlich, mag schön, vor allem angenehm sein – doch wie inspirativ ist sie? Schließlich war bis jetzt der Geruch der Freiheit in mir, wie werde ich in dem gut abgesteckten Pferch einer eingegliederten Schriftstellerexistenz leben? Etwa *zufrieden*? Oder *murrend*? Ich will noch einmal so dastehen wie 1976 am Fenster des Hauses in Szigliget, nachts, im Sturm, dem aufblitzenden Wasserspiegel, Himmel und Erde, mir selbst gegenüber, in der über mich hereinbrechenden Fülle von Gedanken und Ideen nach Luft schnappend wie ein Visionär. – Und der Abstieg vom Berg, in den Händen die Steintafeln, und nichts erwartet mich, nur eine vor mir aufwirbelnde Staubwolke: das Wagnis.

Dein Leben folgt einem Gesetz, solange du – obwohl du es erst später erkennst – diesem Gesetz auch selbst folgst; in dem Augenblick aber, da du die in deinem Leben erkannte Gesetzmäßigkeit ins Joch deiner engen Interessen spannen, dein Leben *beherrschen* willst, statt deine Existenz *anzunehmen*, zu verstehen und zum Ausdruck zu bringen: in dem Augenblick tritt das Gesetz des Chaos und des Zufalls in Kraft.

Letzten Endes ist es mit größerer Milde zur Kenntnis zu nehmen, warum dieses Land, in dessen Sprache ich schreibe, mich im Grunde genommen nicht rezipieren will – oder akzeptieren, je nachdem. Dieses Land lebt mühsam und braucht keine radikale Wahrheitsliebe und die daraus resultierende Erkenntnis der Realität, es braucht die subtil angewandte Lebenslüge, mit der ihm und sich selbst zu dienen seine gerühmten Schriftsteller, Dichter und Intellektuellen eifrig bemüht sind. Andererseits fragt sich im Augenblick der Wahrheit, ob die Lebenslüge nicht Hilflosigkeit, mehr noch: selbstmörderische Hilflosigkeit ist. Ob sie wirklich zu leben oder nicht vielmehr zu sterben hilft. Das weiß man nicht. Ich bleibe bei meinem Stil, obwohl mich dieser Stil aus Sprache und Denken des Landes verstößt. Das heißt, ich muß mich damit arrangieren, daß ich zwar ungarisch, trotzdem aber in einer Fremdsprache schreibe, die man in Ungarn nicht versteht, und für diejenigen, die diese Sprache verstehen würden, ja, sogar den Anspruch haben, sie zu verstehen, muß man sie erst «übersetzen».

Frühling. Alles blüht auf, was im vergangenen Jahr zugrunde gegangen ist. Nur die Toten erstehen nicht wieder auf, auch wenn sie auf einsehbare Art und Weise zugrunde gegangen, verendet, getötet, gefressen wurden. Die Erde ist eine sich selbst versorgende Einheit, sie lebt von ihrer eigenen Materie. Das bedeutet, daß die Lebenden die Toten verzehren; dann gehen auch sie zugrunde und werden ebenfalls verzehrt. Diese Ordnung der Natur ist eher Chaos als Ordnung. Jedenfalls für den Einzelnen, das Individuum. Und der Einzelne, das Individuum, schätzt doch den Sinn höher als das Chaos. Das ist ganz einfach der Grund, warum wir eine andere Welt voraussetzen müssen und – auch wenn «Gott tot ist» – nicht von ihr lassen können.

Größe erfährt man ausschließlich bei und von anderen. Doch manchmal, auch wenn es schwerfällt, sollte man dennoch auch von sich selbst etwas lesen, damit es einen an den ständigen Weg erinnert und erhellt, an welcher Station dieses Weges man gerade festsitzt.

Die Bewertung des Menschen, seiner menschlichen Natur nach, kann letzten Endes nur eine ethische sein. Man kann nur schauen, wie der Mensch seine Hinfälligkeit und Zufälligkeit trägt.

Schließlich ist doch die Freiheit, die konkrete, geistige und persönliche Freiheit, der einzige sich aus dem Lauf meines Lebens entfaltende, wahre, unerschütterliche Wert, für den ich stets alles aufs Spiel gesetzt habe und der mich, sei es auch gegen meine Daseinsinteressen, geleitet hat. Mein Freiheitsdrang erwies sich oft stärker als die Realität – die sogenannte Realität –, und daß er schließlich die Oberhand gewann, ist teils glücklichen Umständen, in nicht geringem Maß jedoch dem Wesen der Realität zuzuschreiben: Energien wie der Freiheitsdrang gehören nicht weniger zu den Realien als die ihm gegenüberstehende Wirklichkeit selbst.

In der Zeitung ein Foto des grinsenden János Kádár und ein Anzeigentext: «Bringen wir eine Blume an sein Grab ...» – vorgestern war nämlich der Jahrestag seines Todes. Während eines Gesprächs erinnerte mich Z. daran, wie ich diesen Mann Anfang der achtziger Jahre, als er noch in floribus war, nannte: «Proll-Dämon».

Angst. Am meisten nachts, am stärksten morgens. Der Grund ist real: «unser Anderer», wie Tandori sagen würde. Überdies: Das Schriftstellersegel hat es aus gleitendem Gewässer in ein Meer aus Blei getrieben. Kreativitätsmangel ist insofern schlimmer als der Tod, als man ihn lebendig ertragen muß. Wie mit dieser Angst umzugehen ist, erscheint vorerst als Rätsel. Diese Angst, die man nur teilweise Angst vor etwas nennen kann – und selbst diese steigert nur der Hintergrund einer gegenstandslosen Beklemmung zu derartiger Unmittelbarkeit –, ist neu für mich und physisch gesehen genau die Kehrseite jenes Glückssprungs, den ich in meinem aktiven Phasen im Brustkorb verspüre: Genau dort erscheint nun ein Druck, ein stählerner Zeigefinger reckt sich mahnend in die Höhe, und auf seinen Wink wird der in mir aufjauchzende, die aufgehende Sonne mit ausgebreiteten Armen begrüßende Schamanenkönig zurückgedrängt; ein moderner Mensch bleibt an seiner Stelle, ein moderner Großstadtmensch, der Angst hat. Diese Angst läßt sich nicht liebgewinnen, wie die existentielle Bedrückung, denn das ist sie nicht. Sie ist auch nicht Angst vor dem Tod – genauer, nicht vor dem eigenen Tod. Diese Angst steigt einfach aus der Leere des Lebens auf wie ein eisiger Hauch aus dem Keller, läßt einen das Leben selbst spüren, so wie sich dieses Leben ohne Tätigkeit, ohne kreatives Schaffen dartut, das sie in den Hintergrund drängt: So, in unverhüllter Grausamkeit, zeigt sie sich, gleich einem faulen Reptil, das sich noch nicht daranmacht, sein Opfer zu verschlingen, welches aber schon von ohnmächtigem Schrekken gebannt ist und seinen Blick nicht von dem Reptil abwenden kann, sich langsam mit der Vernichtung abfindend.

Bekämpfen der Angst durch Glauben. Da stellt sich allerdings die Frage, ob Glauben das richtige Wort ist und nicht besser durch «Vertrauen» ersetzt werden müßte. Obgleich das der nötigen Aktivität entbehrt. Vertrauen ist letzten Endes der Glaube an ein allgemeines Wohlwollen, also ist es Irrtum, ja, Stumpfsinn. Vertraue ich dagegen auf die bösartige Gleichgültigkeit, überlasse mich also dem Lauf der Welt, ist das scheußliche seelische Liederlichkeit. Meine Vernichtung unter meiner aktiven Teilnahme: heroisches Vertrauen, tragisches Vertrauen, Gewinn meiner Beobachtungsgabe, die ich mit mir in die Vernichtung reiße, und so mischt sich schließlich etwas Panikartiges hinein – das frustriert. Wie auch immer ich darüber denke, es geht um Haltungen, ich kann der Angst nur durch Haltungen begegnen, die das Ventil, aus dem sie herauszischt, allenfalls bespülen, vergessen lassen, verdecken, zustöpseln. Ich will sagen, in dieser Angst steckt *Wirklichkeit*, ja, in gewissem Sinn ist diese Angst *die* Wirklichkeit: Wenn ich sie so sehe, akzeptiere ich sie leichter und wende die akzeptierende Haltung leichter an: Ich kann das Attribut «mutig» daneben setzen. Das nämlich ändert gar nichts – es sei denn, meinen Charakter. Und vielleicht ist das keine Kleinigkeit …

«Endlösung» ist auch besser als das Wort Auschwitz: Wer könnte sich etwas Treffenderes ausdenken?

Die Naturwissenschaft, die moderne Anthropologie stellen annähernd eine solche Gotteswiderlegung dar, wie wenn man zu der Gewißheit käme, daß Gott die Welt nicht in sechs, sondern in zehn Tagen erschaffen habe. Andererseits, dafür, daß Gott die Welt erschaffen hätte, haben wir keinerlei Beweise. Das ist ungefähr die menschliche Situation, was das *Wissen* angeht. Dennoch können wir noch kämpfen; unter anderem auch um des Wissens willen. Die *Art* des Kampfes wird das Wissen sein.

Der Wille zur Wahrheit kann eine Denkweise sein. Die Denkweise kann sich zur Lebensweise auswachsen, gar zur Existenz. Diese Existenz kann unanfechtbar konsequent sein, wenn man so will, sogar erfolgreich. Daraus jedoch folgt keineswegs, daß wir jemals in den Besitz der Wahrheit gelangen könnten.

In der Wahrheit ruhen, sagt Wittgenstein. Doch das ist nicht *die* Wahrheit, sondern ein Schicksal. («Nur der kann die Wahrheit sagen, der schon in der Wahrheit ruht.»)

Mit der Stimme einer geistigen Autorität zu sprechen, als gäbe es noch einen gültigen Geist und eine auf akzeptierten Werten basierende Autorität: das ist der Trick, mit dem manche die eigene Leere und den allgemeinen Sauerstoffmangel verdecken, damit das Schauspiel, selbst wenn man seinen Worten keinen Glauben schenkt, dennoch gut bezahlt wird, weil es einem wichtigen Bedürfnis dient, nämlich der Wahrung des Scheins. Solche Geister sind Krüppeln vergleichbar, die aus der Tiefe schimmliger Keller mittels eines im Kehlkopf installierten Mikrofons mit dem kraftvollen Organ eines zwei Meter großen Athleten zu dem sich draußen tummelnden Publikum sprechen, das mit einem unbeschreibbaren Gefühl auseinanderläuft: als habe es in der Tiefe der Stimme das Winseln des Krüppels vernommen, sei sich aber, weil darüber zu schweigen Konsens ist, dennoch nicht sicher, ob es richtig gehört hat. – Da schätze ich doch eher den bewußten, sich ins Fäustchen lachenden Humbug der Zen- und übrigen Gurus.

Gestern sagte ich zu M., die ungarische Kultur, jedenfalls die der Neuzeit, ist zutiefst vom Antisemitismus durchdrungen. Wo immer wir sie auch aufschlagen, ständig stoßen wir auf den Seiten der Kulturgeschichte auf vermeintliche, verhüllt benannte oder echte jüdisch-ungarische Gegensätze, sagte ich. Diese Tatsache hat reihenweise deformierte Seelen hervorgebracht, vom Geld jüdischer Kulturfinanziers fett gewordene Antisemiten, sich selbst verleugnende Juden, die von Gendarmen mit Gewehrkolben in die Viehwaggons getrieben wurden; aber mit Auschwitz ist die Geschichte noch nicht zu Ende, sagte ich, denn die überlebenden Juden wollen von den Antisemiten Bestätigung – mehr noch: Legitimation! – ihres eigenen Ungarntums. Dafür lassen sich zahlreiche persönliche und schriftliche Beispiele finden, ohne daß ich Namen nennen möchte. Vor verschlossenen Türen winseln sie wie fortgejagte Hunde, und manchmal wird die Tür halb geöffnet, ja, es wird ihnen sogar ein abgenagter Knochen hingeworfen, denn der Herr braucht einen Hund – von wem oder was soll er sonst Herr sein? Ohne Antisemitismus, sagte ich, hätte eine gewisse Schicht von Intellektuellen, die die spezifisch ungarische Identität betont, überhaupt keine Identität. Was aber ist das ungarische Spezifikum? Es läßt sich – über das hinaus, was jeder weiß: die große Sprache, die große Literatur, die große Musik und die großen historischen Niederlagen – meist nur durch negative Charakteristika definieren, von denen das einfachste – redet man nicht drum herum – lautet: Ungarisch ist, wer – beziehungsweise was – nicht jüdisch ist. Gut, doch was ist jüdisch? Nun, das ist klar: was nicht ungarisch ist. Der Jude ist der, der *fremd* ist, und dieser Sprachgebrauch ist inzwischen zu politischen Ehren gelangt, wenn das Wort ausgesprochen wird, weiß jeder, wovon die Rede ist: vom Juden, der für sie gleichermaßen ehemaliger Kommunist wie derzeitiger, das Land verkaufender Kapitalist ist. Ich, sagte ich, halte diese ganze geistige Existenzform für gemein und krank, ich, sagte ich, wähle wieder und wieder das Judentum, aber nicht die klägliche Rolle des Juden der Antisemiten, im Gegenteil: In meinem Judentum habe ich die persönliche und geistige Freiheit gewählt und fühle mich nicht länger solidarisch mit dem Ort, an dem ich lebe, und mit den Menschen, unter denen ich lebe, sagte ich, und habe diesen Verlust abgeschrieben, wenn es überhaupt als Verlust zu betrachten ist, denn ich habe dadurch meine heimatlose, stolze und fragile Unabhängigkeit gewonnen ... So sagte ich. Und so denke ich auch.

Die negative Erfahrung mit Passivität verwechseln: großer Dilettantismus, große Ignoranz. Passivität ist ein Temperament, das sich – und größtenteils tut es das – hinter optimistischem Bemühen verstecken kann; die negative Erfahrung hingegen steht nicht im Widerspruch zur Vitalität, ja, die negative Erfahrung ist die einzige produktive Quelle, aus der die großen Werke dieses Jahrhunderts ihre Kraft schöpften; zerstörerisch wird sie nur, wenn man aus ihr eine Ideologie macht; dann jedoch handelt es sich nicht mehr um eine negative Erfahrung, sondern um eine negative Tat, die mit irgendeinem Pseudovitalismus, vor allem mit dem Nationalismus, zu «Positivem» angereichert wird; doch wer nicht zwischen Erfahrung und Ideologie – diesen beiden Gegensätzen – zu unterscheiden versteht, sollte sich niemals mit Kritik, mit Ideengeschichte beschäftigen. Was mich betrifft: Meine negative Erfahrung war mein Judentum, und da ich es radikal durchlebt habe, hat es zu meiner Befreiung geführt.

Die negative Erfahrung ist ganz einfach Realitätserkenntnis. Das Erkennen der Realität macht einen zu Recht zum Pessimisten, aber auch der Optimist muß so handeln – wenn er handelt, hat er gar kein *Recht*, anders zu handeln –, daß er die radikale Realitätserkenntnis berücksichtigt, weil er sonst schädlicher handelte als der schädlichste Nihilist.

Sarajevo ist für die Voyeure der Welt das langsam schon langweilige Schlüsselloch. Am schädlichsten sind natürlich auch jetzt wie stets die Intellektuellen, die, ihren Wagemut und ihr großes, triefendes Gewissen zur Schau stellend, nach Bosnien fahren, sich für einige Tage den Schießereien und dem Wassermangel aussetzen, ein paar Menschen zuhören, womit sie sich unverzüglich über das mit Blut und Eiter getränkte Labyrinth der Hölle informiert glauben, dann, falls sie es überlebt haben, daß ihnen ein locker gewordener Ziegel auf den Kopf fiel oder daß sie Koliken vom verdorbenen Essen bekamen, nach Hause fahren und – immer unter dem Deckmantel Sarajevo – mit entschlossener, gut informierter, überlegener und eifriger Seelsorgermiene oder der hämischen Insiderpose von Abenteurern in Sachen Verbesserung des Menschheitsschicksals die eigene Klugheit, Bewandertheit, ihren Abenteurer-Glaubenseifer verkünden, weil sie einem Säugling aus Sarajevo den Schnuller in den Mund gesteckt und einer sterbenden alten Frau die empfindungslose, kalte Hand gehalten haben. – Einst glaubte ich, Auschwitz wäre unter der Öffentlichkeit des Fernsehens kaum möglich gewesen. Inzwischen bin ich natürlich voll und ganz vom Gegenteil überzeugt. Ich sehe Himmlers Gesicht, wie er auf dem Bildschirm mit schmalem Lächeln versichert, es laufe alles unter totaler Kontrolle der Behörden ab, die Maßnahmen spiegelten den Willen des deutschen Wahlbürgers wider, und auch wenn diese Maßnahmen hart sein mögen, seien sie doch niemals gesetzeswidrig. Ich sehe Eichmanns korrektes Buchhaltergesicht, wie er überzeugend bekräftigt, daß es sich hier nicht um Antisemitismus handele – der Antisemitismus sei im übrigen eine Erfindung der Juden, eine jüdische Ideologie im Interesse, die Weltherrschaft zu erlangen –, hier geschehe jede Maßnahme unter Respektierung humanitärer Gesichtspunkte und restloser Einhaltung der hygienischen Vorschriften. Dann würde ein Interview mit dem zuständigen Korrespondenten vor Ort folgen, darauf zweifelnde Worte des Kommentators; danach kämen einige geheim aufgenommene und deshalb nicht genau zu erkennende Bilder aus dem Vorraum der Krematorien, eventuell aus dem Innern der Gaskammern mit den einigermaßen manipulierten Lauten des Erstickens. Und damit hat der Zuschauer die objektive Information, die Moral und das wohlverdiente Grauen bekommen – er kann schlafen gehen, um am nächsten Morgen frisch den Tag zu beginnen. Zum Eingreifen – was gewaltige Summen des Steuern zahlenden Bürgers verschlingen, darüber hinaus offenkundig Menschenleben kosten würde – sähe auch er keinen Grund; auch er wäre der Ansicht, man müsse darauf hoffen, daß die Ereignisse nicht eskalieren, man müsse die weiteren Entwicklungen abwarten, und zwar vor dem Bildschirm, auf dem diese Entwicklungen zu seiner Unterhaltung von Tag zu Tag vor sich gingen. – So sieht heute die Welt aus: eine einzige große Familie, dank der öffentlichen Medien.

Man tut so, als respektiere man den Tod, als erschüttere einen der Tod, behandelt den Tod dabei aufs heuchlerischste und den Sterbenden aufs erbarmungsloseste: Man haßt das Bild und die Tatsache des Todes und tötet den Sterbenden oder aber hält ihn, wenn er Pech hat, mit Geräten am Leben, was noch schlimmer ist, als ihn zu töten; doch was man auch tut, wie man auch verfährt, man haßt den Sterbenden und macht sich über den Tod lustig, in Obduktionssälen ebenso wie auf den Schlachtfeldern, in Krankenhäusern ebenso wie auf den Friedhöfen.

So viele Plattheiten kann man gar nicht über das Menschenleben sagen, um dessen Fragilität, seine Vergänglichkeit angemessen auszudrücken; das Menschenleben besteht aus halbstündigen Aufschüben, die wir dem Chaos, den Krankheiten, unseren mörderischen Mitmenschen, der verheerenden Natur und den selbstgeschaffenen verheerenden Umständen durch ununterbrochenen Kampf abtrotzen. In Wahrheit ist das Leben ein momentanes dem Tod Entrissenwerden, indessen tun die Lebenden so, als sei das Außergewöhnliche der Tod und nicht das Leben.

---

1. August 1995 Die große Zäsur meines Lebens. Das Grauen meines Lebens. Hier steht alles still. Ob es jemals weitergeht? Einen Roman schreiben über *sie* mit dem Titel *Die Aufgabe*. Ihr gräßliches Schicksal (meinetwegen). Meine Kunst als *ihre* Tragödie. Mein menschliches Ungenügen. – Das Handwerk des Gefängniswärters als Metapher. Wie ich *sie* ins Krankenhaus eingeliefert habe.

Es ist das sonderbare Gesetz des Lebens und die sonderbare Erbarmungslosigkeit der Lebenden, daß sie den zum Tode Verurteilten quälen (oft unter dem Vorwand der Heilung; ein andermal als triumphierenden Beweis des Überlebens); aber gleichgültig, warum: Das ist hier das Gesetz.

Seit dem 14. September 53. Zweiundvierzig Jahre. Nie bin ich hinter das Geheimnis gekommen. Ich war zu feige und gleichgültig, es zu erkennen. Hätte ich so gelebt, wie ich es hätte tun müssen, um sie glücklich zu machen, hätte ich sie so geliebt, wie ich sie hätte lieben müssen, würde sie jetzt nicht sterben. «Wie wirst du dann schreiben …», sagte sie. Der letzte Abend, das Abendessen bei Magda, auf der Terrasse, als hätte Gott Regie geführt. Der Himmel war voll von Kosztolányis Sternen. Und an mein Ohr gebeugt, mit bereits stockenden Worten flüsterte sie: «In einem halben Jahr werde ich schon von dort oben, hinter den Schäfchenwolken hervor auf euch blicken …»

Geboren werden ist, wie aus dem wohltuenden Dunkel hinausgestoßen zu werden in eine Welt der Lieblosigkeit. Und wenn jemand sagen kann, er habe ein wunderbares Leben gehabt, dann war es deshalb wunderbar, weil er liebte und geliebt wurde. Andere Werte gibt es nicht auf dieser Erde.

Die Aufgabe, die sie auf sich nahm (mein Glück auf Erden), hat sie vollkommen erfüllt, und an dieser Vollkommenheit geht sie zugrunde. Ich, der ich alles hingenommen und nichts dafür geleistet habe, bin, wie so oft, (noch) am Leben, für die mir bestimmte Zeit abermals zur unbegründeten und unbegründbaren Überlebensrolle – verdammt? verurteilt? – nein, machen wir uns nichts vor, diese Rolle ist mir beschieden, und ich trage sie, ihre Größe und meine Kleinheit bezeugend: Solange wir leben, werden wir verkannt, und immer werden wir von dem verkannt, *für den* wir leben und für dessen Liebe wir da sind, und dafür, daß er uns ganz und gar kennt.

Sofort der niederträchtige und naheliegende Gedanke, sie zu «verewigen».

Wer stellt mich warum und wie weit auf die Probe? *Ihr* widerfährt eine grauenvolle Ungerechtigkeit, und für diese Ungerechtigkeit – die *ihr* widerfährt – muß ich einen fürchterlichen Preis zahlen. Es wird über unsere Köpfe hinweg geurteilt, wenngleich man uns anhört; man hört auch das, was wir nicht aussagen. Und auf der Grundlage unserer nicht gestandenen Sünden wird das Urteil gesprochen.

Man braucht weder abergläubisch noch ein religiöser Dogmatiker oder Animist zu sein, der an die Seele in den Dingen und den in den Seelen wirkenden Gott glaubt; doch in der Welt vollzieht sich insgeheim irgendeine fundamentale Gerechtigkeit.

Die beiden großen Gleichnisse unseres Lebens: Kafkas *Prozeß* und der Vorraum zu Hitlers Gaskammer. Wie das Urteil gefällt wird und wie wir in den Vorraum zur Gaskammer treten: Zuerst die Angst vor der Endlösung, darauf das Leben, das nichts weiter als der Weg zur Gaskammer ist, dann die Ungläubigkeit, daß wir uns tatsächlich im Vorraum zur Gaskammer befinden, dann die Hoffnung, man selbst wäre eine Ausnahme, abwechselnd mit Momenten der Verbitterung, in denen man fragt: «Ich? Aber das ist doch unmöglich! Warum gerade ich?!» – dann das blinde Vertrauen in die Serie von Maßnahmen und schließlich das Verblöden an den unwürdigen Umständen ... Und dann erscheint der Henker.

Meine Sühne: daß sie zu jeder Tagesstunde bei mir ist und ihre Qual mich quält. Im Angesicht der Qual wird das Universum wieder und wieder beschämt. Und vom Glück wieder und wieder bestätigt.

Ich werde auf ihr Grab schreiben (falls ich es erlebe und machen kann): *Sie hatte ein wunderbares Leben, denn sie liebte und wurde geliebt.*

Totales menschliches Versagen: Ich liebe ihr Wesen, alles, was *sie* ist, die Idee von ihr, die Erinnerung, die Wirklichkeit, ihre Seele, ihr innerstes Wesen, *sie* selbst – und werde nicht fertig mit der sterblichen Hülle, auf die sie reduziert ist, rein physisch (ich bin außerstande, sie zu pflegen, weil es meine Fähigkeiten und auch mein Wissen übersteigt).

Wer kann mit vollem Recht von Liebe sprechen, der nicht neben dem Kreuz eines geliebten Wesens ans Kreuz geschlagen wurde?

Der wahnsinnige Egoismus, die Leidenschaft des Egoismus, die ich um mich herum erfahre, dient zur Verschleierung der Tatsache, daß die Menschen hier sich selbst nicht lieben, dieses Land sich selbst nicht liebt.

«Ein Künstler hat immer ein schlechtes Gewissen», sagt sie. Ich frage, warum? Sie denkt ein wenig nach. Neigt den Kopf etwas zur Seite: «An Stelle Gottes», sagt sie dann, es scheint, mit einem entschuldigenden Lächeln.

Auch sie ist bereits jemand anderes … Ich werde mit einem fremden Menschen ringen, der mir unverhohlen den Wahnsinn seines Todes zeigt.

Insoweit wir die Tatsache unseres Lebens als das Normale betrachten, müssen wir den Tod (beziehungsweise das Sterben) zweifellos als Wahnsinn betrachten.

Kafkas unsterbliche Schauplätze: die Dachböden, die Dienstbotenzimmer, die Souterrains … Das CT-Labor befindet sich im Souterrain. Das eifrige, beinahe freudige Gesicht der Schwester, als sie verkündet: «Wir haben etwas gefunden …» – sie haben also nicht vergeblich gearbeitet, der Befund bestätigt gewissermaßen das Funktionieren von Institution und Technik. Die Freude über den genauen Befund läßt vergessen, daß dieser nichts Geringeres ist als ein Krebsgeschwür. – Alltägliche Absurditäten, die jeder Geschädigte zu allen Zeiten erfährt. Worüber lohnt es noch zu sprechen?

Der Tote (Sterbende) verschlingt den Lebenden. Am Ende findet man sich in der Situation, einen Kampf auf Leben und Tod ums Überleben zu führen, das vom Chaos des Sterbenden verschlungen zu werden droht. Erst finden wir uns mit dem Tod des geliebten Menschen ab, später erwarten und wünschen wir ihn schon. Das heißt, wir werden zu Mördern, und diesem Schicksal können nur ganz wenige entgehen, vielleicht Alleinstehende. Doch einst hatten auch sie eine Mutter oder einen Vater, die unter dem Sargdeckel hervor zu ihnen sprachen. Man muß anmerken, daß solche Situationen – die eine derartige Praxis und infolge dieser Praxis solche Gedanken zur Folge haben – ein Produkt der modernen Lebensform sind. Der Tod – genauer gesagt: das Sterben – war auch vorher ein Problem, aber ein sozusagen natürliches Problem. Die modernen Situationen reimen sich stets irgendwie auf Auschwitz; Auschwitz erwächst stets irgendwie aus der modernen Situation.

Mein sanfter Tod auf der Menschenmüllhalde von Buchenwald, mein langer Todeskampf in der Zeitzer Krankenbaracke. Ich starb so, das erinnere ich, daß ich mich danach sehnte, dem allgemeinen Bedauern mein Herz auszuschütten. Der Sterbende braucht die Tränen der Lebenden.

Was das Existentielle ist? entgegne ich Ligeti: Alles, was nicht funktionell ist. Der säkularisierte industrielle und/oder politische Totalitarismus, der uns umgibt, weist dem Menschen lediglich Rolle und Funktion zu, und in diesen Funktionen kann der Mensch sein Leben verleben, ohne auch nur ein einziges Mal mit seiner menschlichen Situation konfrontiert zu werden, ohne sich seiner individuellen Aufgaben, die aus seiner individuellen Existenz erwachsen, bewußt zu sein, der wahren Realität seines Lebens, der Verschiedenheit, und daß er aus all diesen Gründen nach Autonomie streben sollte. Nach einem eigenen Leben, nach eigenen Ausdrucksmitteln und einem, wie Rilke sagt, «eigenen Tod». – Was das heiße, transzendent? Der Mensch könne sich ja nicht aus sich selbst heraus erklären; also sei er zur Einführung unerklärter (unerklärbarer) Begriffe gezwungen. Daß Gott etwas sei, das für ihn nicht einmal in Form der Verneinung auftauche: weder als Frage noch als Antwort. Wenn ich auch einverstanden bin, das Wort ist seines Gehaltes wegen unvermeidbar. Weil der Mensch stirbt, deshalb und nur deshalb ist es von tiefer Bedeutung oder völlig nebensächlich, was er *bis dahin* macht und wie er es macht; ebendeshalb antwortet, wer in seinem Leben nicht gleichgültig ist, auf die Gottesfrage, ohne – logico matematico – die Frage zu stellen. Ich könnte Ligeti fragen: Was ist das Rationale? Warum muß man auf alles eine rationale Antwort haben, auch auf das, was außerhalb des Bereichs der Ratio liegt? Was könne außerhalb des Bereichs der Ratio liegen? Bestimmte Erfahrungen, die von Problemen aufgeworfen werden, die durch die Vernunft nicht lösbar sind. Diese Probleme können nur formuliert werden, wenn unser Leben nichts anderes ist als das Er- und Durchleben dieser Probleme; wenn wir diese Probleme leben (wenn wir in diesen Problemen leben). Was ist das Existentielle? Wenn wir, unsere Probleme lebend, alles an diesen Problemen messen oder nach diesen Problemen bemessen und alle anderen Fragen – obgleich wir uns ihnen nicht verschließen – als unwesentlich betrachten. Inzwischen müssen wir unser(e) Problem(e) nur richtig wählen, um – insofern wir diesem (diesen) unseren Problem(en) auch Ausdruck verleihen (also Künstler sind) – authentisch sein zu können.

Ist es nicht merkwürdig, daß ich verstummt bin; daß auch kein einziges Wort aus mir herauswill, während ich dieses schreckliche Sterben mit dem größtmöglichen Bemühen mitmache, mit immer wieder stockendem, dann erneut aufbrausendem Mitleid, voller Entsetzen, das Ende erwartend und vor ihm zitternd, aber mich insgeheim und in tiefer Stille mit dem schändlichen Verrat des Lebenden doch langsam entfremde, ins Leben fliehe und mich ans Leben klammere; das Grauenvollste ist wieder der Zwang zur Lüge, daß sich ihr Wunsch – nach Sterbehilfe – nicht erfüllen läßt, und das beraubt mich der Möglichkeit der einzig wahren, großen und menschenwürdigen Erschütterung: der Aufrichtigkeit, die Dinge beim Namen zu nennen; hier schleicht sich ein kleinliches Elend in die Tragödie, und überall, in allem erkenne ich den Genius loci …

Zwei sofort ins Auge springende Motive des wiedervereinigten Deutschland: Das eine ist das Heimweh nach dem Gefängnis, jener Irrglaube, daß mit dem Verlust des ostdeutschen Schreckensreiches auch etwas «Menschliches», etwas wie «Seele» verlorengegangen sei, die sogenannte Wärme, Solidarität, die Freundschaften. Man müßte sehen, ob so etwas tatsächlich existiert hat, und wenn es existierte, was dessen wahrer Gehalt war. Wir wollen die Arten dieses Gehalts hier nicht beim Namen nennen, doch wenn es sich wirklich um echte Dinge gehandelt hätte, dann wären diese nicht so leicht verlorengegangen, als sich die menschlichen Beziehungen an der Schwelle zu neuen Möglichkeiten plötzlich änderten. Mir ist die Stallwärme von Lagern und Gefängnissen wohlbekannt, der Bedeutungsverlust von in Lagern oder Gefängnissen so bedeutenden Figuren, sobald sich das Gefängnistor öffnet und die Gefangenen hinaustreten an die freie Luft, unter den weiten Himmel. – Das andere, über das nicht viel gesprochen wird: Die ehemalige DDR* stellt die deutsche Unschuld wieder her. Wie? Indem deren Bewohner – angeblich – gebüßt haben, während die der Bundesrepublik es gut hatten. Das Schuldbewußtsein der letzteren gegenüber der dunklen Vergangenheit ist also nur allzu begründet, doch die unter dem russischen Joch ächzenden ehemals ostdeutschen (Klein)Bürger haben auch für sie gebüßt; Christus ist der ehemalige Ostdeutsche, der die Schuld auf sich genommen hat und nun die Unschuld verkündet. Das ist eine sehr gerissene psychologische Konstruktion, der man sich schwerlich mit unversehrter Seele und unversehrtem Verstand entziehen kann. Zumal die Experten darin bereits ein hervorragendes Mittel zu allgemeiner Erpressung erkannt haben.

Sie blickt mich schon aus weiter Ferne an. Manchmal leuchtet noch die alte Liebe in ihren Augen auf. Meine totale Ohnmacht. Ich höre ihr zu, muntere sie auf, lüge. Die hoffnungslose Fremdheit der Menschen.

Wie ich diesen Tod erlebe. Jeden Abend klammere ich mich ans Leben. Die Amoralität des Überlebens – diese inhaltslose Platitüde. Mein Verhalten überrascht mich. Zuweilen erschrecke ich vor meiner Gleichgültigkeit, dann wieder vor meinem quälenden Mitleid. Ich könnte vieles gegen

* im Original deutsch

mich vorbringen, andererseits wäre sogar die Selbstanklage verlogen. Es scheint, als müsse man, damit eine Reflexion glaubwürdig sei, den Moment abwarten, da sie plötzlich in ihrer glaubwürdigen Form erscheint.

Ich hatte drei Aprikosen gekauft, zwei aßen wir zusammen, die dritte steckte sie mir sorgsam verpackt in die Tasche; es war genau so, als wären wir im Lager und sie hätte mir die sich selbst vorenthaltene Lebensmittelration abgegeben. – Sie redete von Gewissensbissen und erwähnte meine Mutter: «Wir haben nicht alles für sie getan», sagte sie. – Einsam wägt sie ihr Leben ab, leidet einsam, denkt nach, ihr fließen die Tränen, sie möchte für mich sorgen – ihre Einsamkeit, ihr Tod, und ich lebe, kenne ihr schreckliches Geheimnis, und auch wenn mir das unaussprechliche und unerträgliche Mitleid Tränen in die Augen treibt, so lebe ich doch, und zwar niederträchtig gut, und werde mir das vielleicht niemals verzeihen. Ich lasse zu, daß sie zugrunde geht, verlorengeht, ich akzeptiere ihren Tod. Genauso werden andere meinen Tod akzeptieren, und vielleicht wird es niemand geben, der mir einen Teller Suppe bringt: Dieses elendige Bild ist mein letztes Argument, während ich von unverzeihlicher, sträflicher Ohnmacht durchdrungen bin.

Sie lebt schon in der getrennten Welt der Sterbenden, die allein noch ein dünner Faden von Erinnerungsfetzen, Vorwürfen und unglücklichem Verlangen mit der der Lebenden verbindet, oder täusche ich mich nur selbst, tröste ich mich, um mir die Distanz, ihre unerträgliche Objektivierung, also ihre Stilisierung zum Erträglichen zu erleichtern? Ich weiß es nicht. Es scheint, als *wolle* sie die Begegnungen, jede Möglichkeit aufblitzender Hoffnung als Scheitern erleben, sei es des Radikalismus der Wahrheit wegen, sei es wegen der Bitterkeit, die ihr zur Natur geworden ist – oder erleichtert das irgendwie die Trennung vom Leben? – Die Frage, die ich mir immer wieder stellen muß: Helfe ich ihr im Kampf ums Leben, oder steigere ich nur ihre Mutlosigkeit, gewöhne sie an den Tod? Doktor L., dem ich bedingungslos vertraue, um so mehr, als ich insgeheim weiß, daß er als Freund meine «Interessen» im Blick hat und vertritt, Doktor L. also hat mir auf die Frage, ob ich sie zu Hause pflegen könnte, geantwortet, das sei «nicht realistisch», und das sehe ich auch selbst so. Ich könnte nicht für sie sorgen, das Versagen ist angesichts ihres letzten, zweitägigen Aufenthalts zu Hause vollkommen offensichtlich (und seitdem hat sich ihr Zustand sehr verschlechtert); es ist also nicht realistisch, nur, was ist andererseits realistisch? Sind nicht wir die Realität und alles, was wir tun und nicht tun? Ist die tödliche Krankheit nicht deshalb eine tödliche Krankheit, weil wir sie zu unserer Erleichterung (und vor allem, wenn es nicht um uns geht) akzeptieren? Kann es also sein, daß uns gewissermaßen für jeden Tod eine Art Anklage belastet? Das kann sein, allerdings mit der Einschränkung, daß dies keine theoretische, sondern eine praktische Frage ist, keine allgemeine (also kein möglicher Gegenstand des Moralisierens), sondern eine streng individuelle; jeder muß die eigene Schuld kennen und auf sich nehmen, was er auf sich zu nehmen imstande ist; die meisten werden gar nichts auf sich nehmen, und man darf sie deshalb nicht bedrängen. Diese Menschen wollen jedoch auch nicht an ihrem eigenen Leben teilhaben, weil sie zu schwach und zu feige sind, ihr Leben und ihren Tod, das menschliche Schicksal, zu leben; diese Menschen kommen und gehen wie der Schaum des Wellenschlags, und sie verschwinden, ihr Dasein lediglich einigen physikalischen und biologischen Gesetzmäßigkeiten verdankend, so spurlos, wie sie aufgetaucht sind …

Wer nicht glücklich war, vermag nicht zu sterben.

«Schön ist, was ohne Interesse gefällt …» – oh mein Gott. Dem entgegen ist es eine Tatsache, daß selbst unsere Trauer nur gepaart mit Selbstmitleid zur Erfahrung werden kann.

Der moderne Intellektuelle lebt allein, leidet an Erlebnismangel und ist Rationalist: Die Welt erfährt er daher als lärmenden, zuweilen unterhaltsamen, hier und da lehrreichen, doch auf jeden Fall vergeblichen Prozeß des Nichts. Auch dem Tod sieht er rational entgegen. Auch sein Leben begreift er in der Kargheit der Ratio – Begriffe wie «Schicksal», «Existenz» usw. ringen ihm höchstens ein nachsichtiges Lächeln ab. Dagegen glaubt er an die Zauberkünste der Wissenschaft, an die mit großer Geste vorgetragene Stümperei der modernen Mathematik, die beweist, daß aus Schwingungen, hervorgerufen von einem Naseputzen, Donnerschläge und Erdbeben entstehen können, wenn wir diese unschuldig erscheinende Aktion in der entsprechenden Kausalkette betrachten usw. Nie gab es eine solche Ödnis, nie eine solche Langeweile, nie eine derartige Seichtheit, in der vereinten Antriebslosigkeit die kümmerliche Lagerstatt der Ohnmacht, auf der eine hirnlose, mörderische Ideologie, gleich einem neugierigen Untier aus Goyas Nadel, alsbald die Zelte aufschlagen wird. Ja, dieser von Wissenschaft und Technik durchdrungene Medienrationalismus wird sich schließlich als ein ebensolcher Wahnsinn erweisen wie die von metaphysischer Philosophie getränkten religiösen Leidenschaften, obwohl diese, gezähmt, als Hintergrund für ein großes

Bauwerk dienen könnten, jener aber langweilig wie die Hölle ist. Letztlich muß ich dankbar sein, Auschwitz gesehen und erlebt zu haben, das doch eine irgendwie ursprüngliche, echte Realität war, mich gewissermaßen an Offenbarungen und Manifestationen teilhaben ließ; das hat mein Leben so berührt, daß ich seine Außerordentlichkeit und Einzigartigkeit erkennen mußte; und das ist an Erregung, Inhalt, Wissen genug …

Das ganze geistige Leben der Epoche, der sogenannten «Postmoderne», tut so, als habe es eine radikale Wende im Denken gegeben, eine Wende, welche die mehrere tausend Jahre alte Geschichte der Philosophie, ach was: der menschlichen Erkenntnis, auf einen Schlag hinweggefegt, zunichte gemacht hätte, indes sich das menschliche Schicksal um nichts verändert hat: «Der Mensch stirbt. Und er ist nicht glücklich», wie Camus sagt. Von der wirklichen Veränderung: daß nämlich der Mensch ein hilfloses Werkzeug der totalen Geschichtsprozesse geworden ist und worauf er damit reduziert wurde – auf berechenbar reagierendes Material –, ist nur selten die Rede, und wenn, dringt sie nicht zum Kern des Phänomens vor. Wiewohl die Philosophie der Epoche hier wuchert und die substantielle Form einer Droge annimmt oder sich in durch Ideologien verschleierten mörderischen Tätlichkeiten niederschlägt, während die völlig vom Leben abgeschlossene Elite an den Universitäten in ihren Laboratorien die neuen Philosophien oder, was noch viel schädlicher ist, ihre das biologische Leben des Menschen beeinflussenden Entdeckungen destilliert – wenngleich es sein kann, daß mich nur meine Unwissenheit all das sagen läßt …

«Wenn einer nicht lügt, ist er originell genug»: Ich bemühe mich, nicht zu lügen, aber wer die Sprache kennt, weiß sehr wohl, wie unmöglich es ist, aufrichtig zu sein; was aber die Originalität angeht, so ist sie tatsächlich proportional zum Durchbrechen sprachlicher Schranken. (Wie schwer es ist, aufrichtig zu sein …)

Max Frisch, *Montauk*. Ein typisches Werk der Zivilisation. Einem zivilisierten Schriftsteller kommen Fragen wie Gott, menschliches Schicksal, «Existenz» usw. gar nicht in den Sinn: Es sind plumpe und ungefüge Fragen, über die die gut funktionierende und in süßem Rausch dahinvegetierende Zivilisation längst hinaus ist. Es zeugt von schriftstellerischem Können, daß damit verbunden eine gewisse Herbheit aus dem Buch aufsteigen kann wie ein gut gebändigter, bittersüßer Duft – kein Bitter, kein Schierling, nur ein angenehmer Campari. Dieser Schriftsteller kommt trotz aller komplizierten Probleme gut mit sich aus, oder zumindest suggeriert er, daß der Mensch der Kompliziertheit problematischer Angelegenheiten zum Trotz gut mit sich auskommen müsse. Dieser bittersüße Mann verstrickt sich in unmögliche Beziehungen, braucht sie, braucht sie nicht, schläft sofort mit den Frauen, die dazu bereit sind, und steckt die darauf folgende Enttäuschung dann ein oder teilt umgekehrt aus. Er hatte eine große Beziehung, von der er mit unglaublicher Disziplin den Schleier zerrt; nach so vielen Jahren kann er sich eigentlich nur noch an die unmögliche, unerträgliche Persönlichkeit der Dichterin erinnern, und das vollkommen real, vollkommen überzeugend. Der Bogen einer bürgerlichen Laufbahn zeichnet sich ab, eines erfolgreichen Bürgers, der die Architektur aufgibt und lieber das Schreiben zu seinem Beruf macht, und er tut gut daran, denn schließlich bekommt er den Nobelpreis dafür. Hier gibt es keine Leidenschaft fürs Kartenspiel wie bei Dostojewski, Kopfschmerzen wie bei Kafka, eine in der Sonne glühende, tragische Vision des den Stein rollenden oder an seinen Revolutionen verrückt gewordenen Menschen wie bei Camus. Hingegen ein großes Schreibtalent, Selbstdisziplin, Formfertigkeit: Es ist die Kunst der Oberfläche, die zugleich auch die Warnung enthält, die Ermahnung: Bis hierher und nicht weiter, erkenne bloß nicht dich selbst! Nicht weil du draufzahlst, eher weil man (du) das nicht brauch(s)t und es niemand interessiert. – Wenn die Zivilisation einen Stil hat, dann ist es diese gefällige Kleinlichkeit.

Gott starb im vergangenen Jahrhundert; er hinterließ noch einen Stern, der sein scheidendes Licht auf die Erde streute, dann verschwand zu Beginn des Jahrhunderts auch dieser. Es wurde dunkel. Die Schönheit erlosch.

3. Oktober 1995 Datieren. Der Ereignisse wegen. Damit du es später weißt. Heute: Dienstag. Samstag, Sonntag Antwerpen. Am Montag vom Flughafen direkt ins Krankenhaus. Katastrophaler körperlicher und seelischer Zustand. Mir kamen unaufhörlich die Tränen, vergeblich versuchte ich, es zu verbergen. Ihre Hände. Auch das Bein zieht sie nach. Sprechen kann sie nicht. Sie kann sich auf dem Sterbebett nicht verständlich machen. Ich kann nicht mit ihr reden. Sie kann nicht sagen, was sie mir zum Schluß noch erzählen will. Aber sie kann auch nicht sagen, daß sie Schmerzen hat. Heute wieder hinaus ins Krankenhaus, vorher bekam ich eine Elektrobehandlung wegen meiner Ischiasentzündung.

Immer werde ich mir Vorwürfe machen, und nie würde ich anders entscheiden. Das heißt, sie hat vor zweiundvierzig

Jahren (am 14. September 1953) ihr Leben in meine Hände gelegt, um jetzt von mir – ich beende diesen Gedanken nicht, weil man ihn nicht beenden kann; ich stelle die Frage falsch; auf diese Frage gibt es keine Antwort, und deshalb ist die Frage falsch. Doch wie auch immer, ich nehme ihren Tod an, und dafür muß ich büßen; sie nimmt den größeren Teil meines Lebens mit, den, in dem mein Schaffen begann und sich erfüllte, und den, in dem wir uns in unserer unglücklichen Ehe so innig liebten. Habe ich sie je gekannt? Hat sie mich je gekannt? Unsere Liebe war wie ein taubstummes Kind, das pausenlos die Arme nach Vater und Mutter ausstreckt. Ihre Liebe war lebendig und alles durchdringend. Nachdem ich mit Doktor Andris gesprochen hatte, ging ich zu ihr zurück ins Zimmer, und wir umarmten uns, küßten uns lange. Die Ärmste, ihre geschwollenen Hände lagen gelähmt im Trageverband, und sie konnte kein einziges Wort artikulieren. Ihr Stöhnen, das wehklagende Wimmern, das manchmal wie Winseln klang und mir das Herz zerriß, wird mich bis ans Ende meines Lebens begleiten. Beim Hinausgehen erfuhr ich von der Schwester, daß man inzwischen an ihrem Bett Gitter anbringt, damit sie in der Nacht nicht herausfällt: Vor ein paar Tagen ist das nämlich passiert. Die Mitteilung war wie der letzte Schlag ins Genick, damit ich krepiere. Danach die haßerfüllte Menge in der Straßenbahn und im Bus, die auf mich eintrat und mich niederstampfte, aber nicht seelenlos, sondern voller vitalem Haß; wen ich nur anblickte – ich tat es kaum –, schickte mir einen angewidertem Blick zurück, ebenso allen anderen. Es war vollkommen. Dieser Ort – genannt Budapest – ist der Höllengrund.

Am Morgen Wäsche gewaschen, ich hängte ihre Nachthemden auf Bügeln auf; sie hingen so, daß ich an ihnen die Bewegung ihres Körpers ablas. Ich ging in die Török-Straße, kaufte auf dem Margaretenring Huhn mit Reis für sie. Ging ins Rheuma-Krankenhaus, wo ich eine zweite Elektrobehandlung für den Ischiasnerv erhielt. Hinaus ins Krankenhaus – Doktor Andris' Tür stand offen (es ist Fasttag, sogenannter langer Tag), ich trat sofort ein. Er telefonierte gerade, legte aber, sich auf mein Kommen berufend, den Hörer sogleich auf. «Sie ist eingeschlafen», sagte er – ich begriff nicht sofort, daß sie gestorben war. Am Morgen war er bei ihr gewesen, sie konnte nicht sprechen, weinte, klagte über ihren Kopf, ihren elendigen Tumor; Doktor Andris hatte ihre Hand genommen und ihr zugeredet, daß es bald besser würde und ich am Nachmittag käme. Viertel vor drei ist sie eingeschlafen. Doktor Andris fragte mich, ob ich sie sehen wolle. «Es muß nicht sein», sagte er vorsichtig, liebevoll. Ich glaube, ich begriff noch immer nicht, was geschehen war. Erst als wir die Tür zu ihrem Zimmer öffneten und ich die Kerze sah und daß sie in ein Leinentuch gewickelt war, schrie ich für einen kurzen Moment auf; es war nicht einmal ein Schreien. Aufschluchzen. Dann ins Zimmer von Andris, er bot mir ein Beruhigungsmittel an, ich lehnte ab. Wir gaben einander die Hand, zwei Männer. Dann ging ich auf die Straße und rief Magda an. Sie weinte am anderen Ende der Leitung, ich hier. Ich fuhr zu ihr ins Büro, zusammen gingen wir nach Hause. Morgen muß ich schreckliche Dinge erledigen, auf Ämtern, und ihre Sachen nach Hause bringen. Mir graut vor ihren Sachen. Hier hängen ihr Nachthemden, bewahren ihre ungeschickten Gesten der letzten Tage, wie ihr gequälter Körper mit der immer wieder stockenden Bewegung eines kaputten Automaten tat, was zu tun war, aus dem Bett aufstand, zum Waschbecken taumelte, sich etwas aus der Glycerinflasche eingoß … Sie ist also gegangen. «Wie wirst du dann schreiben», hatte sie gesagt, vor gut drei Monaten, hier, mir auf dem Kanapee gegenüberliegend. Ich habe nicht gesagt, daß ich sie noch einmal sehen möchte, doch dann enthüllte die Schwester für einen Moment ihr Gesicht aus dem zusammengewickelten Tuch. Doktor Andris sagte: «Es liegt Frieden darauf.» Ich sah das nicht. Sie war ruhig, das stimmt. Sie ist gegangen. Wozu hat sie mich hier zurückgelassen, wozu bleibe ich in dieser Schattenwelt? In der U-Bahn auf dem Weg ins Krankenhaus hatte ich Nietzsches *Antichrist* gelesen, die Passagen über das Mitleid, daß Mitleid nämlich die auf den Willen zur Macht gerichtete Tatkraft schwäche. Ich glaube, ich verabscheute Nietzsche, nein, ich verabscheue ihn nicht, ich verachte ihn, obwohl aus seinen Worten die Gequältheit schreit. Ich kann mir mein zukünftiges Restleben nicht vorstellen, genauer gesagt, ich kann mir mich nicht vorstellen. Ich stehe gleichsam auf der Schwelle zwischen Leben und Tod, mein Körper strebt in Richtung Tod, mein Kopf dreht sich zum Leben um, mein Fuß holt aus. Wohin wird er treten? … (Wohin auch immer: der den Schritt macht, bin schon nicht mehr ich, das ist ein anderer.)

Wie fehlen mir die Nachmittage im Krankenhaus, von denen ich mit Tränen in den Augen wegging … Ihre schwache Hand, wie sie sie zum Winken hob … Gestern hat sie mir noch den Kopf gestreichelt, mich umarmt, geküßt … Ihr Körper ist verrückt geworden, hat sich von ihr losgerissen und sie mir genommen … Ich bereue alles ganz ungeheuer und werde es auf ewig bereuen …

Bewahre das Licht in dir. Hüte in deinem verfallenden irdischen Körper, deinem düsteren, dem Schmutz verhafteten

Wesen mit besorgter Hand die winzige Flamme, die man mit einem dürftigen Wort Seele nennt; diese Flamme wirst du an jemand weitergeben, der seine Hand nach ihr ausstreckt und sie mit der schützenden Bewegung seiner behutsamen Hand vor dem Wind des Vergehens zu behüten versucht; zuletzt erlischt das Flämmchen – einst aber hat es gebrannt. Bedeutet das etwas? Es ist nicht deine Sache, die Frage zu stellen; deine Sache ist es, alle Flammen zu schützen und mit ihnen das eigene Feuer zu nähren …

Ein Aphorismus Ciorans: «Ein Mensch, der auf sich hält, hat kein Vaterland. Ein Vaterland, das ist Vogelleim.» – Doch nicht den meine ich, sondern diesen: «‹Ich erlaube mir, für Sie zu beten.› – ‹Ich habe nichts dagegen. Aber wer hört Sie an?›» Sieh an, das schmollende, beleidigte, ewig kindliche Verhalten gegenüber dem verlorenen oder enttäuschenden Vater. Wenn jemand für uns betet, warum ist es dann von Belang, ob jemand anders ihn hört? Die Liebe eines einzigen Menschen kommt der göttlichen Allmacht gleich, erfüllt deren Rolle vollkommen.

Der Voltairesche Esprit ist häufig nur ein Kompendium rationaler Dummheiten; allein in *Candide* blitzt dieser Esprit überall mit wundervollem Diamantenglanz.

Die Reihe der Massenmorde im Ungarn dieses Jahrhunderts setzt sich in Schichten in der Seele der Menschen ab, diese Schichten verkrusten wie Schmutz, der sich über lange Zeit ablagert, und verhindern einfach, daß die Seele sich irgendwann noch reinigt, noch befreit von ihrer hoffnungslosen Verstopfung …

Mein lieber Freund, du fragst mich immer, was dieses gewisse «spezifisch Budapester – oder ‹ungarische› – Übel» sei, das diese Region auffällig von dem in allen anderen Regionen gegenwärtig erfahrbaren Übel unterscheidet. Wenn du – wovor Gott dich behüte – hier eine Liebe von dir begraben müßtest und in den verschiedenen Büros der neuerdings «Stadtverwaltung» genannten Henkerbehörde die Gesichter der Beamtinnen sähest, die sich jedwedem rücksichtsvollen Wort (von Mitleid gar nicht zu reden), jedweder rücksichtsvollen Geste eilig und von vornherein verschließen, gewissermaßen die Schotten dichtmachen, wenn du diese boshaften Fragen zum «Abtransport des Leichnams» hörtest, auf deiner Haut den hämischen Widerwillen dieser Sachbearbeiter spürtest, die dich nicht einmal mit der gewöhnlichen menschlichen Höflichkeit bedenken: dann verstündest du sofort, wie es möglich war, hier sechshunderttausend Menschen mit einem mörderischen Zeichen zu markieren, ihnen ihr persönliches Hab und Gut zu rauben, sie selbst abzuschlachten (und abschlachten zu lassen) und dann nie mehr von dem Ganzen zu sprechen.

25. Oktober 1995 Die Beerdigung. – Seltsam, aber zum ersten Mal erfüllt mich etwas wie Beruhigung, das Gefühl eines würdigen Abschieds und der milde Trost, daß sie, solange sie auch litt, niemals das Gefühl gehabt haben kann – jenseits der großen großen und untröstlichen Einsamkeit des Menschen –, verlassen zu sein … Am letzten Abend das lange Umarmen in dem dunklen Krankenzimmer, der Abschied … Jetzt bin ich zum ersten Mal imstande, mich in diesem ganzen Grauen zu akzeptieren … – Und ein ungeheurer geistiger Hunger quält mich, das alles hinwegfegende Verlangen, an meinem Buch zu schreiben.

Zu schreiben anfangen kann man nur unter der Voraussetzung geistiger Intaktheit. (Womit ich nur gesagt habe, daß das Schreiben immer schwieriger wird.)

Auf der Stufe eines hilflosen Trauer-Sentimentalismus beim Nachhausekommen; wenn ich meinen Schlüssel ins Schloß stecke, erwarte ich beinahe, daß hinter der Tür die gewohnte, so vertraute Bewegung einsetzt, daß ich eintrete, sie umarme und in unserem gewohnten alten Kinderton frage: «Mein liebes Hühnchen, wo warst du denn? ...» – Und schon bei dem Gedanken füllen sich meine Augen mit Tränen ... Während ich mich ganz sicher schrecklich gegen sie versündigt habe.

Eine sonderbare Folge des Verlusts, der Trauer: Ich bin mir selbst gegenüber *ein anderer*; als hätte meine Identität sich verändert. Diese Veränderung gereicht mir – vorerst – keineswegs zum Vorteil – es ist, als bestätigte ich Rilkes Gedichtzeile, «denn unsere Seelen leben vom Verrat». Der archimedische Punkt der Identität ist, wie es scheint, der Blick des anderen, das andere Bewußtsein, dem *gegenüber* sich unser Identitätsbewußtsein – die Rolle – herausbildet; fehlt der andere, erleiden wir die Unsicherheit des Rollenverlustes, neben Liebesverlust und Trauer.

Im Grunde genommen hat das Verschwinden der Besatzer die an einem Vaterkomplex leidende, in sadomasochistischer Perversion dahinsiechende osteuropäische Seele in ernsthafte Verlegenheit gebracht. Zumindest die ungarische Seelenstruktur kann, wie es scheint, kaum ohne den großen Unterdrücker leben, auf den sie ihr Mißgeschick abwälzen, ohne einen Sündenbock, an dem sie ihre ohnmächtige Rachsucht abreagieren kann. Jetzt ersetzt man den realen Unterdrükker durch einen abstrakten: die Weltbank, der undankbare, teilnahmslose Westen, an den «das Land verkauft wird»; und natürlich sind da traditionell die Juden, die die Hauptintriganten der Verschwörung gegen das Land, jedoch als Banker, Medienkraken, gar als Nation – Israel – unerreichbar sind; und die im Land als Geiseln anwesenden Juden entsprechen der ihnen zugedachten Rolle noch immer. Dieser Tage drängte sich eine riesige Menge auf den Rolltreppen der U-Bahn, von denen nur zwei in Betrieb waren, die anderen beiden hatte das Dienstpersonal nicht eingeschaltet. Ich wurde aufmerksam, als ein Mann aus voller Kehle zu brüllen anfing: Er meinte, jemand habe sich in der Schlange vor ihn gedrängelt. «Wie eilig es der Hakennasige hat!» schrie er, und es kam ihm überhaupt nicht in den Sinn zu schreien, um für seinen teuer erworbenen Fahrschein und seine mühsam bezahlte Steuer sein natürliches Recht zu fordern, daß man nämlich die beiden anderen Rolltreppen in Betrieb setze. Ich betrachtete diesen Mann, dessen ganzer elender Leib im Haßfieber loderte, betrachtete diesen getretenen possiblen Mörder, ich, ein nicht hakennasiges, dennoch auszurottendes Mitglied der Familie der Hakennasigen, und fragte mich wie schon so viele tausendmal: Was habe ich hier zu suchen? Und wäre dieser Elende glücklicher, wenn ich die Luft in seinem Land nicht verpesten würde? Wie viele Erfahrungen sind noch nötig, bis alle Juden von hier verschwinden und diesem Land Farbe, Spannung und restliche Interessantheit nehmen, dem Land, dem sie so viel von ihrem Talent gespendet haben und das kein anderes Gefühl außer mörderischen Affekten ihnen gegenüber hegt?

«Unser Schicksal ist in den Genen festgelegt», sagt mein Arzt-Freund. Demnach ist Gott weder als gut noch als schlecht, weder als gerecht noch als ungerecht denkbar; seine Moral ist ohne Voreingenommenheit, seine Ethik der horror vacui, sein Temperament die unerschöpfliche und zwanghaft phlegmatische Geduld, seine schöpferische Vernunft der des Wissenschaftlers ähnlich; und die Schöpfung trug sich so zu, daß er eine Konstruktion in Gang setzte, ein kunstvolles mechanisches Mobile, das er nach dem Start nicht mehr beeinflussen konnte. Unsere heutige Vorstellung also ist ein objektiver Gott – und die ist natürlich genauso falsch wie die eines sich mit Hiob unterhaltenden, launisch selbstherrlichen Vatergottes, der dem Hasardspiel und Wetten auf Kosten anderer zugetan ist. Das Merkwürdige ist nur, daß das Bild der Welt den jeweiligen Vorstellungen der jeweiligen Epochen vollkommen entspricht; wie auch immer wir im Bilderbuch der sogenannten Natur lesen, auf Grund welcher Schlüsse wir auch immer eine Beweiskette finden, sei es für ein wissenschaftliches Weltbild, sei es für eine abergläubische Mystik: es wird stets alles stimmen – direkt gesagt: Wir werden niemals etwas wissen können.

Mein erster Traum seit Albinas Tod. (Völlig fremd schreibe ich diese Worte nieder: «seit Albinas Tod …») Ein wirrer Traum. Ich befinde mich wahrscheinlich an der Rolltreppe der U-Bahn (unten oder oben in der Halle). Ein Schwarzer streckt lächelnd seinen langen, dürren, unerbittlichen Arm nach mir aus, greift nach mir, und ich spüre, ich muß fliehen, und fliehe auch; ich weiß, man will mich in etwas hineinziehen, in etwas Schauprozeßähnliches, etwas, das großes Unheil mit sich bringt, aber mit dem ich nichts zu tun habe. Ich weiß wohl, wenn es mir gelingt, vor ihnen zu fliehen –

es sind nämlich mehrere (deutlicher kann ich es nicht beschreiben, weil auch der Traum nicht deutlicher war) –, dann komme ich davon, denn sie wissen nicht, wer ich bin und wo ich wohne (sie brauchten also eigentlich einen Deppen). Schließlich fliehe ich irgendwie mit Straßenbahnen, Autobussen, doch bevor ich mich vergewissern kann, ob mir die Flucht wirklich, endgültig, gelungen ist, erwache ich. – Ich bin mir unsicher über die Deutung, am ehesten denke ich an den Tod; es scheint, als ob es darum ging. Seit A.s Tod begleitet mich das Gefühl von Zerfall, obwohl M. neben mir ist, aber sie ist mit vielem anderen beschäftigt (dem Sohn, der Mutter). Wie lebe ich? Ich könnte es nicht sagen; provisorisch, von einem Tag zum anderen, bis ich sterbe. Ich glaube, ich habe noch nicht begriffen, daß ich vollkommen allein geblieben bin, daß ich ganz und gar allein bin, daß niemand mehr da ist, der mich seit langem kennt. Der Gedanke schreckt mich nicht so, wie ich dachte, als ich ihn niederschrieb. Mein Nichtsein ist eine Tatsache, die mir oft über schwierige Situationen hinweggeholfen hat. Ein wenig fürchte ich mich vor meiner Physis, dem Ischiasnerv, den Gallensteinen, dem Herzen, vor allem, was ich in mir nicht kenne und was sich jederzeit gegen mich wenden, mich unter elendigen Umständen umbringen kann.

•

«Oh mein Gott, laß nicht zu, daß mich die Freude verläßt …», soll Bach nach dem Tod seiner Frau gesagt haben. Darf Freude sein? M. ist um mich wie Wasser, Licht und Luft – Freude und Frau. Die wunderbaren menschlichen

Engelwesen, die mein Leben umrahmen, in meinen Erinnerungen und in meiner Gegenwart leben – Albina! Ligeti! Kurtág! – und die Engelwesen, die mein Leben bejahen, deren Leben ich bejahe, Freundschaften, Liebe, das sonderbare Sich-Weiten und Wachsen meines Lebens, meine Demut, ich möchte Gott wie ein Kind Dank sagen: «Ich hatte ein wunderbares Leben …»

Dank stammelt. Stammelnde Gefühle sind literarisch nicht formulierbare Gefühle. Wahrscheinlich sind die größten und wichtigsten Gefühle literarisch nicht formulierbar. Wir müssen uns solchen unformulierbaren Gefühlen hingeben, denn sie sind wahrscheinlich die *echten*, gottgefälligen beziehungsweise Gott nicht gefälligen Gefühle; wir müssen sie fühlen und uns dann dem Formulieren zuwenden und insgeheim hoffen, daß die unformulierbaren Gefühle irgendwie in die Formulierung durchdringen, und wenn das auch nur ein einziges Mal geschieht, sollte man wissen, daß ein Wunder geschehen ist.

Ligeti über Beethovens *op. 111*. Das Gesicht, die hohe Stirn in Mynheer Peeperkornschen Falten, der klare Blick, der einen verwunderten Ausdruck annimmt: «Eigentlich primitiv, und doch …», und eine befremdete Miene, eine befremdete Kopfbewegung, die neben der Verwunderung auch einen Ausdruck von Bewunderung enthielt. Es war eine rare Freude, das zu hören und sehen.

Die Träume während des vergangenen Jahres und schon davor hatten das Unglück bereits prophezeit … Ich wagte nicht, auf sie zu achten, wagte ihnen nicht zu glauben. – Keine glückliche Stunde, da ich nicht an *sie* denke, und vor allem in glücklichen Stunden; als läge ihr Segen auf diesen

Stunden, wieviel verdankt *ihr* diese späte Gemeinschaft, und wie viele bittere Gedanken kommen auf: meine Versäumnisse *ihr* gegenüber … Wie läßt sich all das formulieren? In Frischs *Montauk* gibt es einen einzigen tiefen Gedanken, doch der begleitet mich unablässig: daß der Schriftsteller nur auf literarisch formulierbare Gefühle aus sei, die anderen ausblende …

Bei M. übernachtet, Traum: Ich fahre mit der Straßenbahn, habe ein Treffen mit Albina (?) – das Fragezeichen deshalb, weil ich nicht weiß, ob ich mit der Straßenbahn zu dem Treffen fuhr oder ob wir das Treffen in der Straßenbahn hatten; denn aus dem hinteren Wagen sah ich, wie A. in den ersten Wagen stieg, und ich machte mich nicht sofort bemerkbar, erst an der – sozusagen – Endstation; die beiden roten Lampen des Straßenbahnwagens waren gut zu sehen, es war eine Bahn tschechischen Typs wie die 59, die zum Farkasréter Friedhof fährt. Ich sprach Albina an, sie drehte sich sofort zu mir um, um sich mit schwacher Stimme zu beklagen, die Augen waren rot umrandet; ich war sehr sanft, sehr traurig – es schien, als wären wir auf dem Weg zum Friedhof, doch ich erwachte. Auch M. wurde wach, wir streichelten uns, versicherten uns unserer gegenseitigen Gegenwart, sie schlief dann wieder ein, ich lag noch lange wach. Am Morgen, als wir uns zur Arbeit aufmachen wollten, sagte ich zu M., ich hätte das Gefühl, zum Friedhof gehen zu müssen. Sie fragte nichts, rief sofort ein Taxi und sagte, auch sie denke seit Tagen daran, zu ihrer Tante zu gehen, die auch auf dem Farkasréter Friedhof begraben ist. Am Grab ihrer Tante weinten wir beide und genauso an Albinas Ruhestätte. Mit meinen Händen versuchte ich, den kalten Stein zu erwärmen. Ich war so voller Trauer, gemeinsamer Erinnerungen mit Albina und Liebe zu M., daß ich den ganzen Tag benommen war, zu arbeiten schaffte ich nur, die vorhandenen 43 Seiten des Manuskripts *(Ich – ein anderer)* zu lesen. Damit bin ich zufrieden, sogar glücklich, wenngleich sich auch Probleme ergeben. Danach hörte ich Beethovens Sonaten *op. 110* und *101*. – Ich glaube, mein Leben hat sich grundlegend verändert, und ich habe das noch nicht begriffen.

Tagebuch zu führen ist nicht nur eine metaphysische Pflicht; es ist im Grunde auch wichtig, mich an bestimmte Dinge – jedenfalls entscheidend wichtige Dinge – auch mit Datum erinnern zu können.

Cioran ist großartig, zuweilen überwältigend; aber in seinen Worten höre ich immer das sich wehrende Schluchzen des tief verletzten Kindes. Ich kenne den präventiven Pessimismus zu gut, als daß er meiner Aufmerksamkeit entgehen könnte, und der Satanismus, der der Verletztheit, der Angst entspringt, langweilt mich; wahre Größe sehe ich nur in der allwissenden Akzeptanz, in einem «und dennoch», das sämtliche schlechte Erfahrungen kennt, durch sämtliche Verneinungen hindurchgegangen ist ...

Ich stelle mir eine neue, moderne Theologie vor, die sämtliche schlechten Erfahrungen der Schöpfung zu einer *Wissenschaft* zusammenfaßt, deren Sprache jedoch von einem *göttlichen Stil*, von einem metaphysischen Kontrapunkt geprägt ist, aber nur *rhetorisch*, nicht argumentativ. – Wovon redest du, kann daraufhin K., der Schriftsteller, sagen: Hör dir die Johannespassion an. Ja, sage ich, aber Bach kannte noch nicht Auschwitz, nur die Hölle.

Albina ist mir nun zum zweiten Mal erschienen, und beide Male leidvoll, so daß es mir die Kehle zuschnürte; einmal muß sie sich auch anders zeigen, lachend, fröhlich, wie ich sie so viele Male sah, wie sie vor zehn Jahren, vor Jahrzehnten war. – Mein Gott, wieviel Qual und Schuldbewußtsein, daß sie neben mir nicht glücklich war … Ich glaube nicht, daß sie mit dem Tod zu nichts geworden ist. Andererseits glaube ich nicht, daß sie in der Form existiert, wie es die kindlichen Sagen der Menschheit schildern (als Geist usw.); aber daß sie *ist* (in einer Seinsform, die das Wort, die Sprache nicht einmal annähernd ausdrücken kann), das ist gewiß.

Was heißt das, «zu sich selbst zurückkehren»? Denn auch das Selbst, dem es an intensiver innerer Arbeit mangelt – bin ich … Das Problem ist nur zu bekannt. Man sollte lieber von Veränderungen unserer Lebensphasen sprechen; für Kafka war in den zwanziger Jahren die Zeit intensiven Tagebuchschreibens auf einmal vorbei. Es folgten Aphorismen und tiefgründige, vielleicht weniger existentielle, eher der Öffentlichkeit zugewandte Novellen *(Der Hungerkünstler)*.

Der deutsche Erfolg des *Romans eines Schicksallosen* – es verdrießt mich, diese Worte niederzuschreiben, ich habe noch kein verbales Verhältnis zu der wahrlich erfreulichen Wirkung gefunden, die – wie es scheint – mein Leben verändert. Mein Leben aber ist reine Zerstreuung ohne intensive Reflexionen. Die feierliche Trauer um Albina – mein neues Buch – diese dunkle Beständigkeit – diese Beständigkeit im Dunkel – dieses Bekenntnis, das nun anscheinend in mir eingeschlafen ist (das heißt der Zwang zum Bekenntnis) – ich muß mir jeden Tag kraft der dunklen Geheimnisse ins Bewußtsein rufen, «wer» ich bin – ich bin ein Träger der dunklen Geheimnisse, ein Eingeweihter des Seins – ich darf also nicht leben, ohne zu gestalten, darf nicht lautlos in meinem physischen, meinem Liebesglück versinken … Wenn ich meine Arbeit nicht fortsetze, *muß ich eine Sünde begehen*, um zu mir zu kommen – und die Arbeit, nun, ich habe das Schreiben immer im Geist von Degas' Worten verstanden: Ich bereite mich darauf vor wie ein Verbrecher auf seine Tat …

Adornos berühmte Bemerkung über die Möglichkeiten der Dichtung (Kunst) nach Auschwitz zeugt von einem totalen Mißverständnis, sowohl was die Sache (Auschwitz) als auch die menschliche Kreativität angeht – vor allem aber in Bezug auf das Verhältnis beider; und dieses Mißverständnis ist das Mißverständnis des Moralisten, der die Dinge immer viel zu ernst nimmt, so daß man zuerst einmal den moralisierenden Ernst abschälen muß, um die Dinge wirklich ernst nehmen zu können. Aus Auschwitz Kunst zu machen – das ist die ernsthafteste Herausforderung für jeden Künstler, und egal, ob ich an Beethoven, Tolstoi oder Rembrandt denke: sicher ist, keiner von ihnen hätte der Herausforderung widerstehen können, sie hätten den *Spielraum* gefunden, der die *Sache* (Auschwitz) ebenso heiligt, wie er im Geist der Kunst eine ewige Form schafft, zur trauerdurchdrungenen Freude der Menschen.

Können wir von einer Wahrheits*leidenschaft* sprechen? Es geht darum, daß die Objektivierung, jedwede Schilderung und jedweder moralische Gedanke, radikal subjektiv ist – also verlangt die Wahrheitsleidenschaft von uns, die Faktenschilderung gegen uns selbst zu wenden, ungeachtet unserer selbst zu formulieren, sogar – falls nötig – *zu unserem Nach-*

teil. Das ist die *Leidenschaft*, und allein die Leidenschaft birgt Überzeugungskraft.

Das Leben ist keine Realität, sondern Erzählung. – Nur das Leiden ist Realität, nur Leiden ist real.

Ich verstehe mein Leben überhaupt nicht. Meine Vergangenheit fällt als Schande auf mich, wenn ich durch Briefe und Bilder auf sie blicke, und das Ganze ist so zusammenhanglos, so kurz und fragmentarisch, daß das Wort Absurdität dem noch nicht einmal nahekommt; unsere Existenz ist existenzlos, unsere Wirklichkeit unwirklich, und wir fallen durch ein Loch aus diesem locker geknüpften Netz, bevor wir einen einzigen Knoten, einen einzigen Faden verstehen, begreifen, ertasten würden. Nichts hängt von uns ab beziehungsweise davon, wodurch wir uns als Ich identifizieren.

Ich weiß nicht, was die «Postmoderne» ist; vielleicht die moderne Avantgarde – wie auch immer, für mich bedeutet nur die «Moderne» wirklich neue Kunst – Moderne in dem Sinn, wie die *Weltsicht* von Michelangelo oder Leonardo modern war oder wie der Flaubert der *Éducation* kein Erneuerer, sondern *modern* war.

Die Zusammensetzung «postmodern» stellt eine falsche Kategorie auf: «nach-modern» – so etwas gibt es nicht, denn das Moderne ist ein kontinuierliches Stilmerkmal, hängt vom Stil, nicht von der Zeit ab. Beethovens letzte Quartette sind viel entschiedener modern als, sagen wir, die musikalischen Werke von Cage. Die «Postmoderne» mag die moderne Avantgarde sein – doch von Ligeti wissen wir, daß modern und avantgardistisch verschiedenartige Stilkategorien sind.

Wer eine Meinung über die Todesstrafe äußert, bedenkt meist nicht, daß wir in einer mörderischen Gesellschaft leben, die auf Verbrauch und Vernichtung beruht; man muß nicht darüber nachdenken, ob die Todesstrafe eingeführt oder abgeschafft werden soll, sondern wieviel Solidarität wir mit unserer mörderischen Gesellschaft üben, wie weit wir mit ihr zusammenarbeiten beziehungsweise in welchem Maße wir sie ablehnen.

Wie lange in uns, den Lebenden, die Toten leben – doch leben sie «wirklich»? Wenn auch wohl kaum «wirklich» – aber sie leben ... Wie es scheint, leiden sie, bevor sie sich von ihren «irdischen Banden» befreien, oder wie soll ich mich ausdrücken ... und sie leben auch dann noch, wenn sie nicht mehr lebendig sind, auf eine bestimmte, außersprachliche Weise *sind sie* ... Wie aber «ist» der Tote – wie, *in wem* lebt er –, wenn er keine lebenden Angehörigen hat, niemand Lebendigen, der sich an ihn erinnert, in dem er eine Spur hinterlassen hätte?

Ein Blick ins *Tibetische Totenbuch* überzeugt mich, daß das, worüber ich nachsinne, über einen Mythos verfügt. Ich denke über das nach, was das *Totenbuch* «Befreiung» nennt, und wundere mich, wie wenig Arbeit es in dieser Hinsicht dem Lebenden auferlegt, der bereit – und nach meiner Ansicht verpflichtet – ist, den Verstorbenen zu unterstützen. In dieser Beziehung, der zutiefst hilfsbereiten Beziehung des Lebenden zum Toten, gewinnt das Wort Liebe seinen Sinn – seinen wahren und vielleicht ausschließlichen Sinn. – Meiner armen Mutter, die lange in mir litt, konnte ich weniger helfen als Albina: Für sie hat meine Aktivität – die Aktivität meiner Trauer – ein Werk der Liebe hervorgebracht – vielleicht habe ich ihr geholfen, sich zu «befreien».

Die rationale europäische Psychoanalyse beschreibt all das auf andere Weise: Sie würde von der Projektion meines Bewußtseinszustandes und meines Unbewußten sprechen. Aber das sind bloß Worte und keine wirklichen Unterschiede. Denn man könnte auch sagen, daß meine Geburt und mein ganzes «wirkliches» Leben Ergebnis meines Bewußtseinszustandes und einer im Unbewußten vollzogenen Arbeit sind. Wenn wir aber vom Unbewußten und von Archetypen und ähnlichen Atavismen sprechen können, warum können wir dann nicht auch vom Bewußtsein nach dem Tod sprechen? Der pure physiologische Zustand bezeugt überhaupt nichts; es ist eine Tatsache, daß wir nicht als «leeres Blatt» auf die Welt kommen, daß wir etwas mitbringen, das statt Seele heutzutage Gencode heißt, doch die Gencodes sind ebensolche Transzendenzen wie die umherirrenden Seelen der Mythen – das heißt, unsere irdische Existenz ist nur eine Stufe unserer Existenz, und auch wenn wir uns, in unsere irdische Existenz eingeschlossen, nichts anderes als die irdische Existenz vorstellen können, ist es keineswegs sicher, noch nicht einmal wahrscheinlich, daß unser irdisches Sein die einzige und alleinige Form des uns gegebenen Seins ist.

In einer bestimmten Lebensphase des Menschen verändert sich das Leben derart, daß sich die Vergangenheit mit einem Mal tatsächlich, im wörtlichen Sinn, in das verwandelt, als das sie bezeichnet wird: in Vergangenheit, in merkwürdige Bildfetzen von Vergangenem, die völlig losgelöst sind von ihren lebendigen Quellen: dem Gefühl, das sie hervorgebracht und bewahrt hat, und tatsächlich so wirken wie vergilbte, starre Fotografien, in denen wir uns nur noch unsicher zurechtfinden und den Namen dieses oder jenes bekannten

Gesichts nicht immer nennen können … Nicht wir bleiben allein mit unseren Erinnerungen, sondern wir lassen unsere Erinnerungen allein, langsam, wie auf einem verlangsamten Film, fallen sie uns aus den Händen, die mit anderem Zeug gefüllt sind, und zerstreuen sich im Wind. Daran ist etwas zum Verzweifeln. – Eine bittere Beobachtung: Neuerdings liebe ich es – ich! – nicht immer, allein zu sein. Die Angst winselt und wimmert zu meinen Füßen wie ein fremdes Hündchen.

Ich bedauere immer die Atheisten. Nicht als ob ich mich auf primäre Weise zu Gott bekennen würde, doch ich bemühe mich, auf Gott wohlgefällige Weise zu leben, in dem Sinn, daß ich unsere Unwissenheit, unsere Fragilität und Hinfälligkeit respektiere und den unbegreiflichen Mut, daß wir uns zu leben erkühnen. Der Atheismus macht das Leben zu einem grauen Abwaschlappen, in dem der Mensch nach Art von Ungeziefer kriecht und Abwaschwasser aufsaugt, bis irgendeine Hand – aber nicht doch Gott! nicht doch, IHN gibt es nicht – den Lappen auswringt und ins Feuer wirft, samt Ungeziefer.

Dafür, daß Gott nicht existiert, gibt es auch nicht einen Hauch von Beweis mehr als dafür, daß er existiert. Und wenn er existiert, bedeutet das für den Menschen genauso wenig eine Lösung, wie wenn er in dem Glauben lebt, er existiere nicht. Wen der Atheismus frei macht – wie das z. B. Sartre behauptet –, der ist in Wahrheit niemals wirklich frei geworden. Frei macht den Menschen allein der Glauben – nicht unbedingt der Gottesglaube, der Eingottglaube, vielmehr der ungläubige Glauben an die eigene Existenz und daran, daß er mit dieser Existenz ein gewichtiges Geschenk erhalten hat, für das er selbst die ebenso schwerwiegende Verantwortung schuldet. Wem? Gott? Ist es nicht egal, wie wir es nennen? In jedem von uns wohnt ein Gott.

München. Erwähnenswert, weil, wie ich fürchte, der Applaus, mit dem ich empfangen und verabschiedet wurde, in keinem Zusammenhang steht … ja, womit eigentlich? Schließlich verdiene ich ihn. Aber das Ganze ist so fragil … Wenn ich meinen kahlen Schädel vor dem Applaus senke, spüre ich deutlich, daß ich jeden Moment von der Bühne gefegt, nach Auschwitz oder wohin auch immer gebracht werden kann, wo ich auf einmal mit der eigentlichen Wahrheit konfrontiert bin. – Alles in allem trennen mich Stacheldrahtzäune von mir selbst, der vorträgt, Bücher signiert, sich mit Prominenten unterhält und das angenehme, fremde Leben eines angesehenen Schriftstellers lebt …

Das ist keine authentische Bemerkung; die Frage ist eine andere, und diese andere Frage kann ich nicht stellen. Worauf bezöge sie sich? Darauf, ob ich mein verändertes Leben liebe, ob mein verändertes Leben mich inspiriert, ob ich – mit einem Wort – glücklich bin und ob ich das Glück liebe. Alles in mir sagt ja – und gleichzeitig fürchte ich, daß ich auch gegenüber M. wieder meine Ganzheit (oder wie soll ich sagen) vernachlässige, so wie ich sie bisher immer vernachlässigt habe …

Düsseldorf – Mainz – Fellbach (Stuttgart) – Regensburg – Gauting (München) – Weimar – Jena. In Buchenwald, in der als Buchhandlung eingerichteten ehemaligen SS-Kaserne, mein Foto, an prominenter Stelle aufgehängt; das hätte ich mir 1944/45 zweifellos nicht vorstellen können … Oder doch? Irgend etwas muß ich mir auf jeden Fall vorgestellt haben, daß ich mit so tiefem Vertrauen meinem Tod entgegenging … Das Leben, die Ahnung vom Leben ist tief – oder unsere Enttäuschung ist tief, aber das glaube ich nicht. Mein Daimon, dieses seit Sokrates bekannte beziehungsweise verbalisierte Etwas, flüsterte im Hintergrund immer etwas, und ich war immer bemüht, die Worte zu vernehmen. Hingegen hat sich das ganz äußerliche Gefühl des Sieges, des Triumphes wiederum nicht eingestellt. Der Genius loci, mit meinem Foto, dieser merkwürdigen Metapher meines Lebens, hat mich dort, vor Ort, nicht aufzuwühlen vermocht. Derartige Reflexe funktionieren bei mir nicht oder nur sehr langsam. – Sehr viele junge Leute, Jungen und Mädchen, brachten meine Bücher an, damit ich sie signiere. Ein tiefer Zweifel hält mich davon ab, zu triumphieren, und mahnt zu bescheidener Demut.

Die lächerlichen Kritiken in Deutschland, die mir mit Hinweis auf den *Roman eines Schicksallosen* vorwerfen, ich sei mit den Deutschen nicht «hart» genug; dann die Vertreter des jüdischen Opferdiskurses, die bemängeln, daß der Erzähler im Buch nicht bis zur Klage kommt. Bei der Verleihung des Leipziger Preises jetzt nicht vergessen, genau diese Züge «deutscher Perversität» zur Sprache zu bringen; das *Tabu* als Mittel der Entfremdung, das *Tabu* als Mittel des Rituals, das die Vergangenheit leblos und unerlebbar macht … Dann die Rolle der Klage (der «Empörung»)*, die den Leser beruhigt, versöhnt und faul macht: ihn vor der Mühe bewahrt, die aktives Lesen bedeutet – man hat sich zu sehr an den didaktischen Konsens der Medien gewöhnt, der die Richtung, die Schemata des Denkens in einer Weise bestimmt und vorgibt, wie es in den Kirchen einst die Priester mit der Gemeinde

* im Original deutsch

taten … Des weiteren: Das Buch ist *Weltinterpretation* und kein KZ-Roman. Diejenigen, die «Härte» vermissen, «das Glück» beanstanden, wollen einfach das Bewußtsein abwehren, daß wir auch heute noch nach denselben Gesetzen leben, die die KZs möglich gemacht haben … Auch die nachgeborene Generation muß emotional all das, was die vom totalitären Terror betroffene Generation durchlebt hat, nachvollziehen, um in sich selbst die grauenvollen Möglichkeiten sowohl der Opfer- wie aber auch der Henkerrolle zu entdecken, um sich durch die harte Konfrontation zu läutern und eine Katharsis zu erleben, die sie von der Angst zu handeln und der gekünstelten, forcierten Unwissenheit unserer Epoche befreit, mit der die jeweilige Macht uns glauben machen will, daß diese unsere Welt die beste aller Welten sei … Den Candide-Charakter des Romans herausstreichen.

Noch zur Leipziger Rede: Auschwitz läßt sich auf zweierlei Weise interpretieren: unter dem Aspekt des Antisemitismus: Auschwitz als Ergebnis des zu Ende gedachten Antisemitismus. Der andere: die sich in den modernen industriellen Massengesellschaften eröffnende Möglichkeit: der sich erfüllende Totalitarismus. – Feststellen: ich spreche subjektiv; die Unmöglichkeit der Annäherung unter dem Aspekt des Antisemitismus festhalten. (Manès Sperber: Es geschah zum ersten Mal, daß die Juden nicht für ihren Glauben starben.) Die Unmöglichkeit der Annäherung unter dem Aspekt des Totalitarismus *ohne* den Antisemitismus festhalten.

Die «europäische Verständigung» – darüber kann ich nichts sagen. Eines aber müssen wir zumindest verstehen: unsere jüngere europäische Vergangenheit. Ich wage es zu sagen: Der Antisemitismus selbst hätte Auschwitz kaum hervorgebracht: Aber der Totalitarismus brauchte, um funktionieren zu können, den Haß, und das Objekt des Hasses lieferte ihm der seit Ewigkeiten existierende Antisemitismus.

•

11. Januar 1997 Ja, es soll ruhig eine Spur davon bleiben, daß ich gestern, am 10. Januar, *Ich – ein anderer* beendet habe. Das Porträt Albinas, genauer, meine Erschütterung über ihren Tod, konnte wegen des verfluchten Kompositionszwanges nicht das Gewicht erhalten, das ich mir ursprünglich vorgestellt hatte: Die Vorgeschichten – M. und die viele Einsamkeit – schufen nicht die Möglichkeit, das Gleichgewicht des Büchleins wäre gekippt, hätte ich darin eine vollständige und persönliche Darstellung der Trauer unternommen – wie ich es in tagelangem Ringen versuchte; der Text wäre ganz einfach ins Melodram gerutscht, auf dessen moralischen Gehalt die Schilderung der vielen Reisen mit M. ein zweifelhaftes Licht geworfen hätte. – Am Morgen habe ich einen Untertitel dafür gefunden: *Chronik des Wandels*. Das ist etwa so, wie wenn der Komponist das Tempo vorschreibt – noch etwas mehr: Ich will das Genre der Lektüre vorgeben, damit man den Text nicht als persönliches Tagebuch, sondern ausschließlich als partikulare Aufzeichnungen liest. Vielleicht wird er Ausgangspunkt eines Prozesses sein, den ich als «Beginn des Abschieds» bezeichnen würde. Er verleiht allem, was ich gemacht habe, seine musikalische Struktur: Ich lasse alle meine Themen erneut erklingen, aber aus einer anderen, einer abschließenden Perspektive. Das gäbe meinen weiteren Arbeiten ihren Sinn (wenn es solche noch geben wird – und vertrauen wir darauf, daß es sie geben wird); ein holländischer Journalist erinnerte mich letzte Woche an den Sisyphos-Vergleich in *Fiasko*; in der Tat, das tue ich jetzt, ich bin in der Phase, wo der Felsbrocken zum Kiesel schrumpft. Der Beginn: *Ich – ein anderer*, dann käme der große Abschied mit *Liquidation*; dann der *Sodomer*, dann *Die heimliche Todeslust* … – In Ungarn wird man diesen Prozeß wieder nicht verstehen: Abschied von meinen großen Themen – denn diese Themen – Auschwitz – gelten hier nicht als «groß». Dieses Kunststück – die kathartische Verabschiedung der Vergangenheit – kann wieder nur in Deutschland Aufmerksamkeit erregen.

Über die «Moralität» der Tatsache, daß der Schriftsteller, der wahre – ich –, schließlich mit seinem in geheimster Intimität geborenen Werk vor der Öffentlichkeit steht … Kafka, Joyce, Pessoa usw. usw., die großen Vorbilder, die bis zum Schluß in der Anonymität arbeiteten. Ob ich meine Reinheit bewahren kann? Vielleicht ja – aber letztlich habe ich das Wesentliche meines Werks bereits geschaffen. In Wahrheit reizt mich die Frage, was mir an Schaffenskraft und Qualität noch geblieben ist.

Die große Frage: Denke ich das, was ich in meinen analysierenden Texten denke, *wirklich*? Das Denken ist, wenn es analysiert, wie Autoscooter: Man setzt sich hinein und der Wagen fährt einen, man lenkt in die eine oder die andere Richtung, stößt mit anderen zusammen, doch mit dem Klingelton erreicht die Fahrt ihr Ende, bei der deine Schuld nur darin besteht, daß du in den Wagen eingestiegen bist.

Preise, Öffentlichkeit; eine Rolle, die mir irgendwie längst vertraut ist und die ich spiele, als hätte ich mich immer darauf vorbereitet; und die, wenn sie auch nicht eines zeitweiligen Ekels entbehrt, eigentlich, meinen innersten Gefühlen nach, nicht fundamental falsch oder verlogen ist. – Letzten Endes ist auf diese Weise das Wunder vollkommen, daß ich nicht nur das Schreiben, sondern auch sein Ergebnis erleben darf; und vor allem mit M. eine Wiedergeburt meines Lebens erlebe – wie kurz auch die Zeit ist, die noch bleibt. Und in stiller, dankbarer Trauer stehe hier der Name Albinas …

Schläge mit Demut zu ertragen ist leichter, als Anerkennung mit Demut anzunehmen. Das Glück hilft, genauer die Liebe. Die enge Dimension der Beziehung zweier Menschen ist das richtige Gegengewicht zur Maßlosigkeit, die der Bodenlosigkeit verwandt ist. Überhaupt beschäftige ich mich mehr mit dem «Betrieb»* und meinem literaturbetrieblichen Markenzeichen als mit Fragen wie der, ob mir die Kraft bleibt, weitere Werke hervorzubringen (deren Plan indes felsenfest steht: *Liquidation*, *Der Einsame von Sodom*, *Die heimliche Todeslust*). Das Ganze kommt auf Grund meiner gestrigen Lektüre über Thomas Mann hoch. Das «Werk». Wie Lämmerblöken. Mein Leben vergeht und füllt sich mit mythischen Bedeutungen und Verwirklichungen. Ich möchte nichts im trüben Licht kleinlicher Abstumpfung sehen, die geschmacklose Witze so unerträglich macht; doch ich möchte auch mein ganzheitliches Gefühl für die Absurdität nicht verlieren, das Bewußtsein für das Fragile, Zufällige, Hinwegfegbare unseres Lebens. Gewöhnlich beschäftige ich mich überhaupt nicht mit diesen Fragen, und nach soviel Erfahrung darf ich

* im Original deutsch

das ruhig sagen; ich brauche keinerlei emotionale oder geistige Surrogate, ich komme gut ohne sie aus; allein für materielle Sicherheit bin ich empfänglich, aber auch das Geld liebe ich lediglich wie der Vogel die Brosamen: Schön, wenn man sie ihm hinstreut, wenn nicht, sucht er sich etwas anderes. Das Bewußtsein der eigenen Bedeutung ist der Punkt, ohne den man – angeblich – auch für andere nicht bedeutsam sein kann; nun, was das angeht, so bin ich böse und egoistisch genug, um mich für einen großen Menschen zu halten; noch immer schreibe ich aber lieber insgeheim, versteckt, als meinen Platz in der Weltliteratur* abzuwägen.

Im Grunde viele, erschütternde Liebesbekundungen. Aus Buchenwald schickte man mir eine Registraturliste. Danach kam ich am 16. Juli aus Auschwitz in Buchenwald an. Ich entdeckte einen Namen: Dezső Angyal (?) (Dezső ist nicht sicher), Polizeiwachtmeister, Detektiv, er lag in der Krankenbaracke in Gleina im Nachbarbett. Ein lebenstüchtiger, nüchterner Mann, ich hatte ein bißchen Angst vor ihm. Was für Abgründe, es ist, als wäre es gestern gewesen, und alle die Leichen und Überlebenden der deutschen Todeslager werden vergessen, jeder, der keine literarische Karriere gemacht hat.

Die Freiheit zurückgewinnen. Meinen ursprünglichen Radikalismus wiederfinden, mir *meiner selbst* bewußt sein. Das Glück, das eher zu meinem dreißigjährigen Ich gepaßt hätte; oder läßt erst das Alter das Glück reifen, (er)kennt erst das Alter seinen Wert? Mein Schuldbewußtsein Frauen gegenüber scheint sich nun zum ersten Mal aufzulösen; jetzt bin

* im Original deutsch

ich zum ersten Mal treu – in dem Sinn des Wortes, der auch das Ausgeliefertsein enthält.

Die letzten Wochen. Preisverleihungen. Eine Woche Israel. Die Mauern von Jerusalem. Dieses Mal keinerlei Metaphysik. Dann Prag, dann Deutschland (Passau und Bremerhaven). Ich fürchte, eine museale Panoptikumsfigur zu werden, die man von Zeit zu Zeit in den Zug oder ins Flugzeug packt. Mich rührt das mir entgegengebrachte Interesse, das nicht mit Liebe zu verwechseln ist, auch wenn es so erscheint; meine Ohnmacht inmitten des reißenden Tempos. Das zentrale Motto: Kampf gegen den Verfall. – Meine Rolle in der Öffentlichkeit kann mich nicht berühren; sie rührt mich, aber ich spüre ihre Bedeutung nicht. Sie ermüdet mich. Der Kertész, den ich im Fernsehen sehe, wie er an der Küste spaziert oder auf einer Bank sitzt und vorliest: ein alternder jüdischer Onkel, ich ekele mich ein wenig vor ihm. Ich – das ist ein anderer. – Dieses *Tagebuch* allein dazu benutzen, um meine andere, wirklichere Welt zu schaffen, die sich so sehr von meiner äußeren Welt, dem sogenannten Schriftstellertum, unterscheidet; aber ich würde lügen, wenn ich sagte, daß mir dieses «gutgehende Schriftstellertum» andererseits keine Freude bereitete; nahe siebzig ist es besser, wenn man einen Bissen Brot und einiges Renommee hat … allein des Vergnügens wegen und weil erniedrigende Erfolglosigkeit stärker schmerzt, wenn man alt ist. – Dein Schmerz und dein schlechtes Gewissen, sie allein zeigen, wer du bist.

Die kleinen Totalitarismen – Nazismus, Kommunismus usw. – sind eigentlich nur Spiegel jener großen, immer dynamischeren Totalität, die man im allgemeinen – sie diesen kleinen Totalitarismen gegenüberstellend – als Freiheit, als politische Freiheit versteht. Weniger allgemein: Diese Totalitarismen und nationalistischen Fundamentalismen sind Ab- und Loslösungsversuche von dem Gängelband, an dem die das Welttempo diktierende Dynamik – im wesentlichen das amerikanische Geld und die amerikanische Wirtschaft – sie hält. Die Ideologien und Herrschaftsprinzipien dieser kleinen Totalitarismen verfälschen diesen eigentlichen Inhalt völlig, so weit, daß selbst ihre politischen Führer sich über die wahre Natur ihrer Tätigkeit, ihres Zieles nicht im klaren sind; Terror überzieht alles und wird zum Selbstzweck. Am ehesten schlug noch in den sowjetischen Anfängen das Motiv von «etwas Anderem» durch, Resignation angesichts der Güterverteilung und die Idee von einem kollektiven Leben; es war nur ein einziger Moment, dann wurde alles vom Klassenkampf, von den Prozessen, den Lagern usw. weggefegt; (der Krieg zwischen Deutschland und Sowjetrußland ist bis heute nicht zu verstehen). Die Essenz ist, den Dingen wohnt der Teufel inne – die große Dynamik, die Abwehr der alles überwältigenden Freiheit wird noch oft die Form verschiedener Faschismen annehmen, und das ist gar nichts: Außer einer gewissen großmäuligen und «instinktiven» Amerika-Feindlichkeit wird niemand je wissen, worum es sich in Wahrheit handelt.

Ferenc Karinthys Tagebuch; ein bedauernswerter, wenn nicht sogar erbärmlicher Mensch. Aber besser, als ich gedacht hätte. Die Tragödie des Mittelmaßes, das die Jahrzehnte des Realitätsschwunds als volle Realität erlebte, und nicht nur, was seine Person angeht, auch schriftstellerisch; keinerlei Distanz – Alkoholismus, Auflösung. Wie schwer war es, hierzubleiben, und wenn man trotzdem geblieben war, wie schwer, weiterzumachen. – Heutzutage würde mich statt (neben?)

der großen Literatur eher die provinzielle, lokale ungarische interessieren; wie überraschend es auch sein mag, es gibt kaum einen oder überhaupt keinen Text, geschweige denn ein Werk, das in die vergangenen Jahrzehnte führen würde, sei es als Roman, sei es als Erinnerung, als Memoiren; der Realitätsmangel erweist sich in der «Literatur» als realer Mangel, insofern die Schriftsteller Konstrukte schufen, anstatt den sogenannten Leser an die Hand zu nehmen und in ihre Welt zu führen; diese Schriftsteller haben keine Welt; im Eifer der Selbstbestätigung und des Moralisierens haben sie einfach die wahre Arbeit des Schriftstellers vergessen, seine Aufgabe, das Hervorbringen eines Werkes.

Falls die Welt geplant worden ist, dann erscheint sie im Licht des Verstandes als böse, weil, wie Milán Füst schreibt, sich die Lebewesen hier voneinander ernähren; wenn sie aber nicht auf Grund eines Plans erschaffen worden ist, erscheint das Vorhandensein des Verstandes – des menschlichen Verstandes – als absurd. Betrachten wir es hingegen so, daß wir leben und «Gäste eines großen Herrn» sein dürfen, müssen wir dankbaren Herzens den Tod annehmen; auf der anderen Seite vollzieht sich der Tod – das Sterben – zumeist unter so erniedrigenden Umständen, daß dieser Prozeß (oder dieses unerwartete Ereignis) keinen Raum für erhabenere Gefühle, Einsicht, Liebe, Verständnis läßt … Unfruchtbare Gedanken? Doch diese Unfruchtbarkeit enthüllt die Gesetze dessen, worüber wir grübeln …

Der ungarische Antisemitismus, lapidar: Die Ungarn haben den Juden immer noch nicht verziehen, daß sie sie ausgerottet haben.

Es bleibt anzumerken, daß die letzte große Wende der Geschichte – das Verschwinden der Sowjetunion – das eigenartigste und zugleich modernste Ereignis war, das je abgelaufen ist. Die Türken hat ein großes mitteleuropäisches Bündnis von Wien bis zur Walachei zurückgedrängt; das Mongolenreich wurde durch den chinesischen Zusammenschluß und die aufstrebende Macht Rußland vernichtet, Napoleon in mehreren Schlachten von einer großen europäischen Koalition bezwungen – usw. Der sowjetische Zusammenbruch war wie das Umstürzen einer mächtigen Eiche, an der schon seit Jahrhunderten die Würmer genagt hatten; es war ein Ereignis ohne Schicksal. Die osteuropäischen Völker wurden frei, ohne selbst auch nur das Geringste für diese Freiheit getan zu haben. Dieses Ende wünschte jeder, aber niemand hat es *herbeigewollt*. Die Fortsetzung kann nichts anderes sein als eine allgemeine große Lüge über die Vergangenheit von Personen und Nationen, die übliche Lüge der Überlebenden. Es gibt kein Drama, denn es gab keine Tat, die uns befreit oder veredelt – das heißt, diesen großen Zusammenbruch zu einer Erhebung geweiht hätte.

Wären meine sogenannten Kritiker nicht von Haß verblendet, könnten sie bemerken, daß ich in *Ich – ein anderer* einen besonders flexiblen, glücklichen Charakter zeige, der über alle Greuel der Existenz triumphiert, auf Grund seiner phänomenalen Vergeßlichkeit respektive Fähigkeit zur Sublimierung. Weil er nicht imstande ist, die ihm widerfahrenen vernichtenden Erlebnisse einen Augenblick für sich zu behalten, nimmt er sie schriftlich zu sich, scheidet sie dann in Form längerer oder kürzerer Fiktionen aus und trainiert damit (und bewahrt infolge des Trainings) seine Vitalität; rechtschaffenere beziehungsweise stärkere Charaktere gehen an dem zugrunde, was mein Charakter, kraft der Form, einfach aus sich absondert. Ich denke, eine solche Lebensfähigkeit verdient – vor allem unter dem Aspekt Auschwitz – spezielle Beachtung. – Ganz und gar nicht seltsamerweise erwarten sie dagegen von mir, dem Auschwitz-Zirkusschausteller, nicht, daß er sein Leben (und sein Werk) vollende, sondern möchten das Schauspiel des Zugrundegehens sehen, mit dem ich ihnen allerdings, nur damit sie sich darüber das Maul zerreißen und mehr Leute zu meiner Beerdigung kommen, nicht dienen werde.

Ein Buch zu veröffentlichen: das ist ein so großes Zeichen von Vertrauen, daß die Außenwelt es umgehend enttäuschen muß, sonst fehlte ihr die Existenzberechtigung.

Alles, was noch kommt, ist Zugabe: Sicher, die Leiter zum Tod ist voll entmutigender Stolperschritte, die immer schmerzhafter sein werden und vom Gewimmer der Schwäche begleitet. Doch egal, im Zenit dieses strahlenden Sommers muß ich mich nicht auf den Tod, sondern auf neue Arbeiten vorbereiten. Tatsache ist, die Leidenschaft, mich zu äußern, hat abgenommen. Mein Leben hat nicht die Form eines echten Schriftstellerlebens, ich lebe nicht das blinde, im Dunkeln stochernde, kämpferische Leben, das die Keime zu Pflanzen aufspringen läßt, vielleicht bin ich bequem geworden, aber gerade da muß ich beweisen, daß ich nicht nur unter Wehklagen schaffen kann; auch das Glück ist produktiv, ja, auf dem Höhepunkt des gewollten Seins entsprießt eine Blume, deren Farbe und schwacher Duft ein unergründliches Geheimnis ahnen lassen … In mir ist Freude, und in mir ist ein starker, produktiver Schmerz …

Bisher habe ich noch keinen verhängnisvollen Lebensfehler begangen. Aber die Zeit vergeht, und mit diesem Vergehen lauert dort die Vergänglichkeit auf mich.

Erwägungen zu dem mit *Kaddisch* zusammenhängenden Post-*Kaddisch*; braucht es das? Brauche *ich* es? Die Idee, es könnte meine Arbeiten verbinden, ist schön; die Darstellung der Vernichtungslust als einzig verbliebene Kreativität reizt ebenfalls; mich reizt, daß schließlich jede Kreativität in Vernichtung umschlägt; doch in Wahrheit reizt es mich noch nicht *genug*.

Sehr aufpassen (bei dem neuen Roman): Die Erlösungsproblematik ist *nicht* Thema, nur ein Motiv des Romans; das *Thema*, von dem der Roman handeln wird, ist: Der Erzähler, der ausgefochten hat, was ihm auszufechten aufgegeben war, entdeckt verblüfft: Er ist aus der Welt gefallen, es gibt nichts mehr zu leben, sein Leben ist ihm mit der «Wende» plötzlich fremd geworden. Das große Beispiel des Schriftstellers B. ist der Selbstmord: Er wußte genau, wann ein Ende zu machen ist. Der Roman selbst: der Prozeß, in dessen Verlauf der Erzähler – Keserű – dies erkennt; wie er erkennt, daß er selbst zur Verantwortung gezogen wird, wie diese Erkenntnis sich in ihm in Boshaftigkeit und Haß verwandelt.

Mein Grundthema, die immer neue Artikulation der eigenen Fremdheit, hält mich von analytischeren Methoden ab und verleiht meinen Arbeiten eine eher lyrische als epische Attitüde; aber was bedeutet das? Muß man nicht in Zeiten der Auslöschung – und des Verschwindens – des Individuums die Individualität, selbst eine Zeichen des Solipsismus tragende Individualität, in den Mittelpunkt stellen?

Márais letztes Tagebuch in einem Zug gelesen. Dieser illusionslose Mut des Alters, die Größe der Todesentschlossenheit, der Todesvorbereitung haben mich überwältigt. Ein schmuckloses, großes Werk. Groß sein Dahinvegetieren und die aus dem Vegetieren geschöpfte, taumelnde Kreativität.

Diese nackte Größe der Konfrontation ist ein Gestus, den wir in der ungarischen Literatur sonst vergeblich suchen; das ist *fiction* und vollkommene Realität, Sisyphos in (mit) seiner rohen und wüsten Realität.

Interessant ist das *«hot line»*-Motiv; wie sehr steht es im Einklang mit jener Erfahrung der «Arbeit» der Toten, die auch ich nach dem Verlust von A. machte; die kreativen Träume, wie der Tote sich von uns losreißt. Ich glaube nicht, daß sich diese «Arbeit» ausschließlich in der Psyche des Lebenden abspielt und der Tote daran keinerlei Anteil hätte. Wir brauchen überhaupt nichts vom Mystischen zu wissen; doch im Stillen öffnen wir uns ihm demütig und dankbar ...

Eine Wissenschaft vom Tod – gibt es so etwas? Márai, der sich in der Mitte des Buches die Pistole kauft, die dann am Ende des Buches kracht: Márai ist der Beweis, daß es eine solche Wissenschaft nicht gibt. Unter anderem darin liegt die Größe des Buches. Das pure physische Grauen: Der Ekel vor den modernen Todesfabriken, die am Ende des Lebens auf den Menschen warten, gibt ihm die Kraft zu einer würdigeren Selbstvernichtung. Die Frage – meine Frage ist, ja, ob ich wohl einst ... usw. Ihm mit Demut entgegentreten oder mit Demut erwarten? Usw.

Zuweilen alles überflutende Erinnerungen, von Gegenständen hervorgerufen. Melancholie, dem Weinen kindlich nahe. – «Pro memoria: memento mori.» Márais Todestagebuch (erneut und immer). Wir versöhnen uns leichter mit dem Gedanken ans Sterben als mit der physischen Realität der Agonie. – Wenig Zeitung, wenig neue Literatur lesen: nicht in der Ewigkeit leben – «Ewigkeit»: was für ein Wort –, sondern in einer Art Urnatur der Kultur, unter Geistern und längst ausgestorbenen Bäumen und Blumen.

Die Epoche der Unternehmungen und großen Gründungen ist zu Ende; darüber hinaus ist die letzte gesellschaftliche Illusion des Menschen, der Sozialismus, zusammengefallen und mit ihm das jämmerliche Reich, das eine selbständige Wirtschaftseinheit zu schaffen und damit aus der von der amerikanischen Dynamik beherrschten Welt auszuscheren versucht hat. Was ist geblieben? Die mörderischen schwarzen Aktentaschen von Managern und Vertretern.

Kann es sein, daß ich romantisch bin? Kann es sein, daß ein Intellektueller auf Grund seiner romantischen Neigungen Nazi oder Kommunist wird? Nein, das ist nur der Anfang, die Ideologie ist nur die erste Verlockung, ein an der Straßenecke lauerndes erstes Liebäugeln und die ihren Rock lüftende Prostituierte, die den mit leeren Taschen herumirrenden Intellektuellen ins Zimmer lockt, wo er glaubt, er werde kopulieren, statt dessen wird er vergewaltigt.

Das Mißverständnis von Camus, ein großes, glückliches Lektüreerlebnis. Wie immer, wenn ich Camus lese, eine warme, sehr persönliche Sympathie, das Bedauern, daß wir uns nie kennenlernen konnten, wir hätten uns wahrscheinlich gemocht; ein «Mißverständnis» auch das. – Später, am Abend, sogenannte Kuratoriumssitzung, eine Gesellschaft von Schriftstellern; davon nur Depression. Alle logen, das Ganze ein Bild und eine Stimmung verhängnisvoller Verzweiflung, einer Verzweiflung, die nur noch in Verderbtheit münden kann. Die Probleme, die aufs Tapet kamen: die Krise des Geistes und die Zigeunerfrage – beides auf verlogene Weise, soziales Gewissen mimend. Ich fragte, wer von ihnen eine der aus Székesfehérvár ausgesiedelten Zigeunerfamilien in seinem Garten aufnehmen würde: Sie antworteten gar nicht, sahen mich an wie eine alberne, zynische

Figur – meine ewige Rolle, wenn ich inmitten unersprießlicher sozialer Betrachtungen ihre Aufmerksamkeit auf etwas Konkretes, sagen wir, ihre eigenen Lügen lenke. Die «Krise des Geistes» – davon haben sie überhaupt keine Ahnung; die unheilvolle Relativität des ungarischen Wertesystems, aus der das Chaos, das Nihil erwächst; das lokale Wertesystem, dieser schreckliche, bornierte und unfruchtbare Provinzialismus, der sich selbst verabsolutiert und dabei auch nicht ein einziges bemerkenswertes Werk hervorbringt; und auf der anderen Seite die «städtische» Kultur, die genauso provinziell ist und genauso weit von der urbanen europäischen Kultur entfernt. Sie streiten nur über Details, setzen konstruktive Mienen auf, durch die Nihil und Zynismus durchschlagen; es kann gar keine Rede davon sein, daß sie das Ganze überblickten. – Das Ergebnis ist eine böse Vorahnung, wenn ich auf die Emotionen und Gedanken blicke, die meine Umgebung antreiben. Wir leben in einer fürchterlichen Sinnlosigkeit, die nicht vom Geist, von der «fröhlichen Wissenschaft» erhellt wird.

Was soll ich sagen, warum ich hier, in meiner Sprache, *fremd* bin? Weil ich zu einer anderen Kultur gehöre als diejenigen, die hier leben. Ich sagte es schon: Meine Kultur ist der Holocaust als Kultur. Das repräsentiere ich, und das ist den Leuten hier fremd. Denn diese Kultur – der Holocaust als Kultur – ist, geben wir es zu, doch auch weiterhin die christliche Kultur; ja, wenn wir die christliche Kultur weitertragen, wenn wir die christliche Kultur retten wollen, ich sollte sagen: falls die christliche Kultur noch *rettbar* ist, dann ist die Kultur, die negative Ethik, die der Holocaust geschaffen hat, noch Teil der christlichen Kultur, so wie die Offenbarung Teil der Bibel ist. Doch dieses Land, in dessen Sprache ich lebe, hat nie in der christlichen Kultur gelebt. Obwohl es von «christlichen Werten» schwafelt, hat es nicht verstanden, die christliche Kultur hier heimisch zu machen, es blieb ein heidnisches Land. Es lag außerhalb des mit der christlichen Mythenwelt verflochtenen Legendenkreises; Ungarn hat nicht teil an der Grals-, der Artus-, der Wartburg-Legendenwelt, es wurde nicht von den großen seelischen Umbrüchen berührt, dem mystischen Wahnsinn eines Johannes vom Kreuz oder einer Teresa von Ávila, hier haben die katholische Krise, die Erneuerung Thomas von Aquins, das Jesuitentum, die dogmatischen Glaubensstreitigkeiten keine Spuren hinterlassen – hier gab es nicht einmal eine Ritterzeit, diesen großen Gefühlsumbruch, der die Frauen aufs Piedestal hob, und es fehlte die Renaissance respektive deren seelische und intellektuelle Auswirkung und Folgen. Nach der muslimischen Besetzung fing hier mit der sogenannten Reformzeit eine neue Geschichte an, Wirkung hatte lediglich noch die deutsche Romantik beziehungsweise die Aufklärung, aber ohne deren geistige Vorläufer. Was sich auf diese Weise dann hier entwickelte, waren kurz gesagt der Naturalismus, der Realismus, das soziale Interesse immer im Vordergrund, Lösungsversuche für die drängenden gesellschaftlichen Probleme und bald das Hinnehmen ihrer Ungelöstheit, der Haß, die Lüge. Durch den Mangel an religiöser Kultur fehlt es dem hiesigen Geist an einer Erotik, wie wir sie aus der westlichen Kunst kennen, an einer apokalyptischen Literatur, wie es die große russische Literatur ist, dann die Fortsetzung, der atheistische Existentialismus, der von dem zum christlichen Mythos gehörenden Nietzsche ausging und den Camus repräsentiert, oder der große religiöse Umherirrende, Kafka. Welcher der tschechischen Kultur gleichfalls nicht zugehört, obwohl sich die Stiefel- und Opankenabdrücke der religiösen

Kultur dort viel tiefer in den seelischen Humus eingeprägt haben. Meine Wurzeln liegen in Auschwitz und der Offenbarung des Johannes, außerdem in den großen apokalyptischen Werken, den Werken von Nietzsche, Camus, Kafka, Beckett, legiert mit der verfeinerten bürgerlichen Kultur, wie man sie in den Romanen Thomas Manns, Goethes, Prousts findet.

Überarbeitung des *Spurensuchers*. Man muß wahrnehmen, daß nach meiner Überzeugung – wie sich in den kulturellen Motivationen des *Spurensuchers* zeigt – die Rezeption der Endlösung*, von Auschwitz oder des Holocaust – wie man will –, innerhalb des westlichen christlichen Kulturkreises stattfindet. (Dies erklärt auch, warum Ungarn keine Kultur in dieser Frage hat.) In meinem Werk aber schafft diese Überzeugung eine klare logische Linie; daß ich die Sprache im zweiten Teil von *Fiasko* mit der Sprache der religiösen Welt – der christlichen Welt – verknüpfe; die eigentümliche Religiosität von *Kaddisch*, nun wird, so hoffe ich, auch die apokalyptische Welt des neuen Romans die christliche Kultur fortsetzen, insoweit wir hier überhaupt von einer Art Fortsetzung sprechen können: vielleicht im negativen Sinn, so wie auch die atheistischen Existentialisten nur im Vergleich zur christlichen Kultur Atheisten und Existentialisten sind. – Zöge ich in einer intakten Welt (wie sie nicht existiert) die persönlichen Konsequenzen aus meinem Werk, hätte ich schon längst zum katholischen Glauben übertreten müssen; nur haben sich die Kirche und die «Religion» schon so weit von ihrem Ursprung entfernt, daß die Religionsausübung

* im Original deutsch

wie auch das konfessionelle Glaubensleben keinerlei Sinn mehr erkennen lassen.

•

Der Atheismus ist ein vollkommen verkehrtes Denken. Kann es Atheismus geben, ist ebensogut auch die Existenz Gottes möglich. Es ist der gleiche Zirkelschluß, und die Leute merken es nicht, doch es hindert sie, ein von religiösem Gefühl erfülltes Leben zu führen. An Stelle einer großen, sagen wir: tragischen Lebensführung bleibt den Atheisten allein das Moralisieren. – Egal: mich interessiert die Überarbeitung des *Spurensuchers*, die Reduktion des Textes, das Ins-reine-Schreiben der Aussage.

Es ist (im Zusammenhang mit einem «offiziellen» Telefongespräch) noch anzumerken, daß ich wenige Gefühle kenne, die dümmer und beschämender sind als Genugtuung (daß man «sich Genugtuung verschafft» oder «Genugtuung erhält»). (Auch Joseph hatte es wohl nicht so einfach mit seinen Brüdern, wie es uns dargestellt wird.)

Thomas Manns letzte Tagebücher aus dem Jahr 1955. Beklemmend. Mir kommt der blaue Sommervormittag in den Sinn, 1955, über die Margaretenbrücke nach Pest hinüberschlendernd las ich in der *Irodalmi Újsag* den Thomas-Mann-Nachruf, vielleicht aus der Feder von Devecseri, noch heute erinnere ich mich an den schönen und wehmütigen Ton des Verfassers, wie er schildert, daß von nun an die Morgenstunden leer blieben, in denen Thomas Mann, über seinen Schreibtisch – sprich: die Welt – gebeugt, sein tägliches Pensum schrieb. Was für Zeiten! In der Török-Straße mit A., das große Thomas-Mann-Erlebnis jenes Sommers, und noch davor, die Vorstellung von mir als Schriftsteller, die sich – letztlich – als kreativ erwiesen hat, die in der Luft vibrierende allgemeine politische Aufregung vor dem Jahr des Aufstandes usw. – Das andere Leben eines anderen Menschen, doch ich denke mit unsagbarer Nostalgie an diesen anderen, von dessen Erlebnissen sich der diesige, warme blaue Vormittag mit dem Spaziergang über die Margaretenbrücke vollkommen unversehrt erhalten hat.

Ich glaube, den *Spurensucher* muß ich auf jeden Fall zu meinen mißglückten Werken zählen. Dennoch kann ich nicht verzichten auf die Veröffentlichung. Es gibt keinen einzigen nüchternen Blick, dessen Urteil ich vertrauen könnte. Beziehungsweise wenn es ihn gäbe, wäre er nicht in der Lage, den Text im Original zu lesen, allenfalls in der schlechten Übersetzung, die davon angefertigt würde. Depression. Ausgelöst vom *Spurensucher*, doch allgemein. Dazu kommt die Lektüre von Thomas Manns spätem Tagebuch, diesem untröstlichen Bild der Zerstörung, eines langen, endlosen Verfalls. Das Grauenvolle daran ist eigentlich das Vorherrschen der Gewohnheit, daß man den Menschen immer noch für den hält, der er war, während man ihn doch selbst mal zur Repräsentation seines Alters-Selbsts *benutzt*, mal unverhohlen so behandelt, wie es die Realität verlangt: als hilflosen, wenn nicht gar bekloppten Alten. Wie auch immer, der Mensch ist bereits außerstande, für die gewählte Seinsform einzustehen – und das steht auch mir bevor. Meine Lebensweise ist die eines sozialisierten Einsiedlers, das heißt die eines alten Verrückten. Wo ist die radikale Entschlossenheit? Man braucht sie nicht mehr – man braucht mich nicht mehr … – Márais letztes

Tagebuch steht in diesem «Genre» weit über allem, was über den Tod geschrieben worden ist: Hier speist sich der Radikalismus gerade aus dem, was er sich zum Gegenstand wählt: aus dem Verfall, und erhebt sich zu einem erschütternden, stummen Heroismus. Ein und denselben Roman leben und schreiben – das habe ich geschrieben, aber Márai hat es verwirklicht.

Andererseits, vergessen wir nicht, da ist die große Möglichkeit des Versteckens, der Maskenball, das große Schauspiel – denn habe ich damals nicht genau das gemacht, als hinter diesen verschiedenen Masken der *Roman eines Schicksallosen* entstand? Freilich hatte ich damals noch sehr viel *Zeit*. Aber auch das ist gelogen, denn schließlich droht mir jetzt auch nichts anderes als damals: der Tod.

Das Leben ist entweder eine unglaubliche Anstrengung oder ein unverhülltes Bild des Verfalls. Ich habe die Anstrengung gewählt, und solange es geht, bleibe ich dabei.

Diese neue Welt hier, an der Grenze von Europa und Asien, unmittelbar nach den Jahrzehnten der russischen Verwüstung, ist wie das brutale Erwachen in einer bis dahin zugefrorenen Wasserschüssel, in der sich nun sämtliche Mikroorganismen beleben und umherwimmelnd, einer vom Blut des anderen lebend, einer dem anderen nach dem Leben trachtend, einer dem anderen zu schaden suchend, schnell die halbe Stunde ihres Leben ableben. Es ist beschämend, daß ich hier keine Aufgabe habe, daß mein Wort hier von niemand verstanden wird, daß all meine Erfahrungen, all meine Bemühungen, die das Gewand dieser Sprache tragen, vergeblich sind.

Infolge einer seltsamen Assoziation ist mir die Idee gekommen, ob die Kunst nicht in gewissem Sinn als verfeinerte

Form der Opferzeremonie zu betrachten ist. Ich meine, ob nicht das «Eßt mein Fleisch und trinkt mein Blut» die eigentliche Realität des Künstlers ist, denn er verausgabt sich ja, verarbeitet sein Selbst in einer Form, die er als Speise darreicht, und die anderen konsumieren ihn. Eine kindische Idee, aber der Begriff der geistigen Nahrung ist eben doch mehr als ein hohler Allgemeinplatz, als eine leere sprachliche Formel.

Gestern noch Schostakowitschs *10. Symphonie*. Angeblich hat er darin seine Stalin-Erfahrung verarbeitet. Eine überwältigende, geschlossene, furchtbare Welt, doch eine vollständige künstlerische Welt, musikalische Epik, wenn man so sagen darf; in letzter Zeit hatte nichts eine so große Wirkung auf mich.

Den Kampf gegen jede Kapitulation fortsetzen. Viel an den Trost des Todes denken. Hybris und Eitelkeit widerstehen. Hier – und dieses «hier» kann so stehen, in Anführungszeichen, also ausgedehnt auf die Welt, und doch auch hier, hic et nunc – wird alles getan, um meinen Namen auszulöschen und mein Werk zu vernichten. Meine Werte bewahren, die exterritorialen Werte, außerhalb der Gesellschaft. (In Deutschland, wo man so tut, als schätze man mein Werk, verliere ich nur deshalb meinen Radikalismus – oder neige dazu, ihn zu verlieren.) Es gab eine Zeit, in der ich bittere Freude an dem Gedanken fand – an dem Gedanken? an der Tatsache –, daß mein Werk vergeblich ist; jetzt scheint es, als stöberte ich immer und überall nach meinem Namen wie ein schlechter Schriftsteller, der den Glauben verloren hat, oder besser einer, der den Glauben nie hatte, den Existenzunsicherheit und unbewußte Selbstgewißheitszweifel plagen.

Es ist unbestreitbar, daß es mit meinem geheimen Leben und also mit der glücklichen und bitteren Verantwortungslosigkeit (Verantwortungslosigkeit gegenüber der Öffentlichkeit) vorbei ist. Es genügt nicht mehr, meinen unendlichen Ekel auszudrücken, ich muß ihn auch begründen, und zwar in einer Sprache, die nur zum kleinen Teil die meine ist, viel eher die Sprache der Öffentlichkeit, eine für die Öffentlichkeit bestimmte Sprache, also eigentlich Erklärung; und in dieser Beziehung darf ich auch nicht hinter den Anforderungen zurückbleiben, wie sehr mir das Ganze auch widerstrebt. Alles in allem muß ich klar, für andere, artikulieren, warum ich zwischen meiner Tätigkeit und der Existenz als «ungarischer Schriftsteller» eine Grenze ziehe, das heißt, warum ich betone, ich sei kein ungarischer Schriftsteller. Nun, als Konsequenz meiner Wahl und meiner geistigen Tätigkeit habe ich auf einmal festgestellt, daß ich ein Schriftsteller des «Holocaust» bin (was für ein dämlicher Ausdruck!); und auch wenn ich nicht gerade über den Holocaust schreibe, ist meine Sicht vom Holocaust beziehungsweise der Stalinschen Schreckenswelt durchdrungen. In Ungarn allerdings gibt es (außer ein paar politischen Allgemeinplätzen) keine spürbare Stellungnahme zum Holocaust – aber auch nicht einmal zur eigenen Leidensgeschichte; auf diesem Gebiet besteht kein Konsens, das Ereignis taucht im gesellschaftlichen Bewußtsein nicht auf, insofern habe ich in der Tat auch kein ungarisches Publikum. Zusammengefaßt: Solange also Ungarn vom Holocaust, im niedersten wie im höchsten Sinn des Wortes, nichts «weiß» und wissen *will*, solange kann ich, der Schriftsteller des Holocaust, kein ungarischer Schriftsteller sein – in dieser einen Hinsicht hatte der Wurm, der meinen Auftritt in Tutzing verhindern wollte, recht; allerdings ist es eine Sache, ob mich ein Pfeilkreuzler aus der ungarischen Literatur ausschließen will, und eine andere, wenn ich das selbst tue. Und das zu wissen, ist wichtig – auch mir schadet es nicht, klar zu sehen, was ich repräsentieren muß. Und damit lösen sich auch einige Rätsel, z. B. warum man mir gegenüber «offiziell» so verlegen ist, und auch die gesellschaftlichen Ursprünge «meiner Gekränktheit» klären sich auf. – Das heißt: können wir fortfahren zu sagen, daß ich, wenn ich über den Holocaust schreibe, ein *ungarnfeindlicher* Schriftsteller bin? Ja, weil das ungarische Geistesleben diesbezüglich nicht nur in Verlogenheit lebt, sondern diese Verlogenheit auch als Wahrheit aufrechterhalten will; wer mit ihm darin kollaboriert, den betrachtet es als «guten Ungar» – und es gibt ihrer reichlich, auch unter Juden, jüdischen Schriftstellern, die teils aus Feigheit, teils aus Niedertracht oder aus Naivität, aus Unwissenheit, Sentimentalismus usw. den Schein, die Verlogenheit bekräftigen werden, die man hier für alle Zeit aufrechterhalten will. – Ich muß noch etwas dazusetzen: Mir als Schriftsteller garantiert diese Lage die vorteilhafteste Situation, vor allem, daß mein Platz *draußen* ist und ich kein «offizieller» Schriftsteller werden muß; müßte ich hier in irgendeiner Rolle, einer geistig verbrämten Rolle chargieren, würde mich die wahrscheinlich viel stärker ekeln als die, in der ich jetzt, mit saloppper Noblesse, chargiere.

«Das vereinte Europa …» Aber was wäre der Gründungsmythos. Klar sehen: Es ist kein Zufall, daß Auschwitz jetzt zur lebendigen Frage, zur Quelle lebendiger Fragen wird, nachdem das rote Imperium zusammengebrochen ist. Der christliche Mythos lebt nicht mehr. Das Bild des «Bösen», dem sich die westliche Welt gleichsam entgegenstellen konnte (und damit etwas hatte, worauf sie ihr Selbstbewußtsein gründete), ist mit dem Zusammenbruch der Sowjetunion verschwunden. Das große Negativum, dem man den Mythos vom Streben nach einer ethischeren Welt entgegenhalten kann, ist allein Auschwitz. – Was jedoch politisch, das allgemeine politische Bewußtsein betreffend, auf bezeichnende Weise interessant ist: daß der im Zeichen des Hasses erfolgte unerwartete und totale Zusammenbruch Jugoslawiens, dieses blühenden Territoriums, daß diese vollkommene Vernichtungsarbeit des Wahnsinns sozusagen unbemerkt blieb, fast schon während des noch wütenden Vorgangs in Vergessenheit geriet.

Ich blicke in die Zeitschriften und verstehe sie nicht. Ich höre, daß die Leute sprechen, aber ich verstehe ihre Worte nicht. Ich lese ihre Werke, aber ich verstehe nicht, warum man sie als solche bezeichnet, warum man sie überhaupt für Werke hält. Die Sprache der ungarischen Geisteswelt wird immer mehr zum Jargon eines Clans, aus dem außer provinziellen Abgeschmacktheiten und einem scheinbar ungezwungenen «Wissen wir eh»-Grinsen nur die alles beherrschende Baß- und Oberstimme der Verlogenheit mit untrüglicher Deutlichkeit herauszuhören sind.

Ein bestürzendes Schauspiel, wie dieses Land zur jahrhundertealten Tradition geistiger Feigheit zurückkehrt. Der Radikalismus dieser Feigheit – diese radikale Feigheit – ist natürlich von tausend Nebensymptomen dummer Aggressivität begleitet. – Ich habe hier nichts zu suchen. Ich verstehe sie nicht, sie verstehen mich nicht.

Wenn du keinen Glauben hast, welche Frage kannst du dem ewigen Schöpfergott dann stellen? Wo es keine Frage gibt, da gibt es auch keine Kunst mehr. (Wo es aber keine Kunst mehr gibt, dort gibt es auch keine «metaphysische Tätigkeit», das heißt kein Seinserleben mehr, nur Vegetieren.)

In einem (auf deutsch geschriebenen) Brief an einen Dr. H. habe ich Folgendes erklärt: «Wir brauchen historische Kenntnisse, aber wir brauchen auch Mythen, und über die verfügen wir nicht. Ich bin einfach davon ausgegangen, daß in der Welt der Endlösung, im Universum der Konzentrationslager, jeglicher ethische Begriff, jegliche ethische Idee unserer westlichen Kultur (sic: *unserer* westlichen Kultur!) total ausgelöscht, ausgebrannt ist. Wo hat sich Auschwitz ereignet? Im christlichen Kulturkreis? Oder woanders? Und wo, von welchem Kulturkreis wird Auschwitz – falls überhaupt – aufgearbeitet werden? … Solcherart also bin ich zu den Grundfragen der Vitalität und Kreativität des heutigen Menschen gelangt. Falls dem modernen Menschen noch ethische Kreativität geblieben ist, so muß sich diese aus den brandneuen Ereignissen speisen, eine neue Ethik läßt sich nicht auf der Grundlage des *Vor*-Auschwitzschen Ethikums herstellen. Man muß wieder am Nullpunkt beginnen. Wenn Auschwitz als Trauma in die seelische Welt der neueren Generation eindringt, muß diese es auch als Trauma aufarbeiten, und das kann auf allen Gebieten, so auch im Bereich des Ethischen, zu neuer Kreativität führen. Ich kann mich nicht von dem Gedanken befreien, daß eine solche Annäherung wahrscheinlich illusorisch ist; egal ob sie es ist oder nicht, es ist jedenfalls *meine* Annäherung, vielleicht weil sie in dieser Weise für mich, meinen Stil fruchtbar ist. Wir können natürlich darüber streiten, langsam aber nimmt die Frage lebendige Umrisse an, und wir erleben sie als brennende Frage unserer Zeit …»

Ist es denkbar, solche Gedanken auf ungarisch, im ungarischen Umfeld darzulegen? Die Leute würden mich für einen Narren halten. Ich schreibe also in einer wirkungslosen Sprache, wiewohl das seine Vorteile hat, hauptsächlich den, daß ich kaum beurteilen kann, ob mein Sprüchlein in der fremden Sprache wirksam ist.

Ich muß – zur Bekräftigung – noch anfügen, daß der sogenannte Papst gerade jetzt (unter dem fadenscheinigen Vorwand der Entschuldigung) die Bemerkung gemacht hat, die Shoah (Auschwitz; die Endlösung) sei nicht die Tat des Christentums – was bedeutet, daß sie sich außerhalb des Christentums ereignet hat. Er hat nicht bemerkt, daß er das Christentum damit zum toten Mythos erklärt. Das Christentum galt mithin von Christi Geburt bis 1933, dann verschwand es und setzte sich von 1945 an fort. Demzufolge gibt es nichts, weswegen die Christen Buße tun müßten. Nur daß die Katholiken, wenn sie wegen Auschwitz keine Buße tun, damit alle ihre Aussichten verlören; da sie die Buße für Auschwitz versäumt und als ihnen fremd erklärt haben; und damit haben sie sich der lebendigsten Quelle für die Möglichkeit zur Erneuerung beraubt. Ein katholischer Dichter, Pilinszky, wußte das; doch da er auf ungarisch schrieb – in einer verlorenen und unbekannten Sprache –, hat man ihn noch nicht zum Ketzer erklärt.

Nachdem ich M. zum Flughafen gebracht hatte, kam mir in dem kleinen Bus auf der Heimfahrt plötzlich jener Nachmittag in den Sinn, ich war 14, es war Frühling, während der Nazi-Besetzung, kurz bevor ich nach Auschwitz deportiert wurde. Es muß Mai gewesen sein, ich war verliebt, am Nachmittag war ich allein zu Hause, ich hatte mich hingelegt, um zu schlafen, und wachte unter Tränen auf. Ich hatte überhaupt keinen (unmittelbaren) Grund dazu; ich schluchzte lange, wehmütig, einsam, von namenlosem Verlangen gequält. – In diesem «Minibus» fiel mir auch noch ein, mit welch tiefem, dumm-aggressivem Klang in Mahlers *3. Symphonie* die Natur erwacht – wie genial ist diese dumpfe, instinktive Brutalität, wenn sich die Genitalien öffnen, steif werden und ihre Träger fordernd unterjochen, das Individuum, das von der Not des Begehrens überwältigt wird ...

Beim Lesen in meinen alten Tagebüchern: Mein geistiges Leben haben Traumata aktiviert – und als Trauma genügte da schon eine Lektüre. Mein geistiges Leben ist nicht von schöpferischer, sondern von reflexiver Art – und damit finde ich mich in der Gesellschaft Wittgensteins und der übrigen sich selbst hassenden oder zumindest sich selbst des Originalitätsmangels verdächtigenden jüdischen Intellektuellen. Es ist keine gute Gesellschaft – ihr Wesen ist die den Menschen verzehrende Depression –, denn jede kreative Attitüde beginnt mit Reflexion, und was originell ist, kann das originelle Subjekt am wenigsten beurteilen. Zum Beispiel kann die auf die Ebene des Kreativen erhobene Selbstverleugnung ziemlich originell sein. Das Beispiel der großen Selbstmörder kann, wenn es mit einem gewissen intellektuellen Lebensgefühl zusammenfällt, in dieser Welt der untergehenden Kultur sehr authentisch sein. Eine andere Frage ist, wozu es gut ist, das darzustellen, wenn es seine Authentizität in Wahrheit ausschließlich aus dem Bestehenden bezieht und in künstlerischer Form an das Bestehende zurückgibt, also nicht «klassisch» sein kann, das heißt für Jahrtausende gültig wie, sagen wir, die *Odyssee*; doch woher wissen wir das, woher wissen wir, daß die zerrissenen, dekadenten Figuren der Moderne nicht etwas Dauerhaftes in sich tragen, etwas, wodurch sie zu Archetypen werden?

Die geburtsurkundliche Tatsache, daß jemand Jude ist, bedeutet in die Sprache der Politik übersetzt, daß er – emotional – erpreßbar ist. Auch wenn so etwas in meinem Privatleben, als standesamtlich registrierte Person vielleicht vorgekommen sein mag, ist mein Judentum in meinem Werk, hoffe ich, ausschließlich als Inspiration präsent.

Gute Kunst ist heute noch möglich, die Möglichkeit großer Kunst dagegen äußerst fraglich. Vor allem deswegen, weil in dieser an Kulturmangel krankenden Zeit nicht eine einzige große Frage noch als große Frage erscheint; als wäre Größe auch an sich kleinlich geworden.

Was ist der Welt verlorengegangen und wann genau? Zu Zeiten der Renaissance dominierten noch Glück und Größe … Den Menschen wurde zu Bewußtsein gebracht, daß ihr Gesellschaftszustand auf Ungerechtigkeiten beruht: Damit hätte die Epoche noch nie gesehener gesellschaftlicher Ungerechtigkeiten, noch nie gewahrter Düsternis und mit globalen Lügen verbundener Massenmorde ihren Anfang genommen?

Gestern abend M. aus dem zweiten Teil von *Fiasko* vorgelesen. Von neuem fiel mir die biblische Einfärbung auf – die Erklärung dafür, warum man in diesem Land kein Wort von diesem Roman versteht, genauer gesagt, nur den rationalen ersten Teil versteht beziehungsweise zu verstehen meint. Kurz: wegen des Mangels an christlicher Kultur in Ungarn; die fehlende Wirkung der Ritterzeit, der Renaissance und der Religionskriege, das Fehlen der christlichen Mystik, der christlichen Mythen und Legenden. Das liefert die Erklärung für die rationale Dimension der Sprache, ihre einzige wirkliche Dimension, die weder eine philosophische Sprache noch Abstraktheit duldet. Die Erklärung, warum man – generell – nicht versteht, wovon ich spreche – weil ich die christliche Sprache der westlichen Kultur spreche. Wenn ich sage: Auschwitz und das Kreuz sind Traumata – verstehen die Menschen mich hier bereits nicht, denn Auschwitz ist nur dort ein Trauma, wo das Kreuz Wurzeln geschlagen hat. Wenn in Ungarn von Auschwitz die Rede ist, ist das nur in historisierender Form möglich, das historisierte Auschwitz jedoch bietet – auf Grund der deutschen Besetzung – Entlastung für die ohnehin nicht schuldbewußte ungarische Seele, die die Dimension der Schuld («die der Sünde entsprechende Stimmung ist der Ernst»: Kierkegaard)* gar nicht kennt.

Annäherungen an Auschwitz: die «deutsche faustische Seele»; innerhalb des christlichen Kulturkreises, als in Agonie getaumelte Krise der christlichen Kultur; die «Geschichte», der soziale Wandel, die Entstehung der Massendemokratie. – Tatsache ist jedenfalls, daß man in Ungarn, wo keine einzige Strömung eine philosophische Fragestellung birgt und einzig das Überleben alles bestimmt: daß man hier, in einem Land, das weder eine ethische noch eine historische Verantwortung für die weitere Gestaltung des Schicksals der westlichen Welt trägt, daß man hier also Auschwitz einfach unter die anderen Massenmorde und ethnischen Säuberungen einreihen kann, die in Osteuropa dermaßen üblich erscheinen, daß man in diesem Phänomen absolut nichts Außerordentliches erkennt.

Was also ist mein Judentum? Postchristentum …

Die sogenannte demokratische Opposition (in den siebziger und achtziger Jahren) habe ich immer als Teil des Establish-

* Im Ungarischen sind Schuld und Sünde ein Begriff (ung. *bűn*). (Anm. d. Übers.)

ments betrachtet, ebenso wie die «Schattenwirtschaft», von der das Establishment ebenfalls wußte, die es großenteils auch in der Hand hatte, bei der jedoch ein Auge zugedrückt wurde. Die Mitglieder der Opposition waren allerdings immer erpreßbar, und wieweit man darauf aus war, sie zu erpressen, hing von ihrer Entscheidung ab. Tatsache ist, daß es in Ungarn nach 1956 keinen Gulag gab und nicht einmal mehr Recsk, und die Gummiknüppeleien bei den Demonstrationen auf dem Batthyáni-Platz oder am 15. März am Nationalmuseum unterschieden sich ja doch von der Pekinger Aktion am Tian'anmen-Platz. Ebendas war für mich so abstoßend: einerseits das quasi Erlaubte der Sache, was dem Staat (gegen den man dem Anschein nach «kämpfte») Vorteil brachte, weil die bloße Duldung der «Opposition» in den Augen westlicher Politiker und Banker eine Basis für Kredite war; andererseits, daß man jederzeit zu härteren Methoden gegenüber den Oppositionellen übergehen konnte, daß sie infolge von Folterungen verkommen und zu schändlichen Werkzeugen der Behörden werden konnten – das hat mich, gemessen an der Absurdität dessen, was auf dem Spiel stand (also «Demokratie» unter sowjetischer Besatzung, «Sozialismus mit menschlichem Antlitz», «Reformen» usw.), immer angewidert. Überdies hat es mich ebenso abgestoßen, daß diese Leute angeblich nicht bemerkten, welchen globalen Manipulationen sie dienten und ausgeliefert waren. Und schließlich die vielen niederträchtigen Typen unter ihnen, die sich bewußt Namen und Geld verschafften, indem sie dieses risikofreie Spiel sehr geschickt spielten und die stets gezinkten Karten mit forschen Tricks hin und her wendeten; diese gezinkten Karten – das konnte ich nie vergessen – verteilte letztlich die Bank an sie, der große Casino-Besitzer, und warf ihnen einige Prozent des Gewinns auf ihren Platz neben dem Tisch hin, womit sie dann auch zufrieden waren. Was für eine Lüge war das Ganze!

Viele (auch Freunde) hätten es gern gesehen, wenn ich beim *Roman eines Schicksallosen* stehengeblieben wäre. Aber ging es mir selbst mit Camus nicht genauso? Mich ärgerten seine Bücher nach *L'Étranger*. Später hat sich dann das Ganze aufgetan, die Persönlichkeit, das Leben, das erschütternde Beispiel, daß es im 20. Jahrhundert noch die Einheit, die Größe von Leben und «Werk» gibt. Was ich seit dem *Roman eines Schicksallosen* angelegt habe, macht auch den *Roman eines Schicksallosen* wahrhaft bedeutend. – Und er ist, was das angeht, keineswegs mein bester Roman, höchstens mein erfolgreichster.

Der Gedanke des Romans *(Liquidation)* ist, wie ich glaube, vollkommen luzide: Bé nimmt das Experiment, hinter die Bedeutung von Auschwitz zu kommen, ganz und gar an sich selbst vor. In sich selbst erkennt er den Muselmann, der sich im Schlupfwinkel, der geschlossenen Welt der Diktatur, versteckt mit dem Willen, in Opposition zu dieser Welt zu überleben. Im Verlauf dessen verliebt er sich auf nicht vorhergesehene Weise und heiratet: Die Ehe gibt ihm die erste Möglichkeit, teils sein Ressentiment, teils seine Unfähigkeit zum Glück, seine Selbstzerstörung auszuleben. Nach Beendigung der Ehe setzt die Zeit großer Erkenntnisse ein – da durchschaut er, daß er das Leben eigentlich aufs Spiel gesetzt hat, um die Bedeutung von Auschwitz zu verstehen. Übergang in den Zustand des Sakralen (des Holocaust-Heiligen): Er erkennt, daß er Opfer war und Mörder – zuerst der seiner Frau, sagen wir so: er ermordet ihre Seele, darauf aber wendet sich die Aggression gegen das andere Geschöpf entsetzt gegen ihn selbst; er begreift, daß er Selbstmord begehen muß. Die historische Situation bietet ihm die Möglichkeit dazu. Zugleich wird klar, daß das Überleben kein Vorwand mehr für Bés Dasein sein kann. «Der Raum ist unendlich geworden, und in diesem unendlichen Raum zerrinnt und verschwindet sein zufällig gewordenes Leben, seine überflüssige Tragödie. Des Himmels und des Fortgangs blinder Trieb sagen gleichermaßen nein zu den im Pfuhl ihrer Tragödie Ringenden, die durch eine unerwartete Wendung auf einmal als das *Häßliche* erscheinen.» Er begreift, daß er verschwinden und Auschwitz sowie alles, was das Auschwitz-Judentum bedeutet, mit sich nehmen muß. All das schreibt er nieder und wünscht, daß es diejenige verbrennen möge, die unschuldig und ohne Kenntnis von Auschwitz – durch ihn, Bé – so schwer von Auschwitz verwundet worden ist: Judit. Der «Gedanke der Erlösung» wandelt sich sozusagen von der Abstraktion zu einem Akt der Liebe, und nach kurzem Ringen nimmt Judit, gleichsam im Zeichen der Gegenliebe und gegen den schrecklichen Gedanken ankämpfend, daß Bés Leben und all sein Tun vergebens gewesen sein sollten, dieses Geschenk an. – Und sie büßt dafür.

Die Geschichte ist eigentlich Judits Geschichte. Judits lebensvolles Dasein verleiht Bés Abstraktionen Leben. Keserű, Bés Lektor, erzählt die Geschichte quasi aus der Perspektive eines untergegangenen historischen Milieus (der aktuellen ungarischen Intellektuellenexistenz). Seine Tragödie ist keine Tragödie, weil er in einem lächerlichen Anachronismus – der ungarischen Gegenwartswirklichkeit – lebt. Keserű verliert alles: seine Vergangenheit, die Bestätigung seines Daseins, seine Liebe, seinen Freund, seinen Beruf. Ein exemplarisches Beispiel menschlicher und zeitgeschichtlicher Leere.

Nicht Bés Lebensfülle vergessen: Er hat alles erlebt, und das weiß er: Liebe, tödliche Erniedrigung, seelisches Elend und triumphalen (Selbst)Mord: alles, jede Leidenschaft, jede Höhe und Tiefe, die das Leben geben kann: Er hatte ein wunderbares Leben, er tritt glücklich ab.

Keserűs Hauptmotiv ist dagegen, daß er nicht begreift, was geschehen ist. Seine Erzählung wird dadurch absurd und humorvoll.

(Inzwischen hörte ich den ersten Aufzug der *Walküre*, und es war ebenso erhebend, und ich weinte genauso wie im Alter von zwanzig Jahren.)

Wer wahrhaftig ist, ist verloren. Wer verloren ist, ist wahrhaftig. Wer verlorengeht, gewinnt. Gehe triumphal und elendig verloren. Einen anderen Weg gibt es nicht.

Mein Leben war immer – genauer, durchgehend – auf Verlieren gegründet; ich machte meine sicheren Verlusteinsätze wie andere den Gewinntip. Und jetzt? Es gibt irgendein mystisches Gegengewicht; ich selbst habe nicht allzuviel gewonnen, und die Altersqualen, der nahe Tod gleichen alles wieder aus. War ich glücklich? Bin ich glücklich? Ich bin es nur – im totalen Sinn des Wortes, das heißt im vollen Sinn meiner Seinsrealität –, solange ich schreiben kann. Das andere bin nicht ich.

Wittgenstein, *Vortrag über Ethik*. Daß unser Vokabular, das sich auf die Transzendenz bezieht, ohne Bedeutung ist, ist ein Gemeinplatz. Daß unser ganzes Leben ohne Bedeutung und Bedeutsamkeit ist: ein Gemeinplatz. Doch als man glaubte, all diese Gemeinplätze seien bedeutsam und groß, da hatte das Leben Würze, da war auch das Leben bedeutsam und groß (oder schien so zu sein, man empfand es so, lebte so).

Wenn du mit Cioran sagst, du seist der Menschheit nichts schuldig (weil du akzeptiert hast, daß man deine Daseinsberechtigung leugnete), beleidigst du damit die, die dich aus der Menschheit ausgestoßen haben, auf unerträgliche Weise: Und du beleidigst sie eben dadurch tödlich, daß du dein Ausgestoßensein annimmst (und so aus ihrer Werteordnung austrittst), teils weil sie die Verachtung spüren, teils weil sie dich nicht wieder aufnehmen können, um dir erneut deinen Platz zuzuweisen, diesmal «innerhalb der Menschheit» (sofort am äußersten Rand, links unten).

Gestern *Onkel Wanja*. Neuerdings ertappe ich mich dabei, daß mich beim Lesen (Sehen, Hören) großer Werke nicht nur die Werke selbst ergreifen, sondern auch die Tatsache, daß *es sie gibt*, daß sie entstanden und gespielt und aufgeführt werden; dieses Wunder des Unzeitgemäßen, wie die Größe auf Christusfüßen unter uns wandelt, rührt mich zu Tränen. – Die Demokratie frustriert den Geist mächtig, insofern sie Größe auf keine Weise toleriert; der Grund ist nicht so einfach, wie ein demokratisch erzogener Sozialwissenschaftler erklären würde. Ich fürchte, die Demokratie ist die prägnanteste Manifestationsform der Dekadenz – noch manifester kann nur die Diktatur, die moderne Massendiktatur, sein. (Die oft im Gewand der Demokratie auftritt.)

Die «Globalisierung»: Ultraliberalismus, mit Tendenzen zum linken Totalitarismus – lese ich bei Hurduzen, einem in Amerika lebenden rumänischen Autor; nicht schlecht, das ist auch meine Erfahrung. Und es ist wirklich die übelste Kombination, obwohl sie dem Prozeß einer mit dem Untergang einhergehenden Selbstkastrierung entspricht, den die Intellektuellen im Westen erzeugen.

(Notiz zum Fejtő-Artikel) Was ich in den vergangenen zehn Jahren begriffen habe, ganz kurz: Der grundlegende Kampf vollzieht sich zwischen Etatismus und «Demokratie», dem «Liberalismus», wenn man so will, der individuellen Existenzform. Den etatistischen Geist repräsentieren die furchtsamen osteuropäischen Intellektuellen und die vor der Konkurrenz zitternde Kleinkapitalisten- und Beamtenschicht; der Etatist will ein sicheres Auskommen, unverhohlene Vorteile auf dem geistigen wie auf dem kommerziellen Markt; die etatistische Tendenz begann nach dem Ersten Weltkrieg, eben mit dem Zerfall der autoritären Staaten, vom Rhein bis in den Osten vorherrschend zu werden, und die Wirtschaftskrise steigerte das Verlangen nach persönlicher Sicherheit und das Ressentiment gegenüber den natürliche Vorzüge genießenden Besseren, Talentierteren bis zur Hysterie. So ist also der Etatismus immer wertefeindlich und notwendigerweise ideologisch; moderne Formen des Etatismus sind Nazismus und Kommunismus. – Interessant zu beobachten: Staaten, Regierungen sind ihrer Natur gemäß stets geist- und kulturfeindlich; aber daß selbst die Hüter der Kultur, Schriftsteller, Künstler und Journalisten, die Kulturfeindlichkeit unterstützen, das ist ausschließlich in etatistischen Staaten wie beispielsweise Ungarn möglich.

Aus dem 5. Kapitel des *Doktor Faustus*: «... und er weiß, daß man die Menge nur als ‹Volk› anzureden braucht, wenn man sie zum Rückständig-Bösen verleiten will. Was ist vor unseren Augen, im Namen des ‹Volkes› nicht alles geschehen, was im Namen Gottes, oder der Menschheit, oder des Rechts nicht wohl hätte geschehen können!»

Bei der Lektüre der kosmologischen Spekulationen von Hawking kehrt endlich meine alte Idee zurück, die genauso absurd und kindisch ist wie diese Spekulationen: Gott erschuf den Menschen, damit dieser so lange spekuliert und experimentiert, bis in den Dämpfen einer seiner Retorten plötzlich Gottes Antlitz aufleuchtet und den von Entsetzen gepackten Menschen anlächelt; das heißt, Gottes Ziel ist die eigene Enthüllung über den Weg der Entschlüsselung von Rätseln. Dann natürlich sind die Wissenschaftler die wahren Priester. Und der Augenblick der Erkenntnis bedeutet das Ende der entweder Gott oder dem Menschen gegebenen Welt. – Was für ein Kind der Mensch doch ist, daß er sich nicht mit dem Geheimnis zufriedengibt, das soviel interessanter ist als die Wirklichkeit! – Nebenbei ist Gott als Naturwissenschaftler ein Konstrukteur, ein Physiker- und Biologen-Gott; der Gott der Kirche ein Theologe und Dogmatiker. Doch was für ein Gott ist der Gott der übrigen, der anderen Völker, anderen Zeiten? Kinder, Kinder …

Kann das *Gefühl*, das die Religionen erschuf, erlöschen? Gab es schon einmal eine religionslose Zeit? War die Antike religionslos? Aber die Antike hat doch die Metaphysik entdeckt, den Gedanken der «ewigen Wiederkehr», und dieser hat seinen Ursprung in der Sensibilität für «Religion». Aber die Andacht, die Erlösung, das von Welt und Tod erfüllte große Gefühl ist dennoch modern, ein noch nie dagewesenes Gefühl, das Europa groß gemacht hat, und jetzt, da Europa immer weniger wird, vergeht auch das Gefühl. Was für ein interessantes und fragiles Phänomen das ist; wie könnte man es in Worte fassen, es untersuchen? – Marx' große Entdeckung war, daß «das Sein das Bewußtsein bestimmt»; aber was für leere Worte sind das, denn welches Sein bestimmt was für ein Bewußtsein, und wo ist der Philosoph oder Psychologe oder Ökonom, der das Sein definieren, es vom Bewußtsein trennen und dann im Bewußtsein zeigen könnte, wieviel hier Eigenmächtigkeit des «Bewußtseins» ist und wieviel das, sagen wir, *reine Sein*? Unser Bewußtseinsleben kommt eigentlich in den Worten zum Vorschein, und somit hat letztlich Wittgenstein recht. Wenn jedoch Wittgenstein recht hat, müssen wir hier jeglicher Gewißheit entsagen und zum Gestammel des Glaubenslebens zurückkehren.

Daß wir dem Herrgott oder, wenn man so will, der Gottheit menschliches Denken zuschreiben, ist lediglich Ausdruck der menschlichen Hilflosigkeit, es kann die Frage der «Existenz» der Gottheit – oder des Herrgotts – noch nicht einmal streifen.

Ich darf nicht weiter sogenannte Essays schreiben, weil ich damit in die «Menschheit» eintrete, ihre Lügen teile und Zeugnis von meiner Hoffnung gebe, einer Hoffnung, an die ich, wenn ich bei meiner Kunst, also meinem Radikalismus bleibe, mitnichten glaube. – In Wahrheit behandelt man mich, ehrlich gesagt, in Ungarn künstlerisch relevant, hier, wo ich keinerlei Wirkung entfalten kann, wo man, wenn es ausschließlich von ihnen abhinge, nicht einmal meinen Namen niederschriebe; in Deutschland hat man sich vorgestellt, mich in gewissem Sinn – um es so zu sagen: im Sinn einer redlichen Manipulation – benutzen zu können; doch jetzt wendet sich das Blatt auch dort, und die große Wahrheit: das Auschwitz-Wesen der Welt tut sich auf. Konnte man sich bis zum Ersten Weltkrieg noch vorstellen, in der christlichen

Kultur zu leben, muß man heute formulieren, daß die westliche Kultur zur Auschwitz-Kultur geworden ist. Heute leben wir die Auschwitz-Kultur.

Ich glaube, mit Auschwitz hört die (klassische) Geschichte von Christentum und Judentum auf. Wenigstens ist, was danach folgt, keine geistige, keine kulturelle und auch keine (im jüdisch-christlichen Sinn verstandene) religiös-seelische Geschichte mehr. – Warum sich Auschwitz also zu einem viel signifikanteren Ereignis unter den gewohnten verabscheuenswürdigen Ereignissen ethnischer und im Umkreis religiös-ideologischer Fanatismen üblicher Menschenausrottungen erhebt, hat seinen Grund gerade in dieser substantiellen Bedeutung; Auschwitz ist die Manifestation des Erlöschens einer zweitausendjährigen Kultur. – Was für eine Bedeutung hat im Verhältnis dazu der Antisemitismus? Ein nächstes Auschwitz wäre nur noch ein müder Allgemeinplatz, flüchtige Bestätigung dessen, was wir ohnehin wissen; zum Teil ist damit die stille und dumpfe Gleichgültigkeit der Welt gegenüber den Ereignissen in Jugoslawien erklärbar.

Was Juden und Nichtjuden heute voneinander trennt, ist nicht die Verschiedenheit von Religion und Kultur, sondern die psychische Auswirkung der Tatsache, daß man die Juden mit Ausrottung bedroht hat und sie zum Teil auch ausgerottet worden sind. Das ist jedoch naturalistische Wirklichkeit und keine geistige oder kulturelle Verschiedenheit. Aber mit den psychischen Folgeerscheinungen dieser Tatsache leben wir.

«In der Wahrheit leben» – das bedeutet soviel wie ausgestoßen, in Armut, in totaler geistiger Einsamkeit, «außerhalb der Menschheit» leben. Das tue ich nicht. Ich lebe in Wohlstand und glücklich (Gott sei Dank!). Die Frage, die sich damit stellt. Wenn ich etwas schreibe, muß ich in den Abgrund dieser Frage sinken und meine Stimme von dort hören lassen.

In der tiefen und auch heute offenbar unüberbrückbaren Spaltung der ungarischen Gesellschaft spiegeln sich nicht bloß die politischen Meinungsverschiedenheiten von rechts und links wider. Wenn man von den Auffassungsunterschieden zwischen der traditionellen europäischen Rechten und Linken ausgeht, lassen sich die politischen Emotionen in Ungarn gar nicht verstehen. Auch wenn sich die einen Konservative nennen wie die englischen Tories und die anderen Sozialisten oder Liberale wie in den europäischen Demokratien, in denen diese Ideen und Richtungen entstanden und im Laufe der Geschichte mit Leben erfüllt worden sind. Mit der Ablösung – genauer dem Rücktritt – von István Bethlen war der ungarische Konservativismus zu Ende; und der gegenwärtige ungarische Sozialismus verfügt über eine einzige lebendige Tradition: die vierzigjährige «Volksdemokratie» unter sowjetischer Besatzung, und diese wiederum schließt unmittelbar an Béla Kuns in schlechter Erinnerung gebliebene Räterepublik an. Und was die liberalen Traditionen betrifft, sie wurden vom Holocaust hinweggespült und vom Reformkommunismus kompromittiert, bis sie schließlich in der Regierungsperiode 1994 bis 1998 scheiterten. In Ungarn verbindet sich der liberale Gedanke auf fatale Weise mit dem Wort «jüdisch» – nicht daß jeder Jude liberal oder jeder bürgerliche Liberale Jude wäre; deshalb setze ich das Wort «jüdisch» hier auch in Anführungszeichen und nenne diesen Zusammenhang fatal. Es geht einfach darum, daß die Tradition des ungarischen Liberalismus durch die weiße Revolution 1919 ebenso hinweggefegt wurde wie deren Bethlensche

Konsolidierung durch Ungarns Eintritt in den Krieg an der Seite der Nazis. Und da diese Geschichte – wie im übrigen auch die darauffolgenden vierzig Jahre «Sozialismus» – bis zum heutigen Tage nicht aufgearbeitet ist, ist man in diesen wichtigen Fragen auch zu keinem Konsens gelangt.

In Deutschland erkannte Adenauer, daß die deutsche Gesellschaft ohne Konsens, ohne einen nationalen Konsens über das fundamentale historische Trauma nicht zu heilen und in die Gemeinschaft der europäischen Demokratien zu führen war. Dieser Konsens hat seine Schwächen, aber sicher ist, daß nicht übertretbare Gesetze festgelegt, Grenzen des politisch-geistigen *discours* abgesteckt wurden. In Ungarn ist all das nicht geschehen. In Ungarn wissen wir nicht, ob wir 1941 zu Recht in den Krieg eingetreten sind, ja, wir wissen sogar heute noch nicht, welcher Meinung wir über Trianon sein sollen – natürlich darüber hinaus, daß es eine nationale Katastrophe war. Doch wenn ich in Szeged oder Budapest an den Hauswänden Graffiti sehe, die Trianon verurteilen und Groß-Ungarn preisen, frage ich mich irritiert, ob ich nicht in einer völlig irrealen, anachronistischen Welt lebe. Letztlich will ich nur sagen, solange man nicht zu einem grundlegenden nationalen Konsens kommt, halten sich auf dem Grund der Auseinandersetzungen zwischen politischer Linken und politischer Rechten, auf dem Grund des Hasses, der die Intellektuellen unter dem Decknamen «Kontroverse zwischen Urbanen und Völkischen» spaltet, diese ungeklärten nationalen Probleme verborgen. Das Problem ist nicht, daß man im ungarischen Parlament, und sei es in diversen kodierten Sprachen, wieder auf die Juden schimpfen kann, das Problem ist vielmehr, daß es keinen Konsens gibt, auf dessen Grundlage die Gesellschaft protestieren könnte. Man hat diese Gesellschaft noch nicht wissen lassen, wohin die verfehlte Politik das Land geführt, in welche Situation sie es gebracht hat, man hat dieser Gesellschaft noch nicht die schweren, mangelnder gesellschaftlicher Solidarität entspringenden Probleme zur Kenntnis gebracht, die das moralische Leben einer Nation vergiften. So wissen diejenigen, die diese Gesellschaft führen, Politiker und Intellektuelle, auch selbst nicht, welche Emotionen sich auf dem Grund einer scheinbar unschuldigen geistigen oder politischen Kontroverse verbergen und wieweit sie berechenbar oder unberechenbar, im Zaum zu halten oder nicht einzudämmen sind. Ungarn – und das muß man klar und deutlich aussprechen – hat in geistiger Hinsicht noch nicht über sich entschieden; und das bedeutet letzten Endes, es hat noch nicht darüber entschieden, ob es wie ein erwachsenes, verantwortliches Land leben oder, seine echten und vermeintlichen Wunden leckend, sich hinter Wahnideen versteckend, dahinvegetieren will. In dem Moment, in dem diese Entscheidung getroffen wird, muß die Entwicklung gemeinsamer Standpunkte in den großen Fragen beginnen, die Ausbildung eines *discours*, das Zustandebringen eines Konsenses, weil allein ein solcher den Rahmen für eine gemeinsame Arbeit schaffen könnte.

•

Beim Anblick des Fotos eines von Straßenbaumaschinen überfahrenen Wolfs erfaßt mich doch eine Jahrtausendende-Depression. Ein Wolf! Der einst im Winterwald eine Gefahr für das menschliche Leben war ... Und jetzt wird er einfach so zufällig wie ein Maulwurf überfahren. Was für eine schreckliche, gigantische neue Welt!

Ich weiß nicht, wann in der Geschichte des Menschen das Katastrophengefühl *nicht* allgegenwärtig gewesen wäre. Gab es eine solche Zeit? Die Bibel erzählt ständig von der Katastrophe, und im wesentlichen geht es auch in Kunst und Philosophie darum. Der Mensch hat Angst, und seine Angst ist berechtigt und begründet.

In der Bitterkeit, die in den wütenden Kritiken über mich steckt, drückt sich eigentlich die folgende Anschauung aus: K. ist ein erfolgreicher Schriftsteller geworden und tut so, als bereitete ihm das Probleme. Das ist alles, mehr nicht. Wiewohl ... wiewohl. Erstens, als ein «erfolgreicher» Schriftsteller bin ich nur für ungarische Verhältnisse zu bezeichnen – was heißt «Erfolg»? Daß meine Arbeiten mir hier und da Freunde bringen und eine gewisse Aufmerksamkeit erregen, liegt allein an der Natur dieser Arbeiten. Daß ich mein Brot verdiene, liegt an der Natur des westlichen Marktes. Aber daß ich über alles das existentiell reflektiere, gilt hier schon als Aufschneiderei; so als hätte ich mein Ziel, den «Erfolg», doch erreicht und solle nun bitte kuschen: So ist die ungarische Mentalität. Die *Frankfurter Allgemeine Zeitung* wiederum wirft mir in einem Artikel vor, ich würde mich auch über meine «Erfolge» nicht freuen, darüber, daß ich Leser habe, und so weiter. Sieh an, dermaßen blöd macht einen die Öffentlichkeit. – Wogegen ich nur sage, daß wir auch den Erfolg ertragen können müssen, so wie wir auch Zurücksetzung, Anonymität und Erfolglosigkeit ertragen. Wenn unsere Existenz sich weitet und wächst, dann müssen wir dieser Entwicklung folgen, solange wir nur können, da wir zu dieser Existenz gehören, mit all unserer Verantwortung, unserer Anstrengung, unserer Ehre.

Professionalität, das Verwalten und Plazieren des Werkes in der Welt – und die Haltung, die damit einhergeht –, gehört zum Leben dazu; und nach einer gewissen Zeit ist eine Entscheidung in dieser Frage auch unvermeidlich; ich muß also auf mich nehmen, was ich auf mich nehmen muß, mir aber auch mein Selbst bewahren, damit ich die beiden Bücher, die ich noch schreiben will, auch noch schreiben kann.

Meine Werte standen immer im Widerspruch zu denen meiner Umgebung (meiner unmittelbaren Umgebung). Im allgemeinen ist das Wertesystem dazu da, den Menschen bei ihren hinkenden Schritten als Krücke zu dienen – oder anders gesagt, damit sie in einem gut konstruierten Auto über ihr Leben hinwegrasen können, millimeterbreit über den Unebenheiten bleibend. (Wird das Auto jedoch langsamer und kommt auf morastigen oder holprigen Wegen ins Rutschen, bleiben sie stecken; sie müssen also stets auf die Geschwindigkeit achten.) Mein Wertesystem hingegen ist keines, das «zu leben hilft», im Gegenteil, es negiert das geltende Wertesystem und schöpft gerade daraus seine Vitalität. Andererseits, vom Standpunkt des Umfeldes aus betrachtet, ist dieses Wertesystem mörderisch. Daher war mein Leben, mein künstlerisches Schaffen, immer ein geheimes Leben, und ich empfand dieses Schaffen immer als eine Art Laster, als eine frevelhafte Tätigkeit (was es auch war). Ich lebte in der Illegalität, und mein Werk ist der Ausdruck dieser Illegalität. Also lebte ich in der Wahrheit, und mein Werk ist der Abdruck dieser Wahrheit.

Kann man Werke wie Schuberts Impromptus unter anderen Bedingungen schreiben als denen der Gottverlassenheit?

Gute Sachen kann man nur im Zustand tiefster Verzagtheit schreiben; wenn man sich völlig frei fühlt, weil man gewissermaßen schon von jenseits des Grabes spricht und einen menschliche Gesetze nicht mehr binden.

Cioran (über Celan): «... er ist nicht auf halbem Weg stehengeblieben, *er hatte die Möglichkeiten, der Selbstzerstörung standzuhalten, erschöpft.*»

Ja, in dieser Zeit hat jeder Angst vorm Verschwinden, davor, überflüssig zu werden, während er mit noch nie gesehener Bereitwilligkeit nach der Art und Weise sucht, wie er seine schwere und verantwortliche Individualität aufgeben könnte.

Der Bericht des sogenannten Amtes für Geschichte ist eingetroffen (ich hatte das Büro, das die Spitzel-Berichte verwaltet und aufbewahrt, vor drei Monaten um die Akte ersucht, die zwischen 1950 und 1989 eventuell über mich hätte geführt worden sein können). Die Antwort: «Sie sind in den uns derzeit zur Verfügung stehenden Registern nicht verzeichnet.» Also wurde über mich keine Akte geführt, niemand hat mich denunziert. Was für ein Mißverständnis! So habe ich gelebt, ganz und gar unerkannt. Andererseits: was für eine Erleichterung! Nicht einmal im negativen Sinn habe ich hierhergehört, unter die, die über unser Leben herrschten, und niemand hat mich so gehaßt – oder hielt mich für würdig genug –, daß er mich denunziert hätte. Rein vom Standpunkt des Systems gesehen, habe ich gar nicht existiert.

Wer einmal gesehen hat, wie ein Rudel Hyänen ein lebendiges Gnu zu Tode hetzt und dann auffrißt, dem vergeht, glaube ich, für immer die Lust am Philosophieren. Das Gesetz des Lebens liefert keinen Grund für Vertrauen; über den lauernden Tod hinaus und inmitten des Grauens der Daseinserhaltung gibt es nur ausnahmsweise, nur selten stille Inseln, und immer nur bedingt und unzweifelhaft vorübergehend. – Und das Glück?, könntest du fragen. Die Antwort: Selbst das Glück ist nur Teil des Grauens. – Die letzte Antwort aber lautet trotzdem, es hat sich dennoch gelohnt.

Krise. Letztlich habe ich mit der Professionalität, mit der Heirat, der großen Wohnung, der neuen Lebensform meine Einsamkeit, die Selbstquälerei, die Depression aufgegeben, alles, was Jahrzehnte hindurch die Quelle für das Beste in mir war. Wo sind die meditativen Morgen? Die großen Traurigkeiten, die großen Lektüreerlebnisse? Ich bin in etwas hineingerutscht, das jeden schöpferischen Gedanken zerstört: in eine gutsituierte Mittelmäßigkeit. *Ich lebe nicht mehr in der Wahrheit.* – Ob ich mit meiner jetzigen Lebensform brechen könnte? Ohne weiteres, obwohl ich siebzig bin. Ich müßte mich vor Alterseinsamkeit fürchten, vor Krankheit – aber ich fürchte mich nicht. Letzten Endes – und das ist gar nicht so lang hin – muß ich sterben, wenn auch nicht egal ist, wie das geschieht, aber ich spüre, daß ich sterben kann, daß ich bereit dazu bin.

Tolstoi, mit achtzig: «Mir ist ein Sprachrohr in die Hand gegeben, und ich bin verpflichtet, es zu beherrschen, es zu gebrauchen. Etwas drängt sich auf, weiß nicht, ob es gelingt. Und zwar drängt sich auf, außerhalb jeder Form zu schreiben: nicht als Aufsätze, nicht als Diskussionen und auch nicht als Belletristik, sondern so gut ich vermag, das auszusprechen, auszugießen, was ich heftig fühle. Und mit quälender Heftigkeit fühle ich das Grauen, das Demoralisierende unserer Lage. Will schreiben, was ich tun möchte und wie ich mir das, was ich tun möchte, vorstelle.» (Tagebuch) – Ja, das will auch ich schreiben. Aber so wie Tolstoi drücken sich nicht Schriftsteller aus, sondern die großen Bekenner, die Heiligen, die für Gott schreiben. Das will auch ich. Ich will mich ausschließlich erinnern, auf Grund meiner Erinnerungen Zeugnis von mir geben.

Große Künstler haben immer in einer großen Krise gelebt und aus diesen großen Krise heraus geschaffen; das Ende war immer ein schmählicher Tod (Tolstoi, van Gogh); aber sie starben so, wie es sein mußte, wie ausgelieferte, sich an einen geheimen Ort zurückziehende Tiere.

Eine sonderbare und beinahe gesetzmäßige Dynamik: Wenn im Bereich des Lebens zerstörerische Instinkte auftauchen, erscheinen im Bereich der Kunst umgehend Kreativität und Inspiration; und auch umgekehrt ist es so – wenn die Lebensführung kreativ ist, das heißt glücklich und andere beglückend, kippt die Musik der Kunst sofort ins Diminuendo.

Das schlechte Gewissen ist manchmal eine stärkere Kraft als die Liebe, obwohl es das schlechte Gewissen ohne die Liebe gar nicht geben könnte.

Beim Korrekturlesen des *Romans eines Schicksallosen* sind mir bestimmte reale Details eingefallen. Zum Beispiel ist es mit Sicherheit so, daß ich (noch in Pest) nicht aus der Kolonne fliehen wollte; unter anderen Umständen wäre ich «in die große weite Welt gezogen», wie man so sagt; ich befand mich gerade in diesem pubertierenden Zustand. Zweifelsfrei ist auch, daß in dem gegebenen Bösen alle gut zu mir waren. Der Polizist ermutigte mich mit einem scharfen Blick, aus der Kolonne zu fliehen; und der («metzgerhafte») Gendarm mit Knüppel, dieser Schläger, den ich derart ernst nahm, daß ich auf seine drohende Geste breit (und gehorsam) grinste:

selbst der grinste zurück, gleichsam anerkennend, daß «wir uns verstehen». Und selbst der SS-Arzt ... (All das nur des Interesses wegen; ich bin schon ein Stück davon abgekommen, perverse Kuriositäten perverser Situationen mit Lust zu analysieren. Vielleicht: schade ...)

Man sollte unter Erinnerungen begraben leben ... – Gestern in Johnsons Buch *Intellectuals* manches Schlechte über Tolstoi und Sartre gelesen. Interessant, aber am Image Tolstois kann keinerlei Schlechtigkeit oder Verleumdung etwas ändern; aus seinen Schriften (ich denke an die *Tagebücher*) läßt sich sein ganzes Unglück herauslesen, sei es indirekt oder direkt, eingestandenermaßen. Seine Größe wird durch keinerlei Kleinlichkeit geschmälert. – Was hingegen Sartre betrifft, über ihn läßt sich nicht so viel Schlechtes sagen, was seine Schriften nicht schon enthielten. Es ist klar, daß wir es hier mit einem schlechten Menschen zu tun haben, der seinen Anhängern, vielen verblendeten, politisch dummen jungen Leuten, noch dazu ein schädliches Vorbild bot. Dennoch, auch ihm ist zugute zu halten, daß alles dies in seinem Werk enthalten ist, auch er war also ein zu guter Schriftsteller, als daß er seine Armseligkeit hätte verbergen können: Er konnte es nicht und gab gerade jene Armseligkeiten preis, die er vielleicht lieber verheimlicht hätte. Somit läßt sich sein Werk in gewissem Sinn doch als Zeugnis betrachten, und das ist das Höchste, was man in dieser europäischen (christlichen) Kultur von einem lebenden Künstler erwarten kann.

30. April 1999 Letzter Apriltag; Gereiztheit, Reizbarkeit. Die vielen stupiden Meinungsäußerungen im Zusammenhang mit dem Kosovo-Krieg. Der Zustand der «Intellektuellen» ist genau der gleiche wie in den 30er Jahren: eine bestürzende Erfahrung. Ligeti beschäftigt sich den ganzen Tag mit dem Krieg – auch er ist aufgewühlt, aus demselben Grund wie ich. Sie nehmen lieber die Volksausrottung des Diktators hin als das Auftreten gegen ihn – und der Gipfel ist, daß sie das auch noch als humanistisches Verhalten, zumindest aber als politisch angemessene Haltung betrachten. Ich verstehe nur teilweise die Abneigung gegen Amerika, an welcher der unbewußte Antisemitismus seinen Anteil hat; es ist dieser präventive Antisemitismus, der gewissermaßen der Selbstprüfung und dem Schuldbewußtsein (wegen der Ermordung von sechs Millionen Juden) vorbeugt, lieber die sogenannte Gewalt «gegen einen souveränen Staat, der Mitglied der UNO ist», «verurteilt». Daß dieser «souveräne Staat» die eigene Minderheit albanischer Herkunft ausrottet? Darüber regt sich niemand auf, und das ist deshalb interessant, weil sie ebensowenig gewillt sind, sich diese Volksausrottung vorzustellen wie die Bestrafung als Bestrafung zu begreifen; sie sehen nur die überwältigende Militärausrüstung und das Fallen der Bomben, was sie nicht mit einem aus Anteilnahme erwachsenden Entsetzen erfüllt, vielmehr wegen des geheimgehaltenen Schuldbewußtseins Angst in ihnen weckt …

Bremerhaven. Wir sprachen viel über den Krieg. Aus dem Hotel tretend geriet ich in eine politische Veranstaltung: Im Wind, unter einer Zeltplane, hielt ein hier aus der Vergangenheit übriggebliebener, bekannter Kommunist eine pazifistische Rede, zwanzig, dreißig Menschen hatten sich auf dem Platz versammelt. Dieser kleine kahle Jude geriet während der Rede von selbst in Zorn und begann sich plötzlich wie eine Schlange oder eher wie ein Regenwurm, auf den man getreten ist, zu winden. Irgend jemand neben mir bemerkte, er ahme mit jeder seiner Gesten Karl Liebknecht nach. Das dürfte ein widerlicher Kerl gewesen sein. Der kommunistische Stil, diese in die Freiheit entlassene Sklavenwut, die Sklavenwut der als Proletarier verkleideten, gescheiterten kleinen Intellektuellen ist die schlimmste. Sie sind es, die man in jeder Form treffen muß, es sind Nazis und mörderische Pazifisten, Ratten, die auf dem Schiff der modernen Zivilisation umherhuschen, die Haltetaue und das Gefüge zernagen und alles, was sich zernagen und zerstören läßt, bis das Schiff versinkt. (Vielleicht waren es in Rom die ersten Christen, bis geschickte Politiker und die Kirchengründer dann auf ihnen, dieser Fleischmasse, ihre Herrschaft aufbauten? Doch nein, denn darin lag ja eine große Kreativität, während die hier mit ihren Ideologien nichts als zerstören können.) – Allgemeine und wütende Flucht vor jeder erwachsenen Verantwortungsübernahme in einen glücklich um sich schlagenden Infantilismus. Der richtende Typ des «Gerechten», der sich mit festem Verdikt gegen die eigene Kultur, die eigene Zivilisation entscheidet, oft nur, um sein Judentum nicht annehmen zu müssen.

Ich habe genug von den zynischen oder dummen Figuren, die hinter allem die große Realität suchen und natürlich mancherlei moralische Motive außer acht lassen, nach dem Stalinschen Prinzip: «Wie viele Divisionen hat der Papst?» Nun, der Papst hat eine Menge Divisionen. Und ich habe immer auf diese Divisionen vertraut, die sogenannte Realität nie akzeptiert, während sie bis zum Hals versunken in diversen Diktaturen lebten …

Die ungezügelte Gier nach Erfolg und Anerkennung, die so häufig, und häufig in den widerlichsten Formen, zu erleben ist, rührt zweifellos aus einer frühen Verletzung oder frühen Verletzungen des Ichs. Jede spätere Qual und Anstrengung, das Ich zur Geltung zu bringen, ist von solcher Verletzung motiviert, die nebenbei Weltliteratur und Weltdeutung geschaffen hat: Schopenhauers Kampf um die «Verneinung des Lebenswillens» ist letztlich Folge des bis zum Selbstekel getriebenen Verlangens nach Ich-Geltung, der Jagd respektive Gier nach Erfolg; da geht es um eine rein subjektive, gewissermaßen lyrische Klage, die ein weltphilosophisches Gewand angenommen hat. Demnach wäre die seit der Romantik entstandene Weltliteratur eigentlich nichts anderes als die spätere Aufarbeitung von Kindheitstraumata (was bei Proust direkt deklariert ist, aber auch von Kafka gesagt werden kann)? Mag sein ... So zeigen sich also sämtliche Merkmale des finalen Niedergangs einer Kultur. Doch wie schön und reich ist selbst dieser Niedergang noch, und wieviel Kraft liegt in ihm ...

Ich darf nicht vergessen mitzuteilen, daß der *Roman eines Schicksallosen* ein Roman der Kádár-Ära, des Kádár-Regimes ist. Die nationale Seinsform der Kollaboration. Die geschlossene Logik des Überlebenszwangs. – Nun, von daher ist übrigens die große ungarische Lüge zu verstehen. Man hat die Kollaboration nicht nur akzeptiert, sondern eine Tugend daraus gemacht, indem es hieß, dies sei die einzige mögliche Form des «nationalen Überlebens». Das ist natürlich eine Lüge; schließlich besteht auch die Möglichkeit, sich zu widersetzen, ja, sogar zu sterben, auch das sind Alternativen. Doch die Nation wollte Bequemlichkeit, auch Wohlstand, und hätte die Glut unter den eigenen Füßen auch gern noch weiter geschürt; das ging allerdings nicht. Also mußte man lügen, daß Kollaboration und Selbstaufgabe in Wahrheit nationale Tugenden seien. Die Fortsetzung davon konnte naturgemäß nichts anderes sein als der gesteigerte nationale

Wahnsinn, den die erfolgreichsten Kollaborateure repräsentieren, einerseits aus politischer Gerissenheit, andererseits quasi aus Rache für sich selbst, weil sie vierzig Jahre lang betrügen und lügen «mußten»; die Mordwut aber richtet sich gegen die Zeugen, deren Leben keine Lüge war, die es lediglich – gut, schlecht, glücklich oder unglücklich – aufrechtzuerhalten suchten.

Über gewisse Dinge würde ich gern schweigen, doch schweigen kann ich nicht, seit meine Existenz eine öffentliche geworden ist. In diesen Betrieb zu geraten ist ebenso absurd, wie nicht hineinzugeraten. Letzten Endes gerätst du, wenn du schreibst und ein, zwei nicht völlig unbedeutende Arbeiten veröffentlichst, unvermeidlich hinein. Gib zu, du wolltest auch hineingeraten. Nach dem Fasten folgt das Abendessen. Draußen zu sein ist leichter, aber nur für eine Weile. Wenn du lange genug lebst, wie ich nun schon, wirst du mit etwa sechzig den engen Raum, in dem du dich bewegen kannst, als öde empfinden. Bist du in den Betrieb hineingeraten, mußt du dich äußern. Meist über Dinge, bei denen du dir unsicher bist. Über dein Werk. Wie vielen Menschen habe ich die Lust an meinen Büchern dadurch genommen, daß ich mich über sie äußerte. Mir auf jeden Fall. Aber zu äußern hat man sich über alles, über Leben, Tod, die Juden und die Geschichte, Krieg und Frieden. Mich beruhigt, daß ich bisher nur das gesagt habe, was ich denke, obwohl ich über diese Fragen oft erst nachzudenken begann, wenn sie mir gestellt wurden; doch wenn ich auch nur das gesagt habe, was ich denke, habe ich doch selten *so* geredet, *wie* ich denke, und darin ist das Genre des Erklärens schuld, das mir niemals erlaubt, mich zu *offenbaren*. Andererseits tut es mir gut, etwas zu sagen, inmitten von so viel Dummheit. Genauer gesagt tut mir das Bewußtsein gut, nicht mehr schweigen zu müssen. Es ist also Eitelkeit und die Erhöhung des Daseinsgefühls. Einen anderen Nutzen hat es nicht, sieh das klar. Wenn du dir einbildest, du könntest eine Wirkung haben, wenn du dir einbildest, du hättest dir Bedeutung verschafft, vielleicht gar Wichtigkeit, ist das Spiel aus, und wenn das Spiel aus ist, ist es auch mit dir aus. Denn du hast nur eine einzige Aufgabe auf Erden, und für die existiert nur ein einziges Genre: das Zeugnis.

Wie man es auch nimmt, Nietzsche und allein er, Nietzsche, hat die grundlegenden Wahrheiten gesagt – und der Plural kennzeichnet dabei nur die Epoche, in der wir leben, und die Geschichte, die uns gemeinsam ist. Man spricht von Wahrheit, obwohl es allein die Frage ist, ob es in einer Zivilisation den Willen zum Überleben, den Willen, sich zu schützen, etwas zu vollbringen, gibt oder nicht. In Europa besteht der notwendige Wille zum Überleben nicht mehr. Europa ist moralisch zugrunde gegangen, seine Kräfte sind dahingeschwunden, seine Ressourcen erschöpft, seine Tatkraft existiert nicht mehr. Vergeblich hat es um sich geschlagen und zwei Weltkriege geführt, all das hat sich nur als lautes und widerliches Symptom seines Untergangs erwiesen. Seine beiden Kriege wurden von Amerika beendet. Amerika hat (noch) die Kraft und auch die dafür notwendige Dummheit, den Konformismus, den durch keine Philosophie angefressenen Glauben, die Disziplin. Und darüber freue ich mich natürlich nicht als Amerikaner, sondern als untergehender Europäer, der von dort den Schutz erwartet, um seine dekadenten Spiele fortzusetzen. Denn nichts ist fruchtbarer als die Vegetation des Verfalls, von der wir in eine durch keinerlei Pflichten eingeschränkte Freiheit, vielleicht in die

Freiheit des Todes blicken. Es gibt nichts Wundervolleres als schrankenlose und uneingeschränkte Freiheit.

Sei es wegen meiner neuen Lebenssituation, sei es wegen des vorgerückten Alters, jedenfalls verstehe ich meine früheren Probleme kaum noch (während des Korrekturlesens des *Galeerentagebuchs*). Genauer, ich erinnere mich besser an sie, als daß ich sie verstehe. Meine Existenzprobleme sind andere – darin hat Wittgenstein vollkommen recht: Die Lebensalter bestimmen die Probleme, oder die Probleme haben die fürs Lebensalter zugeschnittene Proportion; die großen Probleme erscheinen im Mannesalter als große Probleme – später, im höheren Alter, nehmen sie andere Formen an, weil wir zu schwach sind, ihr ganzes Gewicht zu tragen, und mit unseren schwächer werdenden Augen kaum imstande, ihnen ins Auge zu schauen. Ist noch etwas geblieben, das vielleicht nicht so tragisch, aber dennoch bedeutend ist? Der Formenwandel der Probleme: vielleicht ist dies das auf mein Alter zugeschnittene Problem. (Ich denke an *Liquidation*.)

Ein Eintrag aus dem *Galeerentagebuch*, etwa von Anfang der achtziger Jahre: «Ich kann einfach arrivierte Geister und besitzergreifende Naturen nicht ausstehen, mag das Hinüberwechseln aus der Abgesondertheit in die ‹Elite› nicht, weil damit sofort eine entsprechende Denkweise einhergeht»: Was sagst du *heute* dazu?

(Im übrigen sage ich, daß sich mit der Veränderung der Situation auch die Authentizität der Abgesondertheit verändert; es geht einfach darum, daß in der heutigen Situation trotz allem eine Verantwortung – eine gemeinschaftliche Verantwortung – besteht, was in der Situation der achtziger Jahre eine falsche Interpretation gewesen wäre, insofern war die Abgesondertheit zu Zeiten der völligen politischen und gesellschaftlichen Ohnmacht authentisch, und daher ist diese Authentizität heute, da wir zumindest unsere Stimme erheben können, zweifelhaft.)

Weder Kafka noch Beckett, noch Bernhard, noch, wie ich meine, ich selbst haben je so geschrieben, als ob wir zu einem «normalen» Lesepublikum sprächen. Wir taten nie so, als gäbe es noch «Literatur». Literatur: das ist ebenjene normale, durch Kultur vermittelte Kommunikation zwischen dem Menschen und Gott, die völlig und restlos verschwunden ist. Somit hat in der Kommunikation, die an die Stelle der Kultur getreten ist, in dieser von journalistischen, ideologischen und politischen Aktualitäten durchdrungenen Kommunikation, die in künstlerischen Formen verwirklichte (zustande gekommene) Selbstartikulation keinen Platz mehr. Das ist das Problem der Kunst, dem wir am plastischsten in der Musik begegnen, durch das Verschwinden der Tonalität als universale Metapher.

Manchmal erfaßt mich Angst, es könnte meinen Büchern an Kenntnis der menschlichen Seele mangeln, an Wärme – überhaupt an Liebe.

Westliche Erfahrung: Die Dynamik der Welt, die, sagen wir, Konstitution und Struktur der Welt, der Lauf und die Organisation der Dinge nehmen einen Charakter an, der ihrer Natur nach inhuman ist, sozusagen böse. Wenn das Leben den Gesetzen der Funktionalität folgt und sich diesen vollständig anpaßt, ist der Mensch – zumindest der europäische, aus dessen Holz auch ich geschnitzt bin – verloren. Ringen um das Gute, ja, Rebellieren um des Guten willen sind hier und da noch wahrnehmbar. Aber die den Menschen immer stärker beherrschenden Gesetzmäßigkeiten, die unsichtbare Macht, der man sich nicht widersetzen kann, gewinnen immer mehr Raum. Die Hoffnung ist gering, aber war sie jemals größer? Das einzige hoffnungsvolle Bemühen: sich der Zeit widersetzen, der Beschleunigung widerstehen; festhalten, beharren. Du fragst, warum? Das ist allerdings die Frage. Doch wenn du die Antwort darauf findest, wenn du auch nur das Gefühl hast, eine Antwort dafür zu haben – dann bleibst du bestehen.

Ich weiß nicht, warum, aber neuerdings höre ich relativ viel über Goethe. Viele gescheite Menschen werfen ihm vor, er sei amoralisch mit Faust verfahren, weil dieser am Ende trotz seiner Sünden nicht in die Hölle, sondern in den Himmel kommt. Doch es fällt ihnen nicht auf, daß Fausts Erlösung nicht mehr die Geschichte Fausts, sondern die Gretchens ist, genauer, die ihrer Liebe. Da muß ich an A. denken; wer nicht den noch aus dem Jenseits wirkenden Segen der Liebe einer Frau empfunden hat, weiß überhaupt nichts. Die Liebe erlöst. Der heutige Mensch aber, obgleich er sehr klug ist, weiß weder, was die Liebe ist, noch kennt er den Begriff der Erlösung.

Lange Telefongespräche mit Ligeti. Um uns herum geht etwas zugrunde. Ist etwas dem Ende nahe. «Wir schreiben für Gott, auch dann, wenn es ihn nicht gibt», hat Ligeti gesagt. Er sagt, mir sei – wie er meinen Schriften entnehme – das, was wir Gnade nennen, wichtiger als ihm. In dieser Hinsicht sei ich Kafka verwandt. Vielleicht hat er recht. Auch in Kafkas Judentum steckt ein tiefer Katholizismus. – Dann Nádas: Alle miteinander spüren wir, daß etwas zerfällt; nicht *die* Kultur, sondern bereits der kulturelle Großbetrieb, der Schein der Kultur. Man kann es nicht genau formulieren, doch noch nie hat sich die Zukunft so bedrohlich am Horizont aufgetan wie jetzt.

Du lauschst einer Händel- oder einer Purcell-Oper, dann einem Massenet oder einem Verdi und verstehst, daß die bürgerliche Kunst letzten Endes Rebellion gegen die Größe ist. Hier begann der unabsehbare Abstieg; den Platz der großen Werte nahmen die Empfindsamkeit, das bürgerliche Mitleid ein, das heißt billiger Kitsch; dann kamen das Geld, das scheele Bedienen des Publikums, schließlich der Sozialismus, ja, der Faschismus. Goethe mit seinem klassischen Geschmack ahnte all das lange voraus. Aber nicht das ist hier interessant, sondern was dazwischenliegt, was zwischen klassischer Größe und bürgerlichem Moralisieren doch den Weg zu wahrer und unvergleichlicher Größe gefunden hat: Beethoven, Schubert ... In ihnen ist alles enthalten, genauer: das Ganze, das All.

Der Tod ist etwas anderes. Der Mensch sinniert über den Tod, aber er glaubt nur, über den Tod zu sinnieren. Wir denken zwar im Laufe unseres Lebens an den Tod, doch woran wir denken, ist nicht der Tod, sondern der Trost des Lebenden, die Verbitterung des Lebenden usw., die Lüge, die irrigen Vorstellungen des Lebenden. Wir vermögen uns nicht vorzustellen, wie es ist zu sterben. Und ein noch größeres Geheimnis ist der Tod selbst. Das Tier aber, das (glücklicherweise) in uns lebt, spürt ganz genau, wann der Tod an unser Bett tritt, wann er sich unserem Dasein nähert, wann wir beginnen müssen, uns vorzubereiten. Und auch dann wissen wir nicht genau, worauf wir uns vorbereiten. Oft ist es nur unsere Traurigkeit, die uns leitet.

Eine besonders geistreiche Passage aus Jenő Heltais

Buch *Zimmer 111* – ein Gedanke, der gerade dieser Tage verschwommen bei mir auftauchte und nun plötzlich dort steht, exakt formuliert: «Ich habe die schlechten Bücher immer mehr gemocht als die guten, irgendwie beurteile ich sie als aufrichtiger, natürlicher. Das gute Buch ist gewöhnlich ein überaus beabsichtigtes Etwas; das Produkt von allerlei Raffinesse und Kunstwillen, das gute Buch ist sozusagen ein schlechtes Buch, dem es gelungen ist zu gelingen. Das schlechte Buch will nichts, es will noch nicht einmal schlecht sein: Es hat eine frische Naivität und charmante Durchsichtigkeit, an denen man sich ergötzen oder über die man sich zumindest amüsieren kann; das gute Buch: der Schriftsteller im Frack, mit sämtlichen Orden, perfekt rasiert und parfümiert, das schlechte: der Schriftsteller nackt.»

Interessanter Artikel in der *Neuen Zürcher* über die «multiple» jüdische Identität, ihre vielen Seiten und unterschiedlichen Wurzeln. Von den östlichen Orthodoxen bis zu den liberalen Intellektuellen in den europäischen und amerikanischen Städten – dann die verschiedenen Abarten des Zionismus (moderne Säkularisten sowie, in großem Umfang, der sich seit der zweiten Zerstörung des Tempels nach Jerusalem zurücksehnende Zionismus); was habe ich mit alledem zu tun? Manchmal ist es, als spürte ich in mir die Rasse, die 5000 Jahre und den fernen Kontinent; zumeist aber lebe ich in einem symbolischen Judentum, und dessen wichtigste Meilensteine sind: Auschwitz und die hiesige, ungarische kulturelle Wurzellosigkeit und meine Sympathien für Europa. Keine religiöse Bindung, keine «völkische» Gemeinschaft. Ich glaube, meine Denkweise ist nicht typisch jüdisch (falls es eine typisch jüdische Denkweise gibt); ich will sagen, ich denke nicht über jüdische Dinge nach. Ich denke wie ein normaler, christlich geprägter Europäer, der zufällig in die Lage hineingeboren wurde, die man hier für gebürtige Juden erhalten hat. Was ist – für mich – daran das Jüdische? Zwangslebenslauf, Zwangsdenken, das aber deshalb trotzdem real ist und nur in dem Fall zur Verlogenheit würde, wenn ich den Zwang dieser Lage leugnete oder mich deswegen selbst zu hassen begänne, wie es so viele tun. Es ist eine Art Gebrochenheit, die ich starrköpfig repräsentiere und mit meinem Leben auf mich nehme: als eine Art von Schicksal, das trotz allem *mein* Schicksal ist und nur so, nur auf Grund dessen auch ein jüdisches Schicksal genannt werden kann – das heißt auf Grund aktiver Schicksalsarbeit und nicht bloß auf Grund der Geburt.

•

Sei dir darüber im klaren, daß du verschwinden wirst. Diese Welt und die Zukunft, die daraus erwächst, bewahren nichts. Deine Muttersprache verstößt dich, und dort, wo du noch etwas zu sagen hast, wird man dich bald nicht mehr verstehen. Du mußt ernsthaft damit rechnen, daß deine ganzen Anstrengungen umsonst waren. Ändert das etwas am Wesentlichen, beeinflußt es deine, um ein großes Wort zu sagen, schöpferische Leidenschaft? Ich fürchte, nein; teils als Besessener, teils als rationaler Zweifler möchte ich abschließen, was ich begann. Warum? Frag Gott, oder wer immer es ist, der dir dieses Leben anvertraut hat, ebendieses und nicht irgendein anderes.

Aber dennoch, wie würdest du zusammenfassen, was das große Novum ist? Ich glaube doch das Erscheinen des funktionalen, des schicksallosen Menschen; die Tatsache, daß die innere Kultur des Menschen liquidiert wird. Was stand bei Anbruch der Zeiten auf dem Tempel Apollons geschrieben? «Erkenne dich selbst.» Schließlich hielt solcherart Interesse, solcherart kulturelle Neugier bis zum Ende des vergangenen (des 19.) Jahrhunderts an. Inzwischen aber muß sich der Mensch in totale Strukturen einfügen und Antlitz und Gewissenlosigkeit dieser Strukturen annehmen, um leben zu können. Eine Maschinen- und *high tech*-Ameisengesellschaft entsteht, die vielleicht eine Art spartanische Moral haben wird, um sich den Bedrohungen der weiteren Außenwelt zu widersetzen. Unser Held und Hauptdarsteller: der Mensch, wird verschwinden. Wiewohl er nicht vollständig verschwinden kann; und das wird der künftige Konflikt sein.

Die Traurigkeit, die das ungarische Leben verströmt, der Mangel an Inspiration, der geistige Kleinmut. Es gibt quasi nichts, worüber noch nachzudenken wäre, weil alles verloren ist. Alles strömt und strahlt die völlige Vergeblichkeit jeglicher Anstrengung aus. Eine solche Stimmung geistiger Verlorenheit habe ich noch nie und nirgendwo erlebt. Von Grund auf anders als der Kádár-«Sozialismus», wo man noch glauben konnte, es gebe eine reale Transzendenz, eine jenseitige oder besser andere Welt, nämlich die westliche; inzwischen ist offensichtlich, daß es diese andere Welt zwar gibt, aber nicht für «uns» (und «uns» steht hier deshalb in Anführungszeichen, weil ich mich nur in Anführungszeichen mit meiner unmittelbaren Umgebung, dem Land und seiner Stimmung identifiziere, ungeachtet dessen, daß der allgemeine Inspirationsmangel auch auf mich eine äußerst starke Wirkung hat).

Verborgen leben. Schreiben als frevelhafte Form der Existenz. Interessant, daß es mir (im Gegensatz zu anderen, die sich für ihre Umwelt in heiligen Zeiten ihrer Arbeit opferten und die geheiligte Schrift ihrer Familie und der weiten Welt als Gnade darreichten): mir also nie gelungen ist, daß meine Existenzweise als Schriftsteller anerkannt, meine Schriftstellertätigkeit gleichsam legitimiert worden wäre. Was nebenbei bemerkt authentisch ist, denn das Schreiben kann – im Sinne des «Mein Reich ist nicht von dieser Welt» – auch keine legitime Tätigkeit sein – jedenfalls nicht in der Gegenwart. Die Gegenwart kann den Schriftsteller nie legitimieren. Das Geschriebene kommt erst später zur Welt – und wenn es zur Welt kommt, bleibt es auch – oder nicht. Doch der Verfasser muß schließlich auch essen, schlafen, lieben, kurzum leben, und die Wegzehrung schöpft er aus dem grauen Alltag, und dabei versinkt er selbst im grauen Alltag. Ein festliches Leben, das in monotonste Alltäglichkeit ausläuft. Ich habe das festliche Leben, das ich im geheimen führte, immer als sündiges Tun erlebt, niemand hat dieses geheime Leben je respektiert; das hat mich jedoch daran gewöhnt, meine Umgebung, wenn auch nicht gerade als feindliche, so doch zumindest als eine widerständige zu betrachten. Um meine Werke zu schaffen, mußte ich stets gegen dieses Umfeld ankämpfen, und das hat die normale Beziehung zu den Meinigen verdorben, meine Gefühle verhärtet, mich in Depression getrieben, und die wieder und wieder aufbrechenden Vorwürfe, die Tatsache, daß ich nicht in der Lage bin, die, die zu mir gehört, glücklich zu machen, hat die Liebe in mir getötet. Sicherlich hätte ich weiser leben müssen, dazu aber bin ich nicht imstande. Jetzt, da mein Leben allmählich doch auf das Ende zugeht, muß ich im verborgenen schaffen und mich mit der um mich entstandenen Ordnung abfinden, die auf der Nichterkanntheit, dem Mangel an Solidarität basiert. – All das könnte man auch viel einfacher formulieren, natürlich; und vielleicht ist das «Werk» überhaupt nicht wichtig. Doch wenn ich mich selbst nicht als wichtig ansehe, wollte ich die mir noch bleibende Zeit lieber nicht mehr absitzen, denn ohne kreativ zu schaffen ist das die reine Strafe.

Die Annahme, daß das Postulat Gottes sogleich auf religiöses Denken verweist, ist ein großer Irrtum. Und nebenbei bemerkt, es gibt keine unersprießlichere und weniger inspirierte Spekulation, als über Gottes Absichten, überhaupt über seine «Existenz» zu rätseln; ich verstehe schlechterdings nicht, wie der Glaube an Gott, der letztlich nicht bis zur stillen Beseitigung dieses unbegreiflichen Begriffs vordringt, das heißt zum vollständigen und alles hinwegfegenden Bewußtsein der eigenen unbegreiflichen, dennoch leibhaftigen und einzigartigen Existenz, religiöses Denken sein kann. Daran gemessen ist Gott – ob es ihn gibt oder nicht – einfach bedeutungslos.

Es ist nicht ausgeschlossen, trotzdem von Gott zu sprechen, doch wir müssen wissen, daß dann immer von etwas anderem die Rede ist.

Beim Nachmittagspaziergang Treffen mit einem lieben alten Bekannten (einem Historiker). Er gratulierte mir zu meinen Erfolgen: «Wer hätte das zur Zeit unserer einsamen Spaziergänge in Szigliget gedacht?» sagte er, und ich hätte beinahe erwidert: «Ich!», wenn das nicht Hybris, schlimmste Versündigung gewesen wäre. Doch tatsächlich, woran habe ich denn geglaubt, daß mich diese unerwarteten Entwicklungen zwanzig Jahre später eigentlich doch nicht ganz unerwartet trafen? Ich denke, ich glaubte einfach an meine Arbeit – gar nicht an meine Werke, einfach nur an meine Arbeit, daran, daß ich richtig lebe und daß dies einst von irgendwoher – wer weiß woher – Bestätigung erhielte. Es mußte nicht notwendig in dieser Weise geschehen, aber es ist so geschehen, wiewohl ich von harten Schicksalen und Leben weiß, die glaubwürdiger waren als meines und dennoch keine – zumindest keine öffentliche – Bestätigung erhielten. Hätte es mir auch anders ergehen können, genau umgekehrt, daß meine Werke verschwinden, ich an einer schrecklichen Krankheit sterbe usw.? Gewiß. Doch aus der bitteren Art von Glück, die meine Tätigkeit begleitete, stieg wie ein leichter Duft eine Hoffnung auf, die mich betäubte, so daß ich sie für ein Schicksalsgefühl hielt und mich der Zukunft voller Vertrauen entgegentragen ließ. Inzwischen spüre ich diese betäubende Hoffnung nicht mehr; auch heute bin ich glücklich, aber mein Glück nährt sich von Realitäten, vor allem von der Liebe, der Liebe für und von M. (Doch dafür bin ich über siebzig und habe Parkinson.)

Ich kann mich, wenn ich an mein kindliches Denken zurückdenke, erinnern, daß es nichts Kindliches hatte. Es war eine normale, ernste Denkweise, genauso logisch und ernst wie meine Gedanken heute – natürlich soweit mein heutiges Denken logisch und ernst ist. Ich erinnere mich zum Beispiel, wie ich in einer Straßenbahn, die über die Baross-Straße dahinrumpelte, die Relativitätstheorie mit dem Postulat von daumengroßen, dann daumennagelgroßen und noch kleineren Welten entdeckte, während ich nicht daran zweifelte, daß in Makro- und Mikrowelten Makro- und Mikro-Zeit und Makro- und Mikro-Ewigkeit wirken. Ich muß damals 11, 12 gewesen sein, haßte die Schulmathematik und fiel womöglich auch darin durch. Dann, bereits viel später – ich mochte um die 17 sein –, erinnere ich mich an ein entschiedenes

Schicksalsgefühl, als ich, am Fuße der Bimbó-Straße dahinschlendernd (dort befand sich damals die Bezirkspolizei; vor deren «Schild»), plötzlich dachte, so um mein vierzigstes Lebensjahr «wird es losgehen» ... Was? Das hätte ich in meinem damaligen Elend nicht genau formulieren können, aber ich fühlte, daß ich große Entscheidungen treffen müßte und dafür Zeit, viel, viel Zeit brauchen würde ... Meine Menschenkenntnis war vollständig entwickelt, meine politische Denkweise unterschied sich in nichts von meiner heutigen. Im Streit zwischen Kossuth und Széchenyi stand ich auf der Seite Széchenyis, außerdem war ich ein Bewunderer des British Empire, europäisch und elitär ... usw.

Meine politische Haltung fand ich dennoch am genauesten bei Jaspers formuliert, in den Worten über seine Eltern: «freisinnig, demokratisch und konservativ zugleich». Natürlich ist diese Denkweise schon längst passé, total anachronistisch. Und zumindest in politischer Hinsicht bin auch ich das.

Vormittags tue ich nichts, und zum Nachmittag hin werde ich müde. Heute wollte ich einige Eigenartigkeiten meiner Jugend aufschreiben, genauer, meine eigenartige Jugend. Eigentlich hat mich meine Mutter, nachdem sich herausstellte, daß sie mit mir nicht fertig wurde, weggeschickt. Das hatte Auswirkungen in der harten kommunistischen Diktatur. Ich grüble darüber nach, wie ich mich zu jener Zeit ernährte, was ich damals aß, als fast sämtliche Lebensmittel auf Lebensmittelkarten verkauft wurden. Wer hat meine Unterwäsche gewaschen und wie? Ich erinnere mich an eine öffentliche Toilette an der Ecke Rákóczi-Straße/Großer Ring, eher auf dem Großen Ring, vor dem Kaffeehaus Emke; dorthin ging ich, um meine Notdurft zu verrichten, und dort gab es eine Toilettenfrau aus dem Ancien régime, von der ich für einen Forint eine Extraportion Toilettenpapier bekam und Seife, um mich waschen zu können. Angeblich war ich kein schlechtaussehender junger Mann und auch nicht ungepflegt. Ins Lukács-Bad ging ich baden und schwimmen, daran erinnere ich mich. Abends wurden die Becken und das grüne Wasser von flutlichtartigen Lampen erleuchtet. Unvorstellbare Jahre waren das – nicht viele, etwa von 1948 bis 1951; dann wurde ich zum Wehrdienst eingezogen, was alles vereinfachte. Diese Jahre sind aus meinem Leben herausgefallen wie Groschen aus einer löchrigen Geldbörse. Am 14. September 1953 ging ich in Zivil – damals arbeitete ich als Diafilm-Redakteur im sogenannten «Militär-Filminstitut» – ins Moulin Rouge, das zu dieser Zeit «Budapest» hieß, und lernte durch einen Bekannten namens Jenő Kis A. kennen. Noch heute sehe ich, wo sie saßen; das rot getönte Café war fast leer. A. trug ein dunkelblaues Kostüm und eine gelbe Bluse aus Rohseide. «Kann man zu Ihnen auf die Bude?» fragte sie. Ich verstand überhaupt nichts. Die Frau war interessant, doch sie gefiel mir nicht. Auch fand ich sie alt. Ich nahm sie mit in die Wohnung, in der ich zur Untermiete wohnte. Es war ein sommerlicher Abend, die Hauptmieter waren an den Plattensee gereist. Es hatte als Abenteuer begonnen, und dann machte ich ihr die ganze Nacht Umschläge; nach einem Jahr Internierungslager und Gefängnis hatte A. in dieser Nacht unter fürchterlichen Krämpfen wieder ihre Menstruation bekommen. Ich erinnere mich nicht, was für ein Gefühl ich hatte. Danach verbrachten wir 42 Jahre zusammen. Von A. lernte ich, daß man warm essen muß, daß im Leben des Menschen eine gewisse systematische Ordnung herrschen und daß man Schulden zurückzahlen muß. Später habe ich es, was Systematik angeht, sogar übertrieben. Ich habe ihre Liebe entgegengenommen und sie nicht mit Liebe erwidert: Das werde ich nie verwinden können. Immer war ich schuldig, und oft habe ich gegen dieses Schuldbewußtsein rebelliert. Unterdessen wurde ich Schriftsteller. Wie? Ich erinnere mich an kaum mehr als meine endlosen, einsamen Spaziergänge in den angrenzenden Bergen, an das tägliche Scheitern und die in mir brennende, unauslöschliche Hoffnung, die mich anderntags von neuem ins Freie trieb, vielleicht würde ja etwas geschehen, vielleicht käme mir ja der erlösende Gedanke. Ich lebte schwer und verloren wie der Prophet, ehe der Engel ihn überrascht.

Die Passion, allein die Passion ist produktiv. Die Passion muß einem die Worte eingeben …

Ein Artikel von P. Gy. vom Dezember 1991 beginnt mit den Worten: «György Aczél ist tot, und wenn die ungarischen Intellektuellen ihn nicht begraben, nicht über ihn sprechen, sich nicht darüber aussprechen, einzig und allein weil jeder mit der Übermalung des eigenen kleinen, allbekannten, elenden Lebenslaufes beschäftigt ist, wird uns diese Frage in Zukunft auf die Füße fallen.» – Nun, deshalb bin ich kein ungarischer Intellektueller und war es nie. Mein Leben wurde nicht berührt von Sein oder Nichtsein György Aczéls, durch den Wohnungen und Geldstrafen austeilenden György Aczél; ich bekam nichts von ihm, und er nahm mir nichts weg, ich haßte ihn nur obenhin, so wie ich Sauerampfer und das politische System haßte – aber ich nährte mich von keinem von beiden. Mein Werk hingegen ist dank dieser Appetitlosigkeit so unabhängig geworden, daß es in diesem Land fast nicht zu verstehen ist; weil es keinen bestätigt und auch keinen verurteilt, höchstens aufzeigt, wie wir leben: Das aber interessiert die Menschen nicht, erbost sie sogar, weil ich ihnen ihr Leben nicht aus der Perspektive zeige, die sie ständig als den eigenen Horizont sehen und sozusagen gewohnt sind.

Als ich *Kaddisch* schrieb, war ich mir der Schändlichkeit, Verpfuschtheit und Hoffnungslosigkeit meines Lebens derart bewußt, daß die letzten Zeilen, mit denen ich den Tod ersehnte, mir aufrichtig aus dem Herzen kamen. Heute, da mein Leben in jeder Hinsicht gewissermaßen bestätigt ist, arbeite ich mit einem toten Helden, mit meinem Alter ego, das den Selbstmord als Schattentat an meiner Stelle verübt hat, und ich, sein Autor, bin völlig frei, ich kann mich völlig frei über die Geschichte erheben, mit der Distanz und Ironie, die den überlebenden Antihelden, diesen Weichlingen des zwanzigsten (oder einundzwanzigsten) Jahrhunderts, als moralische Haltung – oder besser statt ihrer – geblieben ist.

Beim Hören meiner Márai-Lesung im Rundfunk fällt mir auf, wie eindeutig und einfach Márai sich (in seinen Lebensbeschreibungen) ausdrückt: Er ist wirklich der letzte Bürger, dessen unumstrittene Werteordnung weder Ironie noch eine komplizierte Ausdrucksweise verlangte; ein civis romanus, und wohin er auch verbannt wird, überall ist das geistige Reich mit ihm, Cicero und Vergil, Ovid und Sophokles; es gibt immer Menschen, die ihre Schulter unter die zusammenbrechende Welt stemmen.

Ich rede über mich und stets drum herum; als sagte ich irgendeine Lektion auf, die mir ein unbekannter Lehrmeister beigebracht hat. Ich gerate in eine immer nebulösere Entfernung von mir selbst. Heute, an einem sonnigen, windigen Vormittag, führte mich mein Spaziergang zufällig zur Logodi-Straße, und ich bog in die Straße ein und lief sie entlang, so wie im Winter und Frühling und Sommer bis zum späten Herbst des Jahres 1953. Ich erinnere mich nicht mehr, wann ich dorthin gezogen bin. Aber es muß Sommer gewesen sein oder Herbst, denn als sie mir an einem Samstag gezeigt wurde, grüßte, so erinnere ich mich, das Grün des Baumes vor dem Fenster herein und hüllte das Zimmer in Halbdunkel, und die Luft war feucht von den vor Nässe strotzenden Blättern. Ich erinnere mich an den Hauswart, rothaarig, aber schon mit beginnender Glatze, der einerseits den Hauptmietern meldete, wenn ich nachts nicht allein nach Hause kam, mir andererseits berichtete, wenn sich die Militärbehörde nach mir erkundigte (denn ich spielte gerade den Nervenkranken, um in eine Institution namens «Militär-Film» entlassen oder versetzt zu werden, was später auch geschah). Ich fand die Treppe, die zur Attila-Straße hinabführt, wo ich an einem Nachmittag kurz vor der Dämmerung vergeblich versucht hatte, ein blondes Mädchen in die Wohnung zu lokken – die gekommen wäre, aber vor irgend etwas große Angst hatte. Wir küßten uns wild, und unsere Hände glitten unter den Kleidern überallhin. Dann erinnere ich mich an ein anderes Mädchen, das mitkam, und wir waren so erregt, daß wir uns auf dem Boden, auf dem Teppich liebten. In dieser Wohnung lauschte ich im Juni '53 am Radio der Hauptmieter der Rede Imre Nagys. Und schließlich, im September, brachte ich A. dorthin, und damit, obwohl ich das erst heute so klar sehe, veränderte sich mein Leben. Mit einem Mal wurde es schwer und tragisch. Es füllte sich mit Erinnerungen, mit Irritation, Schuldbewußtsein, Hilflosigkeit, doch interessanterweise konnte kein äußerer Umstand den inneren Prozeß, der zum Schreiben führte, beeinflussen. Was für ein Geheimnis ist das Leben eines Menschen, vor allem für ihn selbst. Im übrigen erinnere ich von meinem ganzen Leben in der Logodi-Straße sonst nichts, keinerlei Detail. Wie lebte ich, was aß ich, wie war ich? Die Vergangenheit ruht Schicht auf Schicht in mir, und das verantwortliche, freie und glückliche Leben eines Mannes kenne ich erst, seit ich mit M. lebe.

Daß die Vergangenheit hinter mir entschwindet ... Von wieviel Schmerz, wieviel Schuldbewußtsein und schlechtem Gewissen, wieviel Depressionserfahrung war sie begleitet ... Wo ist meine Vergangenheit, und wo sind diejenigen, die meine Begleiter waren? Wo ist Albina? ... Eine lange, lange Kindheit war mein Leben, das allein das daraus hervorgegangene Werk bestätigen kann. Jetzt lebe ich das Leben eines ausgeglichenen Herrn, in glücklicher Ehe, mit andersartigen Verantwortungen. Zuweilen überrascht mich meine Flexibilität; andererseits verdanke ich ihr mein Leben. Gestern mit N. am Telefon über die Psychoanalyse. Er hält ihre Ergebnisse für wichtig. Ich komme auch ohne Analyse aus. Wer ist neugierig auf das Ungeheuer, das ich bin?

Mit der Deutschen Akademie in Krakau. Freundliche, um nicht zu sagen freundschaftliche Gesellschaft. Peter Gülke, Musikwissenschaftler und Dirigent, der die Mozart-Anspielung des *Galeerentagebuchs* (die *Jupiter-Symphonie*) musikalisch fundierte; fünf (oder sechs?) Stimmen treffen aufeinander und bilden einen Knotenpunkt, von dem aus kein Weg weiterführt («sich ... von der Welt zurückzieht», schreibe ich im *Galeerentagebuch*). – Am dritten Tag mit M. in Auschwitz-Birkenau. Hauptsächlich das letztere – gewissermaßen sein Stil, überwältigte mich. Birkenau wiederzusehen erfüllte mich mit Gefühlen, die ich nicht benennen könnte. Ich war ruhig, aber nicht fremd; und ich ging mit dem Gefühl wieder weg, daß «alles richtig ist» – das heißt, was den Besuch betrifft. Es mußte geschehen, jedoch nicht, damit die Geschichte aufhört. Irgendwie verlieh der Gedanke mir Genugtuung, daß es Birkenau «gibt». Ich könnte es nicht genauer erklären. «Literarisch» habe ich mich überprüft: Ich habe Birkenau im *Roman eines Schicksallosen* richtig und genau beschrieben. Ja: entweder oder; entweder wir erkennen den «Geist» des Ortes und schließen irgendwie, doch rasch mit uns ab; oder aber wir gehen den steinigen Weg infantilen Hoffens.

Wien, Herder-Preis. Zuvor Claude Lanzmanns Brief über den *Roman eines Schicksallosen.* Er berührte mich sehr. Ich greife in eine große Geschichte ein – auch wenn ich daran gedacht, es sogar gewußt habe, die öffentliche Gewißheit ist etwas anderes. – Der Göttinger Professor, der mir versicherte, daß man sich überall an den deutschen Universitäten mit meinen Arbeiten beschäftige.

Ich habe keinerlei Beziehung zu meinen Büchern. Nun, da sie sich allmählich verbreiten und ich ständig um Erklärungen dazu gebeten werde, versage ich einfach. Im Westen wird z. B. der erste Teil von *Fiasko* als schriftstellerische Krise des Protagonisten interpretiert, obgleich es um etwas völlig anderes geht, und das zu verstehen bin ich außerstande; ebensowenig den angeblichen «Kafkaismus» des zweiten Teils. Im Westen hat sich ein im Grunde genommen falsches Kafka-Bild herausgebildet, und an diesem von vornherein irrigen Bild mißt man meine tödlich ernsten Kafka-Spiele; ein Artikel (ich glaube, in der *Zeit*) stellt z. B. unumwunden die Frage: Kann man Kafka fortschreiben? Wen zum Teufel könnte man fortschreiben, wenn nicht Kafka, der zum Klassiker für die Grundfragen des 20. Jahrhunderts geworden ist. Gerade ihn muß man fortschreiben und aufzeigen, was durch ihn passiert ist – stilistisch und historisch. Nebenbei unterscheiden sich Problematik und Figuren von *Fiasko* diametral von denen Kafkas; die Figuren, die mit modernen, von totalitären Systemen erhärteten Problemen kämpfen, leben nur in einer kafkaesken Welt. – Noch weniger vermag ich über den *Roman eines Schicksallosen* zu sprechen, den seine Popularität – nach meinem Gefühl – völlig seiner Ursprünglichkeit beraubt. Andererseits ist es normal (und erfreulich), daß er populär ist. Nie vergesse ich meine unendliche Verwunderung, als dieses Werk erschien und nichts damit passierte; ich hatte geglaubt, die Leute würden verrückt danach sein – zwanzig und ein paar Jahre später ist das auch eingetroffen, und damit – wie seltsam sind doch die Gesetze des Lebens – habe ich dieses Buch endgültig verloren. Und noch dazu ist es so richtig.

Das Gestaltungsvermögen ist ein nie aufklärbares Geheimnis. Wodurch ein Werk lebensvoll, lebendig wird, vermögen die Ästheten vielleicht hinterher zu erklären, wenn der Roman, das Gemälde, das Musikstück fertig sind, doch wodurch ein Strich der Künstlerhand so wird, das nie. Es ist das Gestaltungsvermögen, das mit einem nichtssagenden Wort bezeichnet wird: Begabung. Die Begabung aber ist ein Geheimnis, nicht Tugend und auch nicht Fleiß oder Bildung oder abschaubares Handwerkswissen, sondern Gabe, göttliche Gunst und Gnade. Der Künstler selbst hat damit oft gar nichts zu tun.

Je öffentlicher mein Schriftstellerdasein ist, um so stärker wächst bei mir das Gefühl, die Rolle eines nicht existierenden Schriftstellers zu spielen, von dessen Arbeit, dessen Werken ich nur eine vage und entfernte Vorstellung habe und den ich auch mit der größten Kraftanstrengung nicht überzeugend verkörpern kann. Andererseits macht wahrscheinlich die Tatsache, daß die Rolle so weit von der Wirklichkeit dieses

Schriftstellers entfernt ist, es sozusagen seelisch möglich, daß ich frei von jeder Schizophrenie wieder in die Existenz des Niemand zurückfallen kann, der schreibt und einzig durch sein Schreiben zu jemand wird (von dessen Arbeit, dessen Werken er hinterher nur eine vage und entfernte Vorstellung hat usw. usw.).

Einsam, mit Musik und Philosophie den Morgen beginnen … aber das war nur in der Diktatur möglich, als man die Hoffnung auf das sogenannte Leben aufgegeben hatte, andererseits auch nicht die unmittelbare Verhaftung fürchten mußte … In dieser Hinsicht, kann man sagen, war das Kádár-Regime ein völlig passendes Gefängnis.

Auf die schmerzliche Frage, die Beethoven im dritten Satz der Sonate *op. 110* zum Sinn des Lebens stellt, gibt es nur eine einzige Antwort: Die darauffolgende Fuge. Und das ist zugleich auch die höchste Philosophie, über die keinerlei verbale Erörterung hinauskommt.

Pilinszky, das Gesicht, die Betonung, wenn er sagte: «Ich lebe wie ein Hund.» Das «u» zog er sonderbar in die Länge, voller Klage, gleichzeitig mit einer heimlichen Genugtuung, weil er wußte, daß der Künstler wie ein Hund leben muß; und nicht nur der Künstler, der Mensch im allgemeinen. Auch ich lebe wie ein Hund, wenn auch wie ein Luxushund.

Sándor Hunyadys *Familienalbum*. Ich schätze die postmoderne Literatur sehr, aber eine einzige Zeile von Hunyady enthält mehr Lebenskenntnis, mehr Gefühl und Menschlichkeit als das gesamte Lebenswerk von Eco und den übrigen.

Im Licht der Kollaborationstechnik in den Konzentrationslagern ist der Lebenswille noch nie als eine solche Schmach erschienen wie im zwanzigsten Jahrhundert.

Abgesehen davon, daß meine Bücher einigen Menschen Freude bereiteten, ist es so gut wie sicher, daß sie vollkommen vergeblich sind. Die Sprache, in der sie geschrieben wurden, bewahrt sie nicht, und der europäische Literaturbetrieb, der mit sklavischem Eifer der amerikanischen Gehirnwäsche folgt, wird meine Arbeiten bald einstampfen, so wie er auch die eigene Geschichte, die eigene Erinnerung zu süßem Brei zerstampft und zerknetet. Mich jedoch hat sie zu schreiben zerstreut und an der Illusion teilhaben lassen, ein inhaltsreiches Leben zu leben. Es wird bald Zeit zu sterben, wenn ich nicht diese Realität erleben will, die meinen dunklen Prophezeiungen so genau folgt, daß ich fast schon das Gefühl habe, meine demiurgischen Vorhersehungen haben magische Kraft und meine Gedanken verhexen die Welt.

Was ich schon immer gewußt und gesagt habe, ist eingetreten: Daumen nach unten für alles, was noch an Persönlichkeit, Kultur, unbeirrbare, verinnerlichte Gesinnung erinnert. Die Vertreibung des Geistes ist institutionalisiert. Doch diese Institution, deren Wirken so genau spürbar ist, ist ansonsten unsichtbar. Vielleicht existiert sie auch nicht, wir gehorchen ihr nur und erschaffen sie dadurch selbst.

Eigentlich habe ich nirgendwoher so viel Liebe bekommen wie aus Deutschland, wo man mich ermorden wollte. Nach dem *Roman eines Schicksallosen* finde ich das natürlich; doch ohne diesen sonderbaren Zusammenhang wäre ich nicht der, der ich bin, und auch meine Geschichten würden in individuellem Schmerz münden statt in weltliterarischem Stil, der eben das Produkt der Erkenntnis dieses großen Zusammenhangs ist. Es geht um Schuld und Sühne, genauer um Läuterung; diese tiefen moralischen Kräfte, die Kräfte von Gut und Böse, das tiefe Gefühl und der tiefe Wunsch nach Läuterung, Erlösung sind im Menschen noch nicht ausgestorben; ja, im geheimnisvollen Dickicht dieser Sphären steckt mehr Erregendes als im gefühllosen Konsumentenhedonismus.

8. Juni 2000 Gestern Siegfried Unseld und seine Frau. Sympathie auf den ersten Blick. Die wahren Dinge, die hinter seiner Gestalt aufscheinen: Hesse, Peter Suhrkamp, die Verlagsgründung, Beckett, Adorno, Thomas Bernhard. Langes Gespräch auf der dämmrigen Terrasse. Heute ruhig, mit einem vertrauensvollen Gefühl aufgewacht. Es scheint, die Verunsicherung meines deutschen Verlagshintergrundes hat mich mehr beunruhigt, als ich gedacht hatte. Ich spüre, ich komme jetzt in die Hände von guten Leuten. Und ich bin bereit, der Sympathie zuliebe finanzielle Zugeständnisse zu machen. Letztlich – vorausgesetzt, wir entbehren es nicht –, was bedeutet Geld? Gut, wenn es so viel wert ist, wie der Nennwert zeigt. – Ich habe in meinem Leben drei *echte* Verleger erlebt, der eine ist ohne Zweifel Endre Illés. Der zweite Michael Naumann und nun Siegfried Unseld. Alle drei stehen für einen jeweils ganz und gar anderen Stil, und alle drei haben (in Illés' Fall: hatten) einen instinktiven und prompten Sinn für Qualität. Gestern hatte ich das Gefühl, daß es gut ist zu leben. Das Glück ist wie eine Meeresflut, die auf Grund geheimnisvoller Kräfte – des Mondes, rätselhafter Winde und Wasserströmungen – plötzlich in uns hochschlägt, scheinbar ohne jede unmittelbare Ursache, Herz und Hirn durchspült und uns mit der allem innewohnenden großen Freude vereint, der wir letztlich unsere Existenz, unser Leben verdanken.

Ich wechsele den Verlag in Deutschland – lebe überhaupt ein erwachsenes Leben, was in Ungarn völlig unmöglich war, bereits von meiner Geburt an. Noch nie war die Geschichte vom häßlichen Entlein so zutreffend (prägnant) wie in meinem Fall. Es hat lange gedauert, bis ich als Schwan daraus aufsteige, siebzig Jahre. Ich wurde als ein anderer geboren, und das wußte ich lange nicht, weil es sich viele, viele Jahre hindurch immer nur in Form von Schuldbewußtsein, in der Praxis aber von Hilflosigkeit bemerkbar machte; ich kannte mich im Entenland, unter Entengesetzen nicht aus. Jetzt erwache ich mit Freude, mit dem Lächeln M.s, und wage, glücklich zu sein: Ist das erlaubt – mir? Ist nicht Glück an sich schon Hybris? Das ganze Leben mahnt zur Demut: Du wirst sterben, also kümmere dich um dein Leben wie um einen teuren Wertgegenstand, der ständiger Aufsicht bedarf, den göttliche Hände dir anvertraut haben, für den du verantwortlich bist und der dennoch nicht dir gehört …

Mein Leben hat es mit sich gebracht, daß ich politische Macht ausschließlich in illegitimen Formen kennengelernt habe – auch dann, wenn sie sich die Maske der Legitimität aufsetzt, wie zum Beispiel heute. Als Kind habe ich im Lateinunterricht oft gehört, daß sich die großen Senatoren und Heerführer nach Erfüllung ihres Auftrags auf ihre Ländereien zurückzogen und als einfache Bürger, als Landwirte weiterlebten; nach meiner Erinnerung hörte ich diesen Geschichten zu, ohne mir dabei ein politisches Urteil zu bilden; in jener Phase des Präfaschismus (in den dreißiger Jahren) klangen diese Erzählungen wie archaische Märchen, wie längst vergangene, überholte Absurditäten, die man nicht ernst nehmen mußte. In Ungarn berührt der Demokratiegedanke die Menschen überhaupt nicht; ein jeder will nur die eigene ausschließliche Wahrheit, womöglich auf terroristische, zumindest jedoch auf absolutistische Art und Weise. Die persönlichen Rechte, die Wahrheit der anderen haben nie gezählt. Die Demokratie ist hier nichts weiter als ein «Herrenstreich» – Gefasel, dessen Spielregeln man einfach kennen muß, um dann die allgemeine Rechtlosigkeit, das Ausgeliefertsein, die verlogene Ordnung wiederherstellen zu können.

Demokratie bedeutet für den Künstler, daß er frei reden kann; kann der Künstler frei reden, hat er absolut nichts zu sagen; so kann der Künstler in der Demokratie außerordentlich kluge Artikel schreiben oder Reden halten, deren alleinige Funktion es ist, an der Aufrechterhaltung des bestehenden Konsenses mitzuwirken, doch zu originellen, schmerzlichen Kunstwerken wird er kaum in der Lage sein – und das ist noch das geringste: Das eigentlich Problem ist, daß die Gesellschaft solche Kunstwerke – schmerzliche und originelle – überhaupt nicht braucht.

Thomas Mann hat die Situation exakt charakterisiert, als er nach dem Krieg von der «faschistischen Epoche des Abendlands» sprach. In der Tat, nach einiger Verunsicherung regeneriert sich der Faschismus als offene Form, als Sehnsucht der Massen und Machthaber. Ein schwacher Trost, daß ich schon vor Jahrzehnten klar vorausgesehen habe, daß die dritte Generation zur Welt ihrer Großväter zurückkehren wird: Doch nun wird die faschistische «Renaissance» auch noch von den Umständen enorm begünstigt. Die Abwicklung des Kommunismus ließ die Wippe auf die anderen Seite kippen: Wenn es keinen Kommunismus mehr gibt, dann lebe der Nazismus – was für eine Banalität, was für eine Trivialität!

Man findet es interessant, daß es unter den Neonazis, Neonationalisten, Neopfeilkreuzlern so viele ehemalige kommunistische Spitzel gibt? Aber auch das gehört doch zur «Banalität des Bösen»! Ihre Denkungsart ist, kurz gefaßt, die: Jawohl, sie waren Spitzel, und deshalb müßten sie sich eigentlich selbst verachten; aber sie sind ja aus Angst und «unter Zwang» Spitzel geworden; das kommunistische System zwang sie in die Spitzelrolle, sei es, weil sie gegen das System waren, sei es, weil sie zu sehr an dieses System «glaubten»; wenn es also den Kommunismus nicht gegeben hätte, wären sie auch nicht Spitzel geworden – und den Kommunismus haben die Juden «erfunden» (übrigens genauso wie den Kapitalismus); also sind für ihre Charakterlosigkeit, das ist doch klar, die Juden verantwortlich.

Wer in den siebziger Jahren nicht durchschaut hat, daß das Kádár-Regime die proletarische Restauration des Horthy-Regimes war (worauf seine Popularität beruhte), der versteht auch das heutige Ungarn nicht. – Cicero: Wer nicht weiß, was vor seiner Geburt geschehen ist, wird auf immer ein Kind bleiben.

In diesem Operettenland, inmitten von Pseudokrone, Pseudochristentum und verlogenem nationalem Ruhm, ist nichts wirklich außer Armut und Haß und nichts wahr außer der Lüge.

Gequälte Heiterkeit – wenn es das gibt, dann kann man es bei Schubert finden, im Mittelteil mal der dritten, mal der vierten Sätze und immer in einem wirren Tanzrhythmus.

Beim Hören von Brahms' *Deutschem Requiem* fällt besonders auf, daß die moderne Musik, wie im übrigen auch die moderne Literatur, nicht mehr die vielleicht einfältige, jedoch mitnichten vermeidbare Frage stellt, ob das Leben einen Sinn hat.

Auf der Straße brüllt eine Frau am Zeitungskiosk: «Immer der Holocaust, immer der Holocaust! Und unsere Leichen? Wer erinnert an die?!» Eine Frau um die fünfzig, von kleinbürgerlichem Äußeren; auf der Titelseite von *Élet és irodalom* war ein Interview mit irgend jemand über den Holocaust angekündigt. Ich sage zu ihr: «Kaufen Sie *Magyar Forum*, da finden Sie Ihre Leichen mit Sicherheit.» Sie verstand nicht, dämpfte aber augenblicklich die Stimme, was eindeutig zeigte, daß sie wußte, sie sagt etwas, das mit irgendeinem vermutlich höheren, «globalen» Ich nicht in Einklang steht. – Diese illegale Offenheit, dieses Gegen-die-Welt-als-pädagogische-Aufsicht, fast wie das Aufmüpfen gegen die elterliche Macht: das mobilisiert die Emotionen der An-den-Rand-Gedrängten, Zukurzgekommenen, Benachteiligten; und das Ganze zeugt davon, daß keine ethische Kreativität mehr existiert, die Menschen werden «an der kurzen Leine» gehalten, und sie gehorchen, solange sie die Leine an ihrem Hals spüren.

In einem meiner kleinen alten Heftchen fand ich ein paar Zeilen, aus denen hervorgeht, daß ich mich vor gut einem Jahr vielleicht zur sogenannten Judenfrage in Ungarn äußern wollte. Auf jeden Fall kopiere ich sie als Dokument hierher:

«Das ungarisch-jüdische Zusammenleben ist eine Geschichte des Scheiterns, die – zumindest in diesem langen historischen Augenblick – als abgeschlossen zu betrachten höchst wünschenswert wäre. Die ungarische Gesellschaft war unfähig, das eigene Judentum zu integrieren, das ungarische Judentum hingegen, in seiner Irritation darüber, in seiner Angst und Erschütterung, war unfähig, sich selbst als Judentum zu definieren. Das ist eine Tatsache, die auf beiden Seiten eingesehen und mit echter Toleranz ausgehalten werden sollte, bis ihre Aufarbeitung zu irgendeinem Ergebnis führt. Am besten wäre vielleicht, man definierte das Judentum als *Minderheit*: Auf diese Weise würde, was in Ungarn seit 1920 die ‹Judenfrage› genannt wird, übersichtlicher und leichter zu handhaben sein. Ich weiß wohl, dagegen würde in erster Linie Ungarns jüdische Gemeinschaft protestieren, die auch weiterhin an ihren grundlosen Illusionen festhält und nicht bereit ist, sich als das zu akzeptieren, was sie ist, als jüdisch – also verschieden, anders. Doch damit würden sie größere Achtung gewinnen, als noch heute – 200 Jahre nach der Französischen Revolution – für die Emanzipation zu kämpfen oder in oft aggressiver Weise Liebe, Solidarität, zumindest aber Einsicht von einem gesellschaftlichen Umfeld erzwingen zu wollen, dem es dazu vollständig an Bereitschaft fehlt. Daher also, ich wiederhole, wäre es richtig, diesen Zustand als abgeschlossen zu betrachten und mit beiderseitiger Toleranz Kränkungen zu vermeiden sowie Argumentationen, die vom Holocaust sprechen, doch in Wahrheit alltäglichen Zwecken dienen und sich auf journalistischem Niveau bewegen. Die jüdische Gemeinschaft müßte sich jedoch zu einer Gemeinschaft formieren und sich eine Führung wählen, die die Interessen der Gemeinschaft glaubhaft vertreten könnte und noch nicht durch Kompromisse und diverses Paktieren mit der Staatsmacht verbraucht ist. Und die vor allem nicht mehr von Angst, sondern vom Bewußtsein und der Verpflichtung der allgemeinen Menschenrechte geleitet ist. Eine solche Lösung könnte nach meiner Meinung zugleich das Schlimmste verhindern: daß nämlich die heikle Frage der Behandlung der Juden für die Tagespolitik instrumentalisiert wird, was für eine Gesellschaft – wie die Geschichte schon einmal bewiesen hat – immer den ersten Schritt auf dem Weg zur Selbstvernichtung, zum Selbstmord bedeutet. Es könnte noch die Frage auftauchen, aus welcher mehrheitlichen Entität die Minderheit des Galut ableitbar, was das ‹Mutterland› und was die Muttersprache wäre; ich glaube aber, bei einem Volk, das im 20. Jahrhundert erklärtermaßen zur Ausrottung verurteilt wurde, läßt sich diese Frage zurückstellen, ja, ist sie gar nicht erst stellbar.»

Seit Spielberg und das amerikanische Kapital den Holocaust entdeckt haben, müssen wir damit rechnen, daß sich die monströse Kulturgeschichte der Judenausrottung im tiefen Dunkel romantischer Indianergeschichten verliert. – Seitdem Spielberg auf die Bühne von Auschwitz getreten ist, müßten wir darüber nachdenken, wie man gegen Spielberg die wahre Bedeutung, die wahre Erinnerung des Holocaust bewahren könnte. – Zwischen Spielberg und den Holocaustleugnern und «Holocaustrelativierern» ist der Unterschied lediglich der, daß die letzteren verklagt werden, während Spielberg wahnsinnig viel Geld damit verdient.

Was für eine Tragikomödie ist das Schicksal oder die Schicksallosigkeit der sogenannten «demokratischen Opposition», der alten Samisdatler und anderer «Widerständler». Der «Widerstand» und der Zusammenbruch des Sowjetreichs sind nämlich zwei, wenn auch parallele, so doch völlig separate Geschichten. Durch die Tätigkeit der «demokratischen Opposition» geschah absolut nichts. Niemand hat hier die Freiheit erkämpft, der weltpolitische Erdrutsch hatte Gründe, über die nur die russische Geheimdienst- und Politikerelite sowie ein enger Kreis westlicher Politiker, ein paar Finanzleute und vielleicht noch ein, zwei Militärs Aufklärung geben könnten. Die weitgefaßte Diagnose ist klar, sie ähnelt dem Sammelbegriff für eine komplizierte Krankheit: politische Vertrauenskrise, das Erkennen der Verfehltheit der Machtziele, des allgemeinen Irrtums, erschwerend dazu der Zusammenbruch der Volkswirtschaft. Die Dinge stürzten auf höchster Ebene, alles andere wurde dem Zufall, der lokalen Improvisation überlassen. Wer das erkannte, gewann eine Partie (immer streng nur eine, wie z. B. die Partie Horns mit den ostdeutschen Flüchtlingen). Während die «demokratische Opposition» den Sieg feierte, vollzogen sich ungestört der Abzug der russischen Truppen und die Verhandlungen über die allgemeine politische Transformation, auf einer Ebene, zu der die kleineren Länder überhaupt keine Eintrittskarten erhielten. Wer zynisch genug war, das zu durchschauen, konnte politische und wirtschaftliche Schlüsselpositionen besetzen. Viele Hände griffen nach dem Teppich, den man auf einmal den «Helden» unter den Füßen wegzog, so schnell, daß einige «Revolutionäre» und «Freiheitskämpfer» immer noch mit vor Erstaunen weit aufgerissenem Mund dort stehen, wo einst der Teppich lag, und überhaupt nicht verstehen, was geschehen ist.

Wieviel ich auch darüber nachdenke, ich muß die in der Diktatur verlorenen Jahre als unernste Jahre, das in der Diktatur gelebte Leben als ein unernstes Leben bezeichnen. Die

Unernstesten waren diejenigen, die die sozialistische Diktatur ernst nahmen und sich gegen sie wandten: die also das Spiel zusammen machten. Die «inneren» Oppositionellen, die aus dem allgemeinen Unernst einen ernsteren Unernst machen wollten. Keiner von ihnen begriff, welche – mit Erasmus gesprochen – Torheit sie trieben. Doch sie vertrieben sich zumindest irgendwie die Zeit, und die schlimmsten von ihnen machten international Wissenschaftskarriere. – Aber ich will gar nicht von den Intellektuellen reden; unter dem Gesichtspunkt der Nation kann man die vierzig Jahre von 1949 bis 1989 einfach löschen. Nichts geschah: Es gab keine Revolution, es gab keinen Widerstand, die nationale Kreativität war erloschen. Unter dem Gesichtspunkt der künstlerischen Darstellung – unter dem Gesichtspunkt, das Nichts darstellen zu müssen – ist der Materie sehr schwer beizukommen; so viel Zynismus zu produzieren, wie in dieser Materie, in der Geschichte steckt, ist nämlich, ob in sprachlicher, bildlicher oder musikalischer Form, nahezu unmöglich.

Es ist wirklich interessant, daß den Historikern Hitlers Judenpolitik, der sogenannte Holocaust, bis zum heutigen Tag im Hals steckengeblieben ist. Jetzt, nachdem man schon bewiesen hat, daß Hitler Pläne, Konzepte hatte, so wie ein «normaler» Staatsmann, können sie die Ausrottung der Juden noch immer nicht «erklären», da sie sozusagen nicht ins Bild paßt, in das normale, aufrechterhaltbare Konzept einer Staats- und Militärführung. Kurz gesagt, man betrachtet sie als Fehler, wobei «Fehler» bedeutet, daß man Emotionen, die im Widerspruch zu unseren größeren und umfassenderen Zielen stehen, ungezügelt Lauf läßt. Denkt denn keiner daran, daß Hitlers wirkliches Ziel die Verwandlung der Welt in Auschwitz war? Warum glaubt man ihm das nicht? Wahrscheinlich deshalb, weil Historiker doch meist nüchterne Intellektuelle sind, die in ihren Bibliotheken bei Kaffee und Cognac versuchen, das historische Bild der Welt zusammenzusetzen; sobald sich ein Dostojewski unter den Historikern findet, wird sich das Geheimnis des durch Hitler gesteuerten Holocaust auf der Stelle lösen – obgleich zu befürchten wäre, daß er die Angelegenheit überdämonisieren würde. Den treffenden Titel hat schließlich Hannah Arendt gefunden: Die Banalität des Bösen. Verbrecherische Faschisten und eine Menge phantasieloser, aber gehorsamer Ausführender.

Zum ersten Mal hier, in Ungarn, aus *Fiasko* gelesen, in der Sprache, in der ich das Buch geschrieben habe: auf ungarisch. Als ich die lebhaften Reaktionen sah und hörte, ergriff mich leichte Nostalgie: Eigentlich täte es mir gut, zu einer existenten Kultur zu gehören; in meinem Fall ist das natürlich hoffnungslos, und gerade eben habe ich beschrieben *(Die exilierte Sprache)*, warum es so ist. Überdies hat die ungarische Kritik *Fiasko* beiseite geschoben, abgeschrieben, quasi auf die Warteliste gesetzt – sie verstehen kein einziges Wort davon. Was interessant ist: Die einzige negative Kritik über das Buch in Deutschland ist in einem ostdeutschen Blatt erschienen: Es mag etwas darin sein, das es entweder im blinden Fleck der Marxisten plaziert, oder aber es irritiert sie, daß ich die Probleme der sogenannten sozialistischen Gesellschaft – also der ihrigen – aus zu großer Ferne und Höhe behandele, daß ich mich in keiner Weise mit ihrer Kleinlichkeit gemein mache, sondern sie gleichsam in die Kontinuität der europäischen Kultur einfüge; entweder verstehen sie das nicht, oder sie sträuben sich dagegen, so wie sie sich gegen jede Wahrheit sträuben.

«Interessant» der «Streit» über die umgekommene Besatzung des versunkenen russischen U-Bootes: warum nichts für die Rettung der Matrosen getan wurde. Nirgends wird die einfache Wahrheit geschrieben, die lautet, daß es eine bevölkerungsreiche Zivilisation gibt, in deren Wertesystem das menschliche Leben – sofern dieses Leben nicht in der für die Götter angelegten Nomenklatur verzeichnet ist – wertlos ist; und zwar in einem Maße wertlos, daß es für seine Rettung nicht einmal lohnt, den kleinen Finger zu rühren. – Nicht daß die westliche Zivilisation nach einem andersartigen Wertesystem funktionierte, doch dort ist das immerhin noch nicht zum Konsens geworden, so daß der positive Akt «trotzdem» zustande kommen kann; und falls nicht, bekennt man immerhin das Scheitern ein.

Im vierten Teil von Lanzmanns *Shoah*-Film tritt ein ehemaliger SS-Soldat auf, der im Warschauer Ghetto stellvertretender Kommandant der sogenannten Kontrollkommission war. Auf Lanzmanns Fragen wiederholt er mehrmals: Die auch schriftlich fixierte Aufgabe der Kommission – also seine – war die *Aufrechterhaltung des Ghettos* und die, sagen wir so: Magazinierung der Menschen als Arbeitskraft. Infolge der großen Menge und unzureichender Kopfrationen kam es dann zu unerträglichen Zuständen im Ghetto. Dieser besondere Konflikt zwischen schriftlicher Anordnung und den faktischen Zuständen (der dann «natürlich» zur «Endlösung» führte) veranlaßte Lanzmann nicht zu eindringlicheren Fragen, obwohl sie zu interessanten Ergebnissen geführt hätten. Nachzudenken ist über folgendes: Was hätte ein englischer Kolonialoffizier getan, wenn er gesehen hätte, daß er in einen Konflikt gestürzt wird, der ihn infolge der übernommenen, aber unerfüllbaren Aufgabe zum Mord zwingt – usw.

Also eine Analyse der zwei Kulturen. Die westeuropäische: Demokratie plus Kolonialverwaltung. Deutschland: fehlende Kolonialerfahrungen, Untertanengeist in der Verwaltung – eine grundlegend andere Kultur. In einer solchen Situation wie der des mit der Aufrechterhaltung des Ghettos betrauten Offiziers würde sich ein englischer Kolonialsoldat wohl zweifellos um die buchstabengetreue Erfüllung seiner Aufgabe bemühen, also um die Aufrechterhaltung des Ghettos, und wenn er sieht, daß er daran gehindert wird, wohl zweifellos die Situation einer eindeutigen Befehlsausgabe bzw. -erfüllung wiederherstellen.

In London habe ich meine Budapester Depression klar verstanden, genauer gesagt, warum ich in Budapest in ständiger Depression lebe und warum das langsam für mich nicht mehr von Vor-, sondern von Nachteil ist. In London kam ich darauf, daß ich mir in Budapest über meine Situation nicht immer im klaren bin und daß es die wichtigste, ja, die einzig wichtige Aufgabe des Menschen ist, sich über die eigene Situation klarzuwerden. In London habe ich wieder in die Kluft geblickt, die mich vom Leben und die mitteleuropäischen kleinen Staaten von der Realität – und uns alle, die wir an diesem unmöglichen geographischen Punkt leben, von der Wahrheit trennt. Das ist nicht unbedingt eine unersprießliche Situation; produktiv wird sie allerdings nur dann, wenn wir uns ständig ihrer bewußt sind und das ganze unaufklärbare und nebulöse Schuldbewußtsein auf uns nehmen, das uns durch diese Situation auferlegt ist. Dieses Schuldbewußtsein ist der Genius loci – wahrscheinlich nur insofern, als wir hier sind; doch aus der schuldigen Mitwisserschaft unseres Hierseins muß auch unsere Freiheit erwachsen, die ausschließlich das gnadenlos klare Abwägen dieser Situation erschaffen kann.

Nach zehn Jahren «Demokratie» werden die alten Strukturen wiederhergestellt. Ich möchte in der nahen Bank ein paar englische Pfund wechseln. Die junge Angestellte bittet um meinen Ausweis. «Was soll ich ausweisen?» frage ich. Es stellt sich heraus, daß sie ein einfaches Geldwechselgeschäft nur abwickeln können, wenn sie meine Daten registrieren. «Im westlichen Bankverkehr ist das nicht üblich», sage ich. «Aber bei uns», entgegnet die junge Angestellte mit dem gleichen bösen Hochmut, der auf dem Bewußtsein und der Praxis widerrechtlicher Behördenwillkür beruht und den Ausübenden solcher Willkür zu Beschlagnahmungen, Festnahmen und letzten Endes zu Morden befähigt, wie wir es hier, eigentlich seit 1938, gewohnt sind. Es ist schrecklich zu sehen, daß junge Menschen sich diesen Strukturen mit der gleichen Bereitwilligkeit anpassen, so als hätten sie diese Anpassungsbereitschaft mit den Genen geerbt. Es fällt dieser Angestellten nicht im Traum ein, ihren Chef zu fragen: Handeln wir richtig, wenn wir uns gegenüber einem Kunden als Behörde aufspielen und ihn – unrechtmäßigerweise – zu etwas zwingen; daß wir ihn überdies, während wir Profit durch ihn machen, das heißt ein Geschäft mit ihm abschließen, dazu zwingen, seine persönlichen Daten einer gerade dadurch höchst zweifelhaft gewordenen Institution auszuliefern? Statt dessen wendet sie dem Kunden gegenüber jene Art von Aggressivität an, die ihren wahren Inhalt eindeutig offenbart: Der solche Unrechtmäßigkeit Praktizierende ist sich völlig klar darüber, daß er sich unrechtmäßig verhält, gleichzeitig tut er so, als übte er seine Brutalität unter dem Schutz einer inappellablen Obrigkeit – das gerade aktuelle Gesetz, das heißt der «höhere Befehl» – aus, und durch den Erfolg seines Vorgehens entwickelt sich in ihm langsam das Wonnegefühl der Machtausübung, diese eigentümliche Perversität, die mit

Freuden alles niedertritt, was sich niedertreten läßt. In Osteuropa ist jedes Verhältnis ein Machtverhältnis – das ist hier Brauch, das ist hier Tradition. Irgendwann in den sechziger Jahren gab es einen Film mit dem Titel: *Der gewöhnliche Faschismus*. Ein guter Titel. Und die Lehre daraus ist, daß ich Geld künftig nicht mehr in der Bank, sondern ausschließlich bei den innerstädtischen Devisenschiebern tauschen werde.

Es ist beschlossen, meine sämtlichen Manuskripte gehen in die Emigration und suchen (oder finden?) damit eine neue Heimat für sich. Eine interessante Entscheidung, aus der man verschiedene Lehren ziehen sollte, vor allem die Selbsterkenntnis betreffend. Zuvörderst vielleicht die, daß wir nur aus unseren Taten auf die eigene Realität schließen können, und da ich im Grunde kein aktives Leben führe, macht das meine Existenz schon an sich rätselhaft und undurchschaubar. Warum habe ich beschlossen, die Spuren meiner geistigen Tätigkeit in Sicherheit zu bringen? Sicher nicht aus dem Grund, den ich anführe. Diese Argumente sind rational und über ihren habituellen Inhalt hinaus – daß nämlich die Manuskripte hier nicht sicher seien – existentiell, also, die Sache ernst betrachtet, unhaltbar. Sind sie hier tatsächlich nicht sicher – also ist es mir, der ich die Lächerlichkeit der «Unsterblichkeit» betone, derart wichtig, daß die Dokumente meiner geistigen Entwicklung an einem sicheren Ort und in einem wissenschaftlich aufgearbeiteten Zustand zugänglich sein sollen? Sollte ich ein so gewöhnlicher Schriftsteller wie die anderen sein, die eine Spur von sich hinterlassen wollen und gegen das Verschwinden ankämpfen? Habe auch ich dieses Schicksal gewählt, aus dem realen Leben in die Philologie überzugehen? Oder kann es sein, daß ich es gar nicht wirklich beschlossen habe, sondern alles quasi nur von selbst, automatisch passiert ist und ich es nur zugelassen, mich treiben lassen habe – wie im übrigen für gewöhnlich immer? Nach meinem Empfinden ist das letztere passiert. Aus Trotz, aus metaphysischer Gekränktheit erwähnte ich irgendwo, und zwar in Gegenwart aktiver Menschen, hier, wo ich bin, nicht das Gefühl zu haben, daß mein Werk in Sicherheit sei; daraufhin setzte sich die Maschinerie in Gang. Jemand erzählte es einem andern, es folgte ein Treffen, dann weitere. Und ich, weniger von Korrektheit als von meiner verfluchten Höflichkeit geleitet, hielt Wort, war bemüht, mich als konsequent zu erweisen. Und letzten Endes, wenngleich es die Mechanik der Dinge war, bin ich überzeugt, das Ergebnis an sich, als Entscheidung, also als Realität, ist *richtig und gut*, auch wenn undurchschaubare Energien daran mehr Anteil hatten als ich selbst.

In Ungarn läßt sich gut studieren, was dort geschieht, wo nichts geschieht. Dieses Land ist schon lange aus der Geschichte ausgeschlossen; es ist nicht in der Position, die Geschichte, die Weltläufe in irgendeiner Weise zu beeinflussen – also versteht es sie auch nicht. Es gibt ausschließlich negative Erfahrungen, die zwangsläufige Passivität wirkt kastrierend auf das ganze Land, und damit stirbt langsam die Kreativität aus, die eine Nation am Leben – und nicht in einem bloß vegetierenden Überlebenszustand – hält. Immer deutlicher zeigen sich die Konsequenzen, die sich daraus für mein Schaffen wie auch für meine bloße Existenz ergeben. Ich arbeite in einem verständnislosen Umfeld, in einer weithin unverstandenen Sprache, die diejenigen, die sie eigentlich verstehen würden, nicht verstehen können. Mein wahres geistiges Elend in diesem Land rührt daher, daß ich hier keinerlei Aufgabe, im geistigen Sinn überhaupt nichts zu tun habe.

Beethoven war taub, Milton blind, meine rechte Hand wurde durch die Parkinson-Krankheit unbrauchbar (und nicht etwa zufällig die linke) – gibt es eine Logik in diesen Bestrafungen?

Rilke würde sagen, man muß die Parkinson-Krankheit lieben, so wie man sein Schicksal liebt; amor fati. – Doch eigentlich sollte man nicht die Parkinson-Krankheit lieben, sondern über eine würdevolle Weise der Zerstörung nachdenken – wenn es die gibt.

Turner war bereits alt, als er entdeckte, daß Farben und Licht ihm wichtiger sind als saubere, alles be- und abgrenzende Linien.

In der Natur ist das Böse viel eher anzutreffen als das Gute; doch um das Böse zu akzeptieren, sein Wirken zu erkennen, braucht es genauso viel Glauben, genauso viel Gewißheit wie für die religiöse Überzeugung. Letzten Endes sind beides Versuche, den Tod zu akzeptieren.

Der «homo politicus» ist überall auf der Welt in den Vordergrund getreten, und insofern können wir offensichtlich vom Sieg der Demokratie und gleichzeitig der Aufklärung sprechen. Die Frage ist allerdings, ob das tatsächlich ein Sieg ist. Wenn ja, dann … wie soll ich mich ausdrücken … hinkt die Welt jedenfalls ein wenig.

Für das neue Jahr muß man der Welt gute Lügen wünschen. Die englische Königin ist gerade jetzt dabei, Spielberg, der Auschwitz langsam in ein Disneyland verwandelt, wo Zwerge die Besucher ins Bein beißen, in den Adelsstand zu erheben.

•

Besuch bei Ligeti, Gespräche bis tief in die Nacht. Die immer noch wie neu empfundene Freude, mich in den Zug zu setzen und nach Wien oder sonstwohin fahren zu können, um einen Freund zu besuchen. Seine Bitte, ihm zu erzählen, worum es in meinem Roman geht, konnte ich natürlich nicht erfüllen; unmöglich, diese Geschichte in einer Sprache vorzutragen, die Hand und Fuß hat. Doch heute im Morgengrauen, schlaflos im Bett liegend, habe ich mir die ganze vielschichtige Geschichte selbst erzählt. Mir wurde wieder klar, wie wichtig der Einbau des Stückes – ein scheinbar zufälliger Einfall – ist und wie sehr es sich verbietet, die Geschichte mit dem Gestus einer «wahren» Begebenheit vorzutragen: Sie verlöre völlig ihre Glaubwürdigkeit.

Kampf mit dem Roman *(Liquidation)*. Der Wahrheitsdurst der von mir dargestellten Welt. Eigentlich ist der Grund für das Gefühl des Werteverlusts nicht geklärt, es bleibt unklar, was die Menschen, vor allem die sogenannten Intellektuellen, verloren haben. Wahrscheinlich die Hoffnung, die Hoffnung auf den Wandel. Der Wandel hat stattgefunden, das Gefühl der Erneuerung, die Katharsis aber ist ausgeblieben. Im Seelenzustand der westlichen Welt ist dieses Gefühl, wenn auch irgendwo in der Tiefe, so doch gegenwärtig, da die Revolutionen ausgefochten, die Gesellschaftsverträge neu abgeschlossen worden sind.

Zu Gast bei einem jüdischen Ehepaar, beide etwa Mitte fünfzig; die Frau (von stark semitischem Äußeren) mit stereotyper Verwunderung über den «heutigen», den «sogenannten Antisemitismus»; sie sagt, «früher» (sie meint, im Kádár-Sozialismus) habe sie so etwas (wie die sogenannte «Judenfrage») überhaupt nicht zu spüren bekommen. Dann erzählte sie von ihrem Vater, der Arzt war, er war nach Auschwitz deportiert und in Dachau befreit worden, hatte aber zu Hause, im Kreis der Familie, nie ein Wort über das Konzentrationslager verloren. Wenn Gott Auschwitz zugelassen habe, zitierte sie den Vater, dann habe er ein für allemal mit diesem Gott abgeschlossen. Mehr habe er über all das nicht gesprochen: Damit war die Angelegenheit für ihn erledigt. – Vermutlich war er Kommunist, zumindest Parteimitglied geworden. Was für eine banale Denkweise. Seine Kinder waren, natürlich, nicht im jüdischen Geist erzogen worden – sofern wir in der skizzierten Denkweise nicht jene typisch jüdische Mentalität erkennen, die der angepaßte jüdische Kleinbürger für sich als verworrene und unzulängliche Verteidigung entwickelt. Was aus alldem klar hervorgeht, ist die geistige Hilf- und Wehrlosigkeit der Leute gegenüber jedweder Macht. Die grenzenlose Verblödung, die das hiesige Leben – das Leben in einer antisemitischen, haßerfüllten und zerstörerischen Umgebung – dem potentiellen Opfer abverlangt, ist die erste Voraussetzung, der erste Schritt auf dem Weg zu seiner Vernichtung. Aber warum sollte es leichter sein, dumm zu sein, als sich, die Dinge erkennend und um einige Fußnoten bereichert, auf den Tod vorzubereiten?

Alles stockt, alles steckt fest – dieses Grundgefühl begleitet mich. Was stockt eigentlich? Die Möglichkeit einer Revolution, jeder neuen geistigen Bewegung überhaupt. Die Zukunft, die geistige Zukunft stockt – zumindest scheint es so. Deshalb schreibe auch ich selbst entweder Nekrologe als Literatur oder eben sprachliche Konstrukte, die von der geistigen Stagnation handeln. – Aber warum ist es schlimm, daß die Revolution auf der Strecke geblieben ist? Wohin hat Revolution denn letzten Endes geführt? Zu den Nazis und zum Gulag. Die Lehre der Französischen Revolution: daß die Situation des Menschen in der Gesellschaft ungerecht ist und die Gesellschaft deswegen verändert werden muß, hat zu Haß, zu verstärkter Ungerechtigkeit, schließlich zu Völkermord geführt: Die Macht, jede Macht, ist auch heute illegitim (trotz demokratischer Wahlen). Aus dem Dilemma der europäischen Kultur ist kein Ausweg zu sehen; wo es Dynamik gibt, da sind Hybris der Macht, dann Völkermord die Folge, wo es keine Dynamik gibt, drohen Stagnation und dadurch bedingte Verkalkung. Gibt es noch ein Ziel, das des Menschen würdig ist und noch nicht diskreditiert worden wäre? Ist Erneuerung, rinascimento, noch möglich? Was ist meine Aufgabe, als Mensch, als Künstler? Einsehen, daß ich auch nur von Dilemma sprechen kann, und deshalb besser aufhören, aufgeben? «Auf Ehre und Gewissen, Katja, ich weiß es nicht», sagte schon Tschechow.

11. März 2001 Nach schlafloser Nacht vom Schreibtisch aus ein frisch gewaschener, blasser Morgen; das Auftauchen eines frühen Passanten auf der Straße jenseits des Gartens weckt ferne Erinnerungen, ich weiß nicht genau, was für welche – an morgendliche Düfte, an Kaffee, Eile, morgendliche Lichter und Farben … Ich durchstöbere eine Celan-Biographie nach einer vorstellbaren Be-Figur, so wie ich gestern nacht schon Primo Levi studierte; doch ich weiß, daß meine Figur schließlich aus dem speziellen Handlungsgewebe hervorgehen muß … In den letzten Tagen sträubt sich in mir etwas stark gegen das ganze habituelle Judentum, Kafka, Celan, Levi – gegen alle; ich bin gegen die Auschwitz-Mystik, die Problematisierung der verschiedenartigen Identitäten. Warum muß, wer als Jude nach Auschwitz gebracht wurde, Jude sein? Aus Trotz? Aus Empörung? Mir graut vor dem jüdischen Glauben genauso wie vor jedem anderen Glauben; aber ich finde Brüderlichkeit in Gesichtern, der Intonation, einem Lächeln. Das schöne Gesicht meiner Magda ist kein jüdisches Gesicht, und ich finde Brüderlichkeit darin. Auch in den Gesichtern Levis und Celans erkenne ich Verwandtes – doch das bezieht sich nicht auf die Juden-Mystik; ich kann mir vorstellen, mit Celan einen Nachmittag lang im Gábor-Internat Fußball zu spielen oder der Banknachbar von Levi im Madách-Gymnasium zu sein. Wovon spreche ich? Davon, daß mich ein Klischee erwürgt, ich will mich nicht mehr in eine der im Rollenbuch vorgesehenen Varianten einreihen; ich möchte *ich* sein – auch wenn ich nicht zu wissen vermag, wer ich bin; aber ich spüre, das Schreiben kann mir langsam nicht mehr dabei helfen, mich eher daran hindern, etwas über mich selbst zu erfahren; der Zwang der Sprache, einer mich befremdenden, mir fremden Sprache steuert mich.

«Künstler», als Existenz, bedeutet Ungebundenheit. Ich glaube, ich bin Künstler, strebe danach, Künstler zu sein. Der Künstler hat keine andere Aufgabe außer der Darstellung; er muß sich mit niemand identifizieren – zumindest nicht endgültig. Wenn du weißt, daß du Rollen durchlebst, legst du sie leichter wieder ab. Selbst Auschwitz kann mir keine unabänderliche Identität auferlegen.

In letzter Zeit stoße ich öfter auf den Wittgenstein-Satz (in Zitaten, denn in seinen Büchern blättere ich ja heute kaum noch), daß, wer sich selbst nicht kennt, kein «großer Mensch» sein könne. Ich kann nicht umhin, über diesen apodiktisch formulierten Satz zu staunen, denn wer kann sich schon selbst kennen? Das läßt sich selbst von Wittgenstein, diesem klugen Kopf, nicht sagen. Mein Ideal ist nichts weiter als eine gewisse Unabhängigkeit von den Urteilen anderer und das Sich-Abfinden mit den eigenen kläglichen Möglichkeiten; innerhalb dieser Möglichkeiten jedoch bis an die äußerste Grenze gehen – das ist alles, worauf es mir, ausschließlich *mir*, ankommt.

Heute, nach einem Anfall von Tachykardie, hat mich die tiefe Traurigkeit der Verurteilten erfaßt; immer mehr Indizien, immer weniger Aufschub, du stirbst und hast deine Sache noch nicht zu Ende gebracht; und vielleicht bist du darum zum Tode verurteilt, wegen dieser Sünde, zu glauben (solange es glaubhaft war), du lebtest ewig.

Wie die großen Romantiker kann ich sagen, mein Herz schlägt wild; nur schade, daß bei mir die Tachykardie die Ursache ist. – Doch ein Blick auf meinen Arbeitstisch und den verödeten Garten im Hintergrund – und auf einmal überkommt mich Freude: Solange du lebst, sei glücklich, weil allein das Glück des Lebens würdig ist, sonst vegetiertest du würdelos …

ANHANG

Anmerkungen

S. 7 *mein Vortrag über die Kultur des Massenmords:* «Lange, dunkle Schatten», Beitrag zur Konferenz «Ungarisch-Jüdische Koexistenz» in Budapest 1991. Deutsch in: I. K., «Eine Gedankenlänge Stille, während das Erschießungskommando neu lädt», Essays, Reinbek 1999, und «Die exilierte Sprache, Essays und Reden», Frankfurt a. M. 2003.

A.: Albina Kertész (1920–1995), die erste Frau IKs.

S. 9 *K.:* Mihály Kornis (1949), ungarischer Schriftsteller. Auf deutsch liegt von ihm u. a. der Roman «Der Held unserer Geschichte» in der Übersetzung von Christina Viragh vor (Berlin 1999).

S. 19 *das Niederschreiben dieser Zeilen in Wien:* Von Januar bis Juni 1992 hielt sich IK als Fellow beim Institut für die Wissenschaften vom Menschen in Wien auf, wo er an der Übersetzung der «Vermischten Bemerkungen» von Ludwig Wittgenstein arbeitete. Die Übersetzung erschien 1995 in Budapest unter dem Titel «Észrevételek».

S. 20 *sagte schon Baudelaire:* Im Essay «Der Maler des modernen Lebens» 1863 («... alles, was natürlich ist, alle Handlungen und Begierden des rein natürlichen Menschen: nur Abscheuliches wird man finden»).

S. 28 *Wittgenstein: «Eine Zeit mißversteht die andere ...»:* Zitat aus: L. W., «Vermischte Bemerkungen», Frankfurt a. M. 1978.

«Auch deine Raben hör ich rauschen ...»: Zitat aus Richard Wagners «Götterdämmerung», wiederholt auch in der Erzählung «Protokoll» von IK verwendet.

S. 33 *Erfolg meines Améry-Vortrages:* Im Oktober 1992 hielt IK auf einem Jean-Améry-Symposium in Wien den Vortrag «Der Holocaust als Kultur». In: I. K., «Eine Gedankenlänge Stille, während das Erschießungskommando neu lädt», und «Die exilierte Sprache», a. a. O.

S. 35 *Die großen Szigligeter Zeiten:* In Szigliget am Nordufer des Plattensees war IK regelmäßig zu Arbeitsaufenthalten im Schriftstellerheim des ungarischen Schriftstellerverbandes.

S. 41 *G. F.:* Géza Fodór (1943–2008), Dramaturg am József-Katona-Theater in Budapest und Kritiker.

das Stück: IK arbeitete längere Zeit erfolglos an einem Theaterstück aus dem Stoff, aus dem später der Roman «Liquidation» (2003) entstand.

S. 42/43 *Török-Straße:* IK bewohnte dort von 1954 bis 1991 zusammen mit Albina, seiner ersten Frau, eine 28 qm große Einzimmerwohnung, die er danach noch viele Jahre als Arbeitswohnung benutzte. Eine genaue Beschreibung dieser Wohnung findet sich im ersten Teil seines Romans «Fiasko» (1988; deutsch 1999).

Pasaréter Wohnung: Von 1991 bis 1995 wohnten IK und Albina in der Pasaréti-Straße im Stadtteil Buda.

S. 46 *Levente-Stunden:* «Levente» hieß die Jugendorganisation der ungarischen faschistischen Partei der «Pfeilkreuzler», die von Oktober 1944 bis März 1945 unter der deutschen Besatzung in Ungarn eine Kollaborationsregierung bildete.

«Bohnensuppe»: Arbeitstitel für eines der ersten Prosaprojekte IKs in den fünfziger Jahren. Nach seinen Äußerungen in einem unveröffentlichten Interview mit seinem ungarischen Lektor Zoltán Hafner ging es darin bereits um sein späteres Hauptthema, den Verlust der Persönlichkeit in der Diktatur. Die Hauptfigur, ein einsamer Philosophielehrer, ist außerstande, den politischen Anforderungen, die 1948/49 an der Universität an ihn gestellt werden, zu

genügen; er muß die Universität verlassen, wird Nachtwächter und sinkt allmählich in die einst von ihm verächtlich als «Bohnensuppenesser» bezeichnete Masse ab, ohne seinen beharrlichen Widerstand aufzugeben.

S. 47 *«Was ist ein Mensch ohne den Gott? …»:* aus: Martin Heidegger, «Schellings Abhandlung über das Wesen der menschlichen Freiheit», Tübingen 1995.

S. 49 *«Er hat dich nie geliebt …»:* Paraphrase auf die Arie König Philipps in Verdis Oper «Don Carlos» («Sie hat mich nie geliebt, nein, ihr Herz blieb kalt …»).

S. 54 *Die Zone:* Ein frühes autobiographisches Romanvorhaben IKs, das er nicht verwirklicht hat, auch nicht in Teilen. Der Titel bezieht sich auf die von den vier Besatzungsmächten 1945 vorgenommene Einteilung Deutschlands in Zonen: Wie im «Roman eines Schicksallosen» beschrieben, lernte IK nach der Befreiung Buchenwalds durch die Amerikaner auf seinem langen Rückweg nach Ungarn auch die russisch besetzte Zone kennen.

Sodom und *Die heimliche Todeslust:* Nicht verwirklichte Projekte IKs. Über den Plan zu «Sodom» gibt IK einige Auskünfte in «Letzte Einkehr», Tagebücher 2001–2009, Reinbek 2013.

S. 55 *M.Á.:* Margit Ács (1941), ungarische Autorin, Lektorin und Kritikerin, die sich für den in Ungarn zunächst abgelehnten «Roman eines Schicksallosen» einsetzte.

S. 56 … *über die Goebbels gesagt haben soll:* Das Wort wird sowohl Goebbels als auch Göring zugeschrieben, tatsächlich stammt es jedoch aus dem Bühnenstück «Schlageter» (1933) des nationalsozialistischen Dramatikers Hanns Johst.

Bözsike: Eine unverheiratete Tante IKs mütterlicherseits, in deren Wohnung der Autor lange Zeit ein Arbeitszimmer hatte.

S. 68 *In Szigliget:* Vgl. Anm. S. 35.

S. 78 *Das glücklose Jahrhundert:* IK schrieb diesen Essay auf Einladung des Hamburger Instituts für Sozialforschung für eine Vortragsreihe über Gewalt und Destruktivität. In: I. K., «Die exilierte Sprache», a. a. O.

Sp.: Der ungarische Schriftsteller György Spiró (1946), ein enger Freund IKs.

S. 80 *«Große Dinge verlangen …»:* Zitat aus: Friedrich Nietzsche, «Nachgelassene Fragmente», November 1887–März 1888.

S. 87 *Géza Csáth* (1887–1919): Vielseitiger ungarischer Schriftsteller und Psychiater, dessen Bedeutung für die moderne ungarische Literatur in Ungarn erst nach 1956 richtig wahrgenommen wurde. Auf deutsch liegt u. a. sein «Tagebuch 1912–1913» vor (Berlin-Ost 1989).

S. 92 *M.:* Magda Sass (1942), seit April 1996 zweite Ehefrau IKs.

«Ich hatte ein wunderbares Leben …»: IK zitiert hier, und im weiteren öfter, Wittgensteins Ausspruch vor seinem Tod: «Sage ihnen, daß ich ein wunderbares Leben gehabt habe.»

S. 106 *Márais spätes Tagebuch:* Der international vor allem durch seine Romane bekannte ungarische Schriftsteller Sándor Márai (1900–1989), der von 1948 bis zu seinem Tod im Exil lebte, führte seit 1943 Tagebuch. In Ungarn erschien 1992 eine Ausgabe seiner Tagebücher 1968–1975. Auf deutsch liegt von Márais späten Tagebüchern aus dem amerikanischen Exil nur das letzte vor (1984–1989), das später in IKs Tagebuch Erwähnung findet (s. S. 161 und Anm.).

S. 109 *Z.:* Zsuzsa Takács (1938), ungarische Schriftstellerin und Übersetzerin.

Tandori: Dezső Tandori (1938), in Ungarn sehr bekannter Schriftsteller, Lyriker und Übersetzer deutscher Literatur und Philosophie (u. a. Rilke, Kafka, Hegel).

S. 112 *«Nur der kann die Wahrheit sagen …»:* aus: Ludwig Wittgenstein, «Vermischte Bemerkungen», a. a. O.

S. 117 *Die große Zäsur meines Lebens:* Die Krebserkrankung und der darauffolgende Tod der Ehefrau Albina.

S. 118 … *von Kosztolányis Sternen:* Desző Kosztolányi (1885–1936), Romancier, Lyriker und Übersetzer, gehörte zu den prägenden Literaten der Zwischenkriegszeit in Ungarn. Einige seiner Romane wurden in den letzten Jahrzehnten neu ins Deutsche übersetzt.

S. 127 *«Schön ist, was ohne Interesse gefällt …»:* Zitat aus: Immanuel Kant, «Kritik der Urteilskraft».

S. 128 *«Der Mensch stirbt …»:* Zitat aus: Albert Camus, «Der Mensch in der Revolte», Reinbek 2006.

S. 129 *«Wenn einer nicht lügt, ist er originell genug»:* Zitat aus: Ludwig Wittgenstein, «Vermischte Bemerkungen», a. a. O.

S. 134 *«Ein Mensch, der auf sich hält …»:* Dieses und das folgende Zitat aus: E. M. Cioran, «Gevierteilt», Frankfurt a. M. 1982.

S. 136 *«denn unsere Seelen leben vom Verrat»:* Zeile aus Rilkes Gedicht «Östliches Taglied».

S. 150 *Verleihung des Leipziger Preises:* 1997 erhielt IK den Leiziger Buchpreis zur Europäischen Verständigung.

S. 157 *Ferenc Karinthy* (1921–1992): Ungarischer Schriftsteller, Dramatiker und Übersetzer. Sein «Tagebuch 1967–1991» erschien 1994 in Ungarn.

S. 161 *Post-Kaddisch:* Der damals im Entstehen begriffene Roman «Liquidation», den IK als eine Art Nachtrag zu seinem «Kaddisch»-Roman (1990; deutsch 1992) betrachtete.

Márais letztes Tagebuch: In der Sándor-Márai-Ausgabe des Berliner Oberbaum Verlags 2000 unter dem Titel «Tagebücher 2, 1984–1989» in der Übersetzung von Hans Skirecki auf deutsch erschienen. (Vgl. Anm. zu S. 106.)

S. 167 *Devecseri:* Gábor Devecseri (1917–1971), ungarischer Lyriker, Altphilologe und Essayist, übersetzte die wichtigsten Klassiker der griechischen und römischen Antike ins Ungarische.

S. 171 *... der Wurm, der meinen Auftritt in Tutzing verhindern wollte:* Gemeint ist der ungarische Schriftsteller Gyula Kurucz (1944–2015), der von 1991–1995 das Haus Ungarn in Berlin leitete. Er hatte gegen die Auswahl der ungarischen Autoren, die zu einer Tagung der Evangelischen Akademie Tutzing über die Beziehungen zwischen Ungarn und Deutschland eingeladen worden waren (neben IK u. a. Péter Nádas, György Konrád und György Dálos), Einspruch erhoben mit der Begründung, daß es sich um lauter zweitrangige Schriftsteller handele, die nicht kompetent seien, Ungarn im Ausland zu vertreten. IK berichtet über diese Affäre in dem Band «Briefe an Eva Haldimann», Reinbek 2009.

S. 175 *Pilinszky:* János Pilinszky (1921–1981), ungarischer Lyriker und Dramatiker, dessen bedeutendes poetisches Werk tief von seinen Erfahrungen als Kriegsgefangener in einem deutschen Konzentrationslager geprägt ist.

S. 178 *«die der Sünde entsprechende Stimmung ...:* Zitat aus: Sören Kierkegaard, «Der Begriff Angst».

S. 179 *Recsk:* Das Lager Recsk, auch als «ungarischer Gulag» bezeichnet, war das berüchtigtste der ungarischen Arbeitslager, die von der ungarischen Staatssicherheit (ÁVH) zwischen 1950 und 1953 betrieben wurden.

S. 184 *Fejtő-Artikel:* Zum 90. Geburtstag des ungarisch-französischen Publizisten und Historikers François (Ferenc) Fejtő (1909–2008), der 1938 nach Frankreich emigriert war, schrieb IK eine «Hommage à Fejtő». In: I. K., «Die exilierte Sprache», a. a. O.

S. 188 *István Bethlen:* Graf István Bethlen von Bethlen (1874–1947), von 1921 bis 1931 ungarischer Premierminister.

S. 193 *«... er ist nicht auf halbem Weg stehengeblieben»:* Zitat aus: E. M. Cioran, «Notizen 1957–1975», Wien und Leipzig 2011.

S. 194 *Mir ist ein Sprachrohr in die Hand gegeben:* Zitat aus: Leo N. Tolstoi, «Tagebücher», München 1979.

S. 196 *Johnsons Buch* Intellectuals: Das Buch des britischen Historikers Paul Johnson, 1988 in London erschienen, liegt in einer ungarischen, aber nicht in deutscher Übersetzung vor.

S. 205 *Jenő Heltai* (1871–1957): Ungarischer Schriftsteller und Journalist. Sein Roman «Zimmer 111» (1920), der mehrmals verfilmt wurde, ist 1930 beim Berliner Ullstein Verlag auf deutsch erschienen.

S. 212 *Streit zwischen Kossuth und Széchenyi:* Lajos Kossuth (1802–1894) und Stephan Graf Széchenyi (1791–1860) waren politische Gegenspieler. Während Széchenyi die Erneuerung Ungarns im 19. Jh.

durch Reformen anstrebte, entschied sich Kossuth für den revolutionären Weg und wurde 1948/49 einer der Anführer der Unabhängigkeitserhebung gegen Österreich.

bei Jaspers formuliert: In: Karl Jaspers, «Philosophische Autobiographie», München 1977.

S. 214 *P. Gy.:* Péter György (1954), ungarischer Kulturwissenschaftler.

György Aczél (1917–1991): In der sogenannten Kádár-Ära 1957–1989 wichtigster Kulturpolitiker und Chefideologe, Mitglied des Zentralkomitees und seit 1970 auch des Politbüros der regierenden Sozialistischen Arbeiterpartei Ungarns.

S. 216 *Rede Imre Nagys:* Antrittsrede des kommunistischen Reformpolitikers Imre Nagy (1896–1958), der im Juni 1953 im Zuge der Entstalinisierung den Hardliner Mátyás Rákosi als ungarischer Ministerpräsident ablöste. 1955 wieder entmachtet, wurde er beim ungarischen Volksaufstand 1956 erneut als Ministerpräsident eingesetzt, nach der Niederschlagung der Revolution im November 1956 inhaftiert und 1958 hingerichtet.

S. 217 *N.:* Der mit IK befreundete ungarische Schriftsteller Péter Nádas (1942).

S. 220 *Sándor Hunyady* (1890–1942): Ungarischer Dramatiker und Prosaist. Sein autobiographisches «Familienalbum» (Családi album) ist nicht ins Deutsche übersetzt.

S. 222 *drei echte Verleger:* Endre Illés (1902–1986) war der Verlagsleiter des staatlichen «Verlags für Schöne Literatur» (Szépirodalmi Kiadó) in Budapest, bei dem 1975 die Erstausgabe des «Romans eines Schicksallosen» erschien; unter der Geschäftsführung von Michael Naumann wurde 1992 die Herausgabe der Werke von Imre Kertész beim Rowohlt Berlin Verlag eingeleitet; der Verleger Siegfried Unseld

(1924–2002) holte IK 2000 zum Suhrkamp Verlag, in dem 2003 der Essayband «Die exilierte Sprache» und der Roman «Liquidation» erschienen, bevor der Autor 2004 zum Rowohlt Verlag zurückkehrte.

S. 231 *Die exilierte Sprache:* Rede im Rahmen der «Berliner Lektionen», November 2000. In: I. K. «Die exilierte Sprache», a. a. O.

S. 240 *Auf Ehre und Gewissen:* Von IK häufiger gebrauchtes Zitat aus Tschechows Erzählung «Eine langweilige Geschichte». In: Anton Tschechow, «Die Fürstin», Erzählungen 1887–1891, München 2009.

Imre Kertész
bei Rowohlt, Rowohlt · Berlin und rororo

Briefe an Eva Haldimann

Der Betrachter. Aufzeichnungen 1991–2001

Detektivgeschichte

Die englische Flagge

Dossier K.

Eine Gedankenlänge Stille, während das Erschießungskommando neu lädt

Fiasko

Galeerentagebuch

Ich – ein anderer

Kaddisch für ein nicht geborenes Kind

Letzte Einkehr. Ein Tagebuchroman

Letzte Einkehr. Tagebücher 2001–2009

Liquidation

Roman eines Schicksallosen

Das für dieses Buch verwendete Papier ist FSC®-zertifiziert.